跨文化交际视角下英语翻译研究与实践

历晓寒　娄德平　黄　旭◎著

吉林大学出版社

·长春·

图书在版编目(CIP)数据

跨文化交际视角下英语翻译研究与实践 / 历晓寒，娄德平，黄旭著.--长春:吉林大学出版社，2023.5
ISBN 978-7-5768-1687-7

Ⅰ.①跨… Ⅱ.①历…②娄…③黄… Ⅲ.①英语-翻译-研究 Ⅳ.①H315.9

中国国家版本馆 CIP 数据核字(2023)第 090391 号

书　　名	跨文化交际视角下英语翻译研究与实践
	KUAWENHUA JIAOJI SHIJIAO XIA YINGYU FANYI YANJIU YU SHIJIAN
作　　者	历晓寒 娄德平 黄旭
策划编辑	张维波
责任编辑	闫竞文
责任校对	张驰
装帧设计	繁华教育
出版发行	吉林大学出版社
社　　址	长春市人民大街 4059 号
邮政编码	130021
发行电话	0431-89580028/29/21
网　　址	http://www.jlup.com.cn
电子邮箱	jldxcbs@sina.com
印　　刷	廊坊市广阳区九洲印刷厂
开　　本	787×1092　1/16
印　　张	16.5
字　　数	300 千字
版　　次	2023 年 5 月　第 1 版
印　　次	2023 年 5 月　第 1 次
书　　号	ISBN 978-7-5768-1687-7
定　　价	78.00 元

版权所有　翻印必究

《跨文化交际视角下英语翻译研究与实践》基金项目

1. 黑龙江八一农垦大学 2021 年"三纵"科研支持计划项目《中华文化国际传播视域下李清照词英译研究》阶段性研究成果(项目编号:RRCPY202104)
2. 2022 年大庆市哲学社会科学规划研究项目《跨文化视域下大庆红色旅游对外传播策略研究》阶段性研究成果(项目编号:DSGB2022051)
3. 黑龙江省教育科学"十四五"规划 2021 年度重点课题"黑龙江省本科高校来华留学生文化适应研究"阶段性研究成果(项目编号:GJB1320093)
4. 教育部产学合作协同育人项目"商务英语专业实训课程建设与改革"阶段性研究成果(项目编号:220601049164013)
5. 2021 年哈尔滨剑桥学院教育教学改革项目"一流本科课程建设背景下基于 OBE 理念的英语专业翻译教学改革研究"(项目编号:JQJG2021010)

前 言
PREFACE

当今时代,各种文化交流日益密切,语言作为交流的元素之一有着重要的交际作用。文化融合在全球化背景下也是一种必然趋势。文化间的差异可以通过翻译沟通达成共识,从而推动各自文化的发展。各民族间文化的交流与互动,不仅给各类文化注入了更大的活力,同时也创造了各国传统文化汲取他国先进文化成果的机遇和条件,进而丰富和发展自身的文化。文化以语言为载体,通过交流展现其内涵,各个国家都有属于自己的语言文化,这就呈现出世界文化的多元化。因此,进行文化交流的前提是了解对方国家的语言文化,翻译是了解一个国家语言文化的重要途径。

《跨文化交际视角下英语翻译研究与实践》一书从跨文化视角对英语翻译的概念、分类、性质和标准做了阐述,并就中方翻译理论与西方翻译理论进行对比研究,探析了文化的不同对英语翻译产生的影响,同时通过英语翻译中英语各基本成分、句型、语篇做综合分析,依据不同国家的不同习俗将翻译进行对比分析,深入探析了不同文化所带来的翻译上的碰撞与交融。改革开放以来,我们在迎来他国文化的同时,他国文化也对我国文化发展产生影响和冲击,在此背景下,为促进中外文化和谐发展,翻译成为重要的途径。我国始终以发展的眼光看待英语翻译,不只是简单地求同存异,既要使国人读者真正感触到他国文化的不同之处,也能通过他国文化重新审视同一事物的不同含义。我国跨文化交际理论与英语翻译实践的研究仅仅是一个开始,从理论到实践再到成果是一个漫长的过程,未来仍有很长的路要走。

本书作者历晓寒,就职于黑龙江八一农垦大学,撰写第一章、第四章、第七章和

第八章;作者娄德平,就职于哈尔滨剑桥学院,撰写第二章、第五章和第十章;作者黄旭,就职于哈尔滨建桥学院,撰写第三章、第六章、第九章和第十一章。基于对当前跨文化交际下英语翻译理论的探索与研究,本书在撰写过程中参考了大量的文献资料,可为学习跨文化交际或提升自身英语翻译水平的读者提供参考。在此向各位学者表示衷心感谢,由于著者水平有限,书中难免存在疏漏之处,敬请读者批评指正。

著 者
2022年3月

目 录
CONTENTS

第一章 跨文化交际与英语翻译概述 ………………………………………… 1
第一节 文化的多元性 ……………………………………………………… 2
第二节 跨文化交际下的文化融合与能力培养 …………………………… 4
第三节 翻译的概念与分类 ………………………………………………… 17
第四节 翻译的性质与标准 ………………………………………………… 19

第二章 跨文化交际下中西方翻译理论对比研究 …………………………… 25
第一节 西方翻译理论研究 ………………………………………………… 26
第二节 中国翻译理论研究 ………………………………………………… 36

第三章 跨文化交际视角下的英汉翻译 ……………………………………… 45
第一节 文化差异对翻译的影响 …………………………………………… 46
第二节 文化翻译的原则与策略 …………………………………………… 50

第四章 跨文化视角下英语句子各基本成分的翻译方法 …………………… 55
第一节 主语的译法 ………………………………………………………… 56
第二节 谓语的译法 ………………………………………………………… 67
第三节 表语的译法 ………………………………………………………… 78
第四节 宾语的译法 ………………………………………………………… 82
第五节 定语的译法 ………………………………………………………… 84

第六节　状语的译法 …………………………………………………… 96

第五章　跨文化视角下英语句型的翻译方法 ………………………………… 109

　　第一节　简单句的五种基本句型的译法 ……………………………… 110

　　第二节　并列句、长句、否定句、倒装句的译法 …………………… 115

　　第三节　强调、被动、省略、排比结构的译法 ……………………… 132

第六章　跨文化视角下英汉词汇、句子、语篇的翻译方法 ………………… 143

　　第一节　词汇的翻译方法 ……………………………………………… 144

　　第二节　句子的翻译方法 ……………………………………………… 150

　　第三节　语篇的翻译方法 ……………………………………………… 160

第七章　跨文化视角下英汉语篇文体翻译 …………………………………… 167

　　第一节　文学文体 ……………………………………………………… 168

　　第二节　应用文体 ……………………………………………………… 171

　　第三节　公文文体 ……………………………………………………… 175

第八章　跨文化视角下英汉修辞格的翻译方法 ……………………………… 177

　　第一节　修辞格的概述 ………………………………………………… 178

　　第二节　常见修辞格的翻译运用 ……………………………………… 179

第九章　跨文化视角下英汉习俗文化对比与翻译 …………………………… 187

　　第一节　英汉称谓文化对比与翻译 …………………………………… 188

　　第二节　英汉习语文化对比与翻译 …………………………………… 194

　　第三节　英汉节日文化对比与翻译 …………………………………… 197

　　第四节　英汉数字文化对比与翻译 …………………………………… 201

　　第五节　英汉色彩文化对比与翻译 …………………………………… 213

第十章　跨文化视角下翻译中结构和语义的调整 ……… 219
第一节　词、短语调整 ……… 220
第二节　句、段调整 ……… 228

第十一章　跨文化视角下商务英语翻译案例 ……… 235
第一节　以商务英语新闻为例的翻译探析 ……… 236
第二节　以英语商务广告为例的翻译探析 ……… 244

参考文献 ……… 252

第一章
跨文化交际与英语翻译概述

第一节　文化的多元性
第二节　跨文化交际下的文化融合与能力培养
第三节　翻译的概念与分类
第四节　翻译的性质与标准

第一节　文化的多元性

英语中"culture"一词源于拉丁文，其最早的基本意义是"耕作，种植，作物"。随着社会文明的发展和人类认识的深化，"culture"一词的外延不断延伸，内涵不断丰富，据《大英百科全书》统计，在世界各国的正式出版物中，关于文化的定义达160多种。文化蕴含的内容极为丰富，尽管一直为多种学科所关注，但其内涵和外延一直不是很明确。关于文化的定义，以英国人类学家泰勒（Edward Burnett Taylor）的定义最具代表性。泰勒指出："文化是一种复杂体，它包括知识、信仰、艺术、道德、法律、风俗以及其余社会上习得的能力和习惯。"[1]在泰勒的基础上，美国人类学家怀特[2]（Leslie A. White）将一个整合的文化系统分为三个亚系统，即技术系统、社会系统和思想意识系统。他认为，技术系统主要是由物质和技能所构成的，借助于该系统，人与自然得以联结；社会系统是由表现于集体和个人行为规范中的人际关系构成的，如亲缘、伦理、政治、军事、教会、娱乐等；思想意识系统主要是由语言和其他符号所表达的思想、信念、知识等构成的。这一范畴包括了文学、神学、哲学、传统、科学、民间格言和常识等。相对于泰勒，怀特关于文化的解释显得更为客观、全面。当前学术界一般都是从各自研究的领域去认识文化的，可以说，一切人类文明的结晶都可以被视为文化。

一、多元性的原因

文化是上层建筑的一部分，必然会受到客观社会、历史、政治环境的影响。20世纪60年代，由于欧美民权运动的兴起、文化本身的发展以及后现代主义的张扬，文化的多元性特征越来越明显，已成为社会和政治生活中不容忽视的一种客观存在，甚至成为国家政策中的一个重要组成部分。具体来说，文化的多元性之所以产生如此巨大的影响，离不开以下几个因素的共同作用。

首先，第二次世界大战以来，许多殖民地、半殖民地国家纷纷开展民族解放运动。他们在获得政治地位的同时，也开始重新恢复民族文化。例如，马来西亚为强调其民族统一性，坚持以马来语为国语；以色列决定将长期以来仅仅用于宗教仪式的希伯来语重新恢复为日常通用语言等。换句话说，他们开始重拾自身文化的独

---

[1] 关翠玲.泰勒文化定义与大学文化建设[J].价值工程,2011(6)319-320.
[2] 章建刚.怀特文化观评略[J].思想战线,1989(4):12-16.

立性。可见,文化不是向着"趋同",而是向着多元的方向来发展的。

其次,随着国际局势的发展变化,两极格局被打破,各种"中心论"纷纷瓦解,世界各个角落都有其存在的依据,国家与国家、地区与地区之间的联系越来越密切。在这一过程中,各个文化不仅需要在与他种文化的对比中更深入地认识自己,以求发展,还需要扩大视野,了解与自己的生活习惯、思维定式全然不同的他种文化,并通过吸收他种文化来更好地丰富自己,这极大地推动了文化多元性的发展。

最后,随着经济发展与科技进步所带来的物质与精神的极大丰富,原来相对贫困、落后地区的人们不仅创造了物质文化,与此同时,他们也有条件、有能力来发展传播自身的精神文化。于是,在频繁的互动中,那些处于偏僻地区、原本不为人知的少数民族文化开始广为人知并得到发展,这无疑也为文化的多元性发展创造了条件。

二、多元性的表现

自20世纪40年代以来,信息与通信技术取得了长足的发展,以电子计算机、人造地球卫星、电视等为核心的信息技术形成了一个统一的传播系统。这一系统的最大特点就是信息一体化。换句话说,它可以在全世界范围内及时、准确、综合性地加工、传递、存储信息,并且超越时空限制,将人类联结为一个信息整体。从这个角度来分析,文化的多元性既包含了信息化,又以信息化为媒介与载体。

得益于信息化的推动作用,文化的多元性表现为各种文化的相互渗透。一方面,任何一种文化都不可避免地影响着其他文化;另一方面,任何一种文化也都会不同程度地吸收其他文化从而求得自身更完善的发展。例如,中国文化、印度文化、欧洲文化、日本文化等都有大量的学者进行研究。此外,随着文化交流的发展,生活在异质文化中的人也越来越多。

值得一提的是,信息化的强大力量可以使人们跨越地域、语言、民族等多重障碍并立刻知晓这个世界当前正在发生的种种变化。由于不同文化间的联系越来越紧密,世界上某个角落的社会变迁可以及时地传播到全球范围,在这个过程中,各种文化可以在传递与交流中取长补短,相互融合。可见,由于文化的相互交流,世界已成为一个巨大的信息网络,身处网络中的人与人、地区与地区、国家与国家、文化与文化间的关系逐渐形成了"你中有我、我中有你"的局面,呈现出鲜明的全球化的特点。

第二节　跨文化交际下的文化融合与能力培养

一、跨文化交际下的文化融合

文化的多元性极大地拓展了跨文化交际的深度与广度。由于不同文化间的差异,跨文化交际具有自身的特点,体现在文化融合的过程中就是既有吸收也有碰撞。因此,了解跨文化交际的影响因素就显得非常必要。

(一)跨文化交际概述

1. 跨文化交际的定义

所谓"跨文化交际(cross-cultural communication)",就是指在特定交际情景中,具有不同文化背景的交际者用同一种语言(母语或目的语)进行口语交际。从这一定义可以看出,跨文化交际具有以下几个特点。

(1)交际双方必须使用同一种语言进行沟通

交际双方必须使用同一种语言进行交际沟通,这是显而易见的。如果交际双方使用不同的语言,那么交际就无法进行。交际双方的文化背景不同,且需要用同一种语言,那么用来交际的语言对于一方来说是母语,对于另外一方来说就是习得的"目的语"。例如,一个中国人和一个英国人交谈,他们既可以使用英语,也可以使用汉语,这样就是用同一种语言进行交际,而不是通过翻译的帮助进行交际。

(2)交际双方应来自不同的文化背景

不同的文化背景所产生的文化差异是一个很宽泛的概念,既可以指不同文化圈之间的差异,也可以指同一文化圈内部亚文化之间的差异。

从当前的跨文化交际实践来分析,因文化差异而产生的交际冲突主要反映在中国和西方国家的人际交往上。由于日本、韩国等亚洲国家与中国同属于东方文化圈,在交际规范、文化取向等方面存在很多相通之处,相对于和西方国家的交际而言要顺利得多,因此本章所讨论的文化背景差异主要指中国和西方国家在文化上的差异。

(3)交际双方进行的是实时口语交际

跨文化交际可以通过多种途径进行:既可以是借助媒介的单向交际(如广播、电视、报纸、杂志等),也可以是现场的双向交际;既可以是物化形式符号的交际(如商品、画报、实物、影像、演出等),也可以是语言文字的交际;既可以是书面交际(如信函、公文等的来往),也可以是口语交际。本章主要着眼于双方面对面的交谈,即实时口语交际。另外,还包括伴随口语交际而来的文字传播方式的交际,即书面语交际。

(4)交际双方是直接进行言语交际的

从目前的情况来看,每年都有大量外语毕业生从事对外交流工作。这些毕业生通晓两种语言,主要以翻译的角色从事跨文化交际,而翻译又是外语教学的一项重要内容,因此,外语教学界成为当前我国跨文化交际研究的主要集中地,并主要依靠"翻译"这个媒介来解决跨文化交际中的文化差异。

但是,本章所研究的跨文化交际却与之不同。具体来说,跨文化交际是无须借助"翻译"这个中介的直接交际,它更加侧重语用规范,希望能够通过了解目标文化的行为规范和文化取向来处理直接交际中面临的各种文化因素,保证交际的顺利开展。

2. 跨文化交际与同文化交际的差异

同文化交际是与跨文化交际相对应的概念。所谓"同文化交际",是指具有相同文化背景的人之间的交际,包括同种族、同民族、同语言文化群体之间的交际,是具有相同文化背景和文化习俗的人在共同的交际规则指导下进行的交际。

跨文化交际与同文化交际的根本差异在于同文化交际基本上不存在文化差异和文化冲突问题。由于跨文化交际的主体是来自不同文化背景的人,因此,跨文化交际要解决的是跨文化语境(cross-cultural context)中的问题,需要处理的是交际与文化之间的关系。概括来说,二者的差异体现在以下几个方面。

第一,跨文化交际的一个突出特点是,不同文化的交际者在语言、社会、历史、生活环境、风俗习惯等各方面都会存在差异。例如,中美文化就存在很大的差别:中国人讲求自谦尊人,美国人主张对等互尊,甚至自我显示(self-assertive);中国人观察和分析事物习惯于从大到小,美国人习惯于从小到大;中国人喜好相互关切,美国人讲求维护独立个体。

第二,跨文化交际是在观念和信号系统不同的人群之间的交际,因此,此有彼无和此无彼有的信息极易导致交际信息的失落、误解甚至文化冲突。例如,中国人常说"平时不烧香,临时抱佛脚",意思是"平时不烧香拜佛,需要时才去求佛保佑或搭救",体现出佛教对汉语言和中国文化的深刻而又广泛的影响。但是,对于不了解这一文化背景的人来说,理解这句话的喻义是相当困难的。即使将其直译成英语"To offer no incense to Buddha when things go well and beseech his help only when in need",外国人也难以理解为什么。其喻义为"seek help from persons with whom one does not ordinarily maintain contact, or do nothing until the last minute"。

第三,在跨文化交际中,交际规则、思维方式和价值观念的不同很容易产生文化误解甚至文化冲突。例如,中国人有尊老敬老的传统,并常用"您真是老当益壮,老骥伏枥呀!"这句话来比喻年岁已高却仍有雄心壮志的人,在中国文化中是敬语。《汉英双语现代汉语词典》(修订本)和《汉英词典》将其解释为"You are old, but nonetheless vigorous and active. So you are really an aged hero who still cherishes high aspirations."。但西方国家的老人如果听到这样的话只会产生强烈反感并做出愤怒的反应,因为在西方文化中忌讳说别人"老"。

因此,排除文化误解和文化冲突所造成的干扰是跨文化交际顺利进行的前提,只有尽可能地减少文化融合过程中的冲突与碰撞,才能使跨文化交际达到预期的目的。

(二)跨文化交际的方式

每个民族都有自己独特的文化,从而使世界成为一个丰富多彩的民族之林。每种文化既体现出自己的个性,同时又折射出人类的共性。因此,这些不同的文化在相互融合时主要有两种方式:一是碰撞;二是吸收。

1. 不同文化的碰撞

文化是一个民族宗教信仰、风俗习惯、思维模式、地理环境等因素的综合体现。因此,不同文化在融合过程中出现碰撞是不可避免的。例如,"13"在汉语中就是一个普通的数字,没有什么特殊含义,但在西方国家,"thirteen"被视为凶数,具体表现在高楼的第13层被标记为"12A";飞机、火车、剧院等没有第13排;每月的13日都不宜从事庆典等喜庆活动,宴会上不能13个人同坐一桌,也不能有13道菜。究其原因,西方国家大都信奉基督教,而耶稣是被第13个信徒犹大出卖的,因此,西方人对"13"避之唯恐不及。再如,在英语国家,"four"是公平、正义、力量的象征,但在中国,由于"4"与"死"谐音,因此"4"对许多中国人来说也是禁忌。很多人在乘坐出租车时会由于车牌号码中有"4"而另觅其他车辆。此外,无论是选择电话号码、手机号码还是门牌号,"4"总是极力避免的数字。

2. 不同文化的吸收

尽管各国文化之间存在巨大差异,但在文化多元性的影响下,不同文化之间也开始相互吸收、相互渗透。例如,在中国的一些国际化都市,很多楼宇内都不设13层。另外,中国的一些年轻人也开始吸收西方文化,许多西方节日如万圣节、情人节、感恩节、圣诞节等在中国已开始拥有越来越多的受众。

不容忽视的一个现象是,越来越多的西方国家也开始吸收中国的文化。例如,在中国生活、学习、工作的外国人的数量越来越庞大,他们学习、了解中国的许多传统文化与艺术,如书法、京剧、武术等,也参与中国人的文化活动,在生活习惯、思维方式上与中国人的距离越来越小。

(三)影响跨文化交际的因素

影响跨文化交际的因素主要可分为两类,即语言因素与非语言因素。本节部分对非语言因素进行讨论。概括来说,对跨文化交际具有影响的非语言因素有以下几种。

1. 体态语

体态语又称"身势语"或"身体语言",是人类交往的最初形式,通常包括手势、面部表情、头部动作、目光以及其他任何可以传递信息的肢体动作,是一种信息量最大、最直观,也最为人们所熟悉的非语言交际行为。

著名身势学家保罗·埃克曼(Paul Ekman)和华莱士·弗里森(Wallace Friesen)以功能为标准,将体态语划分为以下五类。

(1)象征性体态语

象征性体态语(symbolic body language)有着特定的语言符号与其对应。当有些话能说但又不想说出时,就可以使用象征性体态语。例如,当某些交际无法实现时(如潜水或对足球比赛进行场边指导时),就可以用体态语来替代要表述的语言,从而使交际顺利进行。再如,在电影院看电影时发现了坐在邻近座位上的一个朋友,就可以用一个象征性的动作打招呼。同样,当急于去某地的途中碰见了一个同事时,为了避免因过多的交谈而耽误时间,就可以使用象征性体态语。可见,象征性体态语具有极强的独立性,它不仅可以独立存在,更能够脱离其他的肢体动作而进行较为明确和完整的表达。此外,象征性动作通常被单独地应用于谈话中,而不成串地使用。

手势是一种重要的象征性体态语。例如,在交际中,人们常用"V"字形和"OK"的手势。但需要特别说明的是,相同的手势在不同的国家可能代表不同的含义,同时,在表达相同的含义时,不同的国家也可能使用不同的手势。例如,在中国南方地区,表示"再见"的手势是手掌与手指随手腕前后摆动,这在美国人看来是"过来"的意思,美国人通常左右摆动手掌和手指来表示"再见"。再如,美国人习惯竖起食指来表示数字"1",中国人也是如此,但在欧洲的许多国家,人们习惯竖起拇指来表示"1"。可见,非语言交际符号与其代表的含义之间存在任意性。

(2)说明性体态语

说明性体态语(indicative body language)是指与说话直接相关,进一步表达语言意思的肢体动作。说明性体态语需要每时每刻都与语言行为联系起来,这是它与象征性体态语的区别。换句话说,只有在说话者谈话或重复谈话内容时说明性体态语才会出现。

(3)适应性体态语

所谓适应性体态语(adaptive body language)是指交际者为了消除内心某种情绪而对自身身体或身旁物品发出的非言语行为,如拨弄头发、揉衣角、咬嘴唇、摸索书包带子、搓手等。适应性体态语一般都是发出者无意识的行为,故不表示任何含义,但它们却常常被细心的接受者理解为"窘迫""紧张""不安"等,具有一定的掩饰内心真实世界的功能。例如,通过改变发型来改变自己的外表形象不是适应性行为,只有当手对头发的动作不起美容作用的时候,才属于适应性行为。再如,脱衣服不是适应性行为,而摆弄纽扣却是。可见,适应性体态语与其他体态语的最大不同在于它是一种修饰性行为。

(4)情感性体态语

可以显露交际者内心情感与情绪的非语言行为就是情感性体态语(affective body language)。按照美国著名学者卡罗尔·伊泽德(Carroll Izard)的看法,人的主要情感包括九类,即激动、震惊、反感、欣喜、愤怒、痛苦、屈辱、鄙夷、害怕。

面部表情是人对外传播内心感觉和感情的主要途径,因而也是情感性体态语的主要表现形式。例如,非语言交际中的目光交流因受到文化的影响,在不同国家有不同的情况。中国人为了表示礼貌、尊敬或服从而避免长时间直视对方,常常眼睛朝下看。但是在英美人的眼中,缺乏目光交流就是缺乏诚意、为人不诚实或者逃避推托,也可能表示羞怯,因此,英语国家的人比中国人目光交流的时间长而且更为频繁。可见,在跨文化交际中对面部表情要加深认识。

(5)调节性体态语

顾名思义,调节性体态语(regulatory body language)就是调节语言交际和保证对话流畅进行的动作。调节性体态语主要包括调节话轮转接和缓冲动作两种。

2. **客体语**

第一印象在交际过程中的重要作用是不言而喻的。初次见面时,衣着、长相、体态、打扮以及一些随身物品都决定着对方对其的第一印象,从而决定交际最终能否成功。从交际角度上看,虽然"以貌取人"一直都不被提倡,但不可否认的是,外表的确可以传递出很多信息。具体来说,化妆品、修饰物、服装、饰品、家具以及其他耐用物品等既有实用性又有交际性,这些信息就属于客体语。

3. **副语言**

副语言又称"辅助语言",是指伴随话语发生或对话语有影响的有声现象,是一些超出语言特征的附加现象,如说话时的音高、语调、音质等都属于此范畴。此外,诸如喊、叫、哭、笑、叹气、咳嗽、沉默等也可以看作副语言现象。例如,声音沙哑表示说话人没有休息好,说话时声音发抖表示说话人有些紧张,说话尖刻表示讽刺,语气酸溜溜的表示嫉妒,刻意放慢语速表示强调或暗示,说话时略带鼻音可能说明有些生气,压低声音谈话表示内容较为机密,说话时结巴表示说话人比较紧张或是正在说谎等。副语言本身具有一定的含义,但是,这种含义并非是通过词汇、语法、语音等表达出来的,而是伴随语言发生的,且对语言的表达产生了一定的影响。因此,学习并掌握副语言现象对于精准理解说话者的意图具有十分重要的意义。

需要注意的是,副语言在不同文化中的含义可能有所不同。例如,沉默就是一种典型的副语言现象。中国人常说"沉默是金",这是因为在中国、韩国、泰国等亚洲国家,沉默可以表示顺从、赞成、默许、敬畏等意思,被赋予了积极的含义,在某些情况下甚至被视为一种美德。但是,在英美国家的人们看来,沉默一般带有负面的消极含义,常常用来表示反对、冷漠、藐视等含义,是一种不礼貌的行为,有时甚至会引人反感。因此,在与英美国家的人进行交谈时,应尽量避免使用沉默的方式作答,否则可能造成对方的误解。

4. 时间信息

时间信息就是人们通过对时间的理解和使用而传达出来的信息。它是人际交流过程的一个重要因素,每时每刻都存在于物质世界。美国学者罗伯特·莱温(Robert Levine)曾经做过一项调查,他通过观察和计时总结出不同国家的生活节奏情况,见表1-1。

表1-1 生活节奏排名表

	国家	美国城市
	瑞士	波士顿
	爱尔兰	布法罗
最快	德国	纽约
	日本	盐湖城
	意大利	哥伦布市

	国家	美国城市
最慢	叙利亚	孟菲斯
	萨尔瓦多	圣何塞
	巴西	什里夫波特
	印度尼西亚	萨克拉门托
	墨西哥	洛杉矶

通过表1-1可以看出,不同的国家对于时间的掌控各不相同,同一国家内不同地区的情况也不相同。

5. 空间信息

空间信息是反映地理空间分布特征的信息,它与人口和文化有着十分密切的关系。爱德华·霍尔(Edward Hall)在《隐藏的维度》(*The Hidden Dimension*)一书中用"空间关系学"(Proxemics)这个词来表示人类对空间的使用,即人们在谈话交流中与他人保持的空间距离,以及人们对家、办公室、社会团体里的空间的组织方式。同时,霍尔还使用"近体距离"这一概念来表示人和人之间的距离,并将其分为以下四种类型。

(1) 私密距离

私密距离指从接触点到人之间18英寸(45.72cm)以内的距离。在私密距离的范围内,身体接触十分常见。由于人体的感官系统在私密距离内一般处于较兴奋状态,很容易被外界环境激发,因此处于不舒服状态的人很容易情绪不稳定,也很容易出现反抗、攻击等行为。

(2) 个人距离

个人距离的范围是18英寸(45.72cm)到4英尺(1.2192m)。在这个距离内,人们的感觉最舒服、最放松、最自然,因此人们在非正式场合,如学习、工作或是聚会中会习惯性地保持这一距离。在这一距离内,人们同样可以进行日常的非语言交际行为,如握手、牵手等。

破坏个人距离常常给交际带来不良影响。如果我们在与他人交谈时,过于增大个人距离会使对方感觉受到冷淡或被拒绝。相反,如果将个人距离降至私密距离,很有可能会给他人带来紧迫感。

(3) 社会距离

社会距离的范围是4英尺(1.2192m)到12英尺(3.6576m)。粗略地说,社会距离保持在离他人一臂之长的地方,这个距离相对较为安全。人们在一些较为正式的场合一般保持这一距离,如谈论生意或是正式会面等。处于这一距离时,人们通常不会进行过于私密的交流。

(4)公众距离

公众距离的范围是 12 英尺(3.6576m)或是更远,是以上所有距离中最为安全的一种。由于这种距离已经超出了个人所能参与的范围,因此在这一距离内,人们通常不会发生谈论或是交流,如人们在安静的公园里读书时经常使用的就是公众距离。因此,如果在可以选择其他距离的情况下仍然选用公众距离,就表示其无意进行交流活动。

中国文化属于聚拢型,讲究人与人之间关系亲近。欧美文化属于离散型,主张个人的独处。因此,在跨文化交际中要特别注意中西方空间信息上的差异。例如,欧美人在乘坐电梯时,如果空间允许,他们往往会与陌生人保持尽可能远的距离。但中国由于人口稠密,个人所能拥有的空间也就十分狭小,这就使初到中国的西方人感到拥挤不堪,毫无空间感。再如,在英美国家,人们在并肩同行时,通常会保持三四英寸(7.62cm～10.16cm)的距离。在中国,异性同行时通常也会保持类似距离,但是同性之间则会更为亲近,近体距离也会更短。此外,在中国,家人、朋友、同事等在一起聚餐时,为了热闹,往往习惯性地挤坐在一起,有时还将桌子拼起来或加座。但是在西方国家,在拥挤的车辆上、饭馆及其他公共场合,人们会避免挤坐在一起,哪怕是要与家人挤坐在一起。可见,不同文化中的近体距离有所差异。

二、跨文化交际能力的培养

跨文化交际的参与者有着不同的文化背景,因此,学会使用科学、客观的态度和方法来处理文化融合过程中遇到的问题从而提高自身的跨文化交际能力具有强烈的现实意义。概括来说,培养跨文化交际能力可以从以下几个方面入手。

(一)了解自我

1. 了解自身文化

每个人都生活在一定的文化之下,这些文化影响着人们对周围事物的评判标准。当人们接触到其他文化时,用本民族的价值观、社会规范和行为模式来加以衡量是一种习惯性的反应。因此,应了解自身文化的特点,尤其是本民族文化的优点与缺点,这有助于冲破本民族文化的围墙,克服狭隘倾向,从而提高跨文化交际能力。

2. 了解自己的交际风格

交际风格是指交际者在交际过程中所体现出的自身特点,具体包括如下几个因素:①交际渠道,如语言的交际渠道、非语言的交际渠道等;②交际形式,如巧妙对答的形式、仪式化的形式、辩论的形式等;③交际者感兴趣的话题种类,如股票、商务、艺术、家庭、职业、文学等;④交际者希望交际对象参与的程度;⑤交际者赋予信息的实际内容和情感内容的多少。

在交际过程中,人们通常很快就能察觉出对方的交际风格。一个不容忽视的现象是,人们往往很少留意自己的交际风格,这就为交际的顺利展开带来障碍。例如,一个交际者自认为是个开放型的人,但交际对象却认为他是内向型的人,这种情况下,交际很容易出现问题。所以,了解自己的交际风格对交际的顺利开展大有裨益。

3. 了解自己的情感态度

在交际前,人们往往会产生一种由预先印象或定式带来的情感态度。这种情感态度易干扰交际者的态度,使交际者戴着"有色眼镜"看人处事,从而导致误解,或使交际者难以做出客观的判断。可见,交际者自身的情感态度也会对交际的质量产生重要影响。若能事先意识到这一点,交际者就可以尽量避免这种先入为主的情感态度,从而降低负面情绪对交际的影响。

4. 自我观察

交际中的双方通常不会向对方询问自己的交际风格如何,或要求对方对此做出评价。在这种情况下,想要了解自己的交际风格与情感态度就需要采取自我观察的方法。通过自我观察,交际者不仅可以对自己的交际风格、情感态度形成正确的认识,还可以通过对方的反应来进行印证,并在以后的交际中发扬好的方面,改正或避免不好的方面,逐渐提高跨文化交际的能力。

做到了上述四点,交际者就能更多地了解自己,这对自身跨文化交际能力的提高大有帮助。

(二)掌握目的语文化的信息系统

要保证跨文化交际的顺利进行,首先需要交际者掌握该种文化的信息系统,包括语言学习、语言认识和文化的关系以及掌握非语言交际系统。

1. 学习目的文化下的语言

语言是文化的载体,同时也是文化的重要体现方式。因此,要想与其他文化中的人们进行交际,首先要学习对方的语言。当然,世界上的语言种类如此之多,全部学会是不现实的,但是学会世界上通用的语言、了解目的地的日常用语还是很有必要的。英语是一种国际性的通用语言,它不仅是许多国家、地区的官方语言,也是商务往来、国际会议等场合中的通用语言,还是大多数国家学校教育中的主要外语。因此,学习英语是提高跨文化交际能力的重要手段。

2. 认识语言和文化的关系

语言与文化之间存在着密不可分的关系,这种"你中有我、我中有你"的紧密联系集中表现在习语上。习语是各民族成员在长期的语言运用过程中高度提炼而成的表达法,具有结构严谨、言简意赅、寓意深刻的特点,承载着厚重的民族传统与文化内涵。可见,习语是语言的重要组成部分,学习一国的语言必然要学习一国的习语。同时,只有了解习语的文化内涵,才可能正确理解和使用习语,也才能在交际过程中进行更深层次的沟通,从而促进交际目的的达成。另外,交际者的成长环境、教育背景也是影响其理解和使用词汇、习语的一个重要因素,因此交际者必须时刻注意这一点,从而选择合适的词句表达和交际策略。

3. 正确理解和使用非语言符号

在交际过程中,人们常使用语言符号。但是,大量的非语言符号(如目光、体态、味道等)对交际也有着重要影响。由于这些非语言符号在不同的文化中有着不同的含义,误用或误解非语言符号很容易引起误会和矛盾。因此,正确理解和使用目标文化中非语言符号的含义是跨文化交际者必须掌握的本领,否则就会对交际的顺利进行造成障碍。

(三)培养移情能力

移情能力是情感能力的重要组成部分,主要指摆脱民族中心主义的束缚,不以本民族的价值观念看待和评判其他文化,设身处地为他人着想。美国知名学者拉里·萨莫瓦尔(Larry A. Samovar)在《跨文化交际英文(第7版)》中表达了有关移情能力的内容,以下是总结后的移情过程的步骤:①承认世界的多元性和文化的差异性;②认知自我;③悬置自我;④以他人的角度看问题;⑤做好移情的准备;⑥重塑自我。

一般情况下,人们受到母语文化观念的影响较大,因此在处理问题时习惯用母语文化的标准来观察和对待其他文化,而跨文化交际的一个重要障碍就是对目的语文化不正确的态度。可见,移情能力是跨文化交际能力中不可或缺的一部分,是否具备一定的移情能力对交际的质量有着直接影响。

在培养移情能力的过程中,常常会遇到各种障碍,概括来说主要包括"文化冰山"、文化优越感、文化模式化和文化偏见。下面就对这四个阻碍因素进行介绍。

1. "文化冰山"

文化就如同一座"冰山","冰面"上的语言、生活方式、行为举止和交际方式等是表面现象,很容易被识别和发现。相比较而言,"冰面"下的交际规则、思维方式、交际动机与态度以及价值观念等潜藏因素虽然不易被发现、感知,但却决定着外显出来的语言、行为举止、生活方式和交际方式。因此,如果不了解或认不清"冰下"的那些因素,就很难认识和判别人们的交际行为。

2. 文化优越感

所谓文化优越感是指将母语文化的风俗习惯、交际规则、思维方式和价值观念作为衡量和判断世界一切文化的唯一标准,凡是与之一致的才是正确的,其余都是错误的和不好的。文化优越感有如下几种表现。①一些人将本群体置于其他所有群体之上;将本阶层置于其他所有阶层之上。他们一致认为本样体、本国和母语文化最好,也最道德。②一些人将本人、本种族、本民族或本群体置于宇宙的中心,并以此作为标准去衡量其他所有文化。③部分有文化优越感的宗教团体不断强调本宗教优于其他宗教,甚至认为本宗教是唯一合法的宗教。④对其他文化持敌视态度。这种态度会影响持有者对一切事物的看法,如文化传统、种族特征、风俗习惯、衣着穿戴、饮食习惯等。

文化优越感极易造成凡事都以自我为中心的盲目自大,即人们总会不自觉地以自己的文化为中心,认为自己文化的行为标准也应该是所有文化的标准。因此,文化优越感的消极影响也是显而易见的,它往往导致人们对其他文化产生偏见,无法客观地看待其他文化,不利于人们获取跨文化意识的意愿与要求。

值得一提的是,由于文化优越感往往能够满足持有这种态度的人们的一种虚荣心,因而也常被一些居心叵测的政治家用来当作政治和外交的手段,用以蛊惑人心,达到自己的政治目的,给他人、他国带来巨大的危害。因此,时刻警惕文化优越感的侵蚀是非常必要的。

3. 文化模式化

简单来说,文化模式化是指一旦认定某种文化具有某种特征,就认为该文化下的所有人和事物都具有这种特征。例如,受文化模式化不良影响的人们常片面地认为所有远东人都机敏、狡猾、含蓄、难以捉摸;所有犹太人都思维敏捷、嗜财如命;所有爱尔兰人都性情暴躁,易于发怒;所有英国人都礼貌、保守、勤奋、爱喝茶;所有意大利人都感情丰富,情感外露;所有德国人都固执、勤劳、循规蹈矩、爱喝啤酒;所有美国人都富有、友善、无拘无束、注重物质利益;所有日本人都个子矮小、牙齿突出、性情狡诈。

总之,文化模式化总是按照固有的成见和先入为主的态度,事先在心里设计好一种模式,并将其设法生搬硬套在其他文化上。这种思维方式不仅机械死板,有时还通过夸大的手法将其他文化进行硬性分类,将其他文化的一切现象都强行纳入自己设计的模式之中。

在培养移情能力的过程中,应努力避免文化模式化的不良影响。

4. 文化偏见

文化偏见也是一种不客观地对待其他文化的态度,具有如下三个主要特点:①文化偏见是在文化模式化的基础上形成的,持这种观点的人依据其过于简化、过于概括和夸大其词的错误观念观察和看待任何一个文化群体;②文化偏见所持的态度不是针对某一个具体的人,而是针对某一整个文化群体;③文化偏见论者往往态度固执、缺乏理性。当发现某一文化群体的形象与自己的想象不同时,他们不仅对与自己观点矛盾的事例视而不见,还会专门收集能够证实自己观点的事例,或者找各种理由来坚守自己的态度和看法。

(四)树立正确心态

在跨文化交际的过程中遇到一些碰撞与冲突是不可避免的。只有树立积极正确的心态,才能正确看待这些矛盾,从而更好地促进自己文化的发展。因此,应从以下几个方面做起。

1. 保持客观态度

民族文化对一个人的影响是深远的。可以说,每个人都对本民族的文化有着深厚的感情。但是,在跨文化交流的过程中,既要传承对本民族文化的热爱,也要以一种客观的态度来对待本民族文化与其他文化。具体来说,既要客观看待、评价每一种文化的优点与缺点,又要避免缺乏客观分析就全盘肯定或否定某一种文化;既不能因为本民族文化而不能容忍别人说出其存在的缺点,也不能毫无根据地将其他文化一概否定,说得一无是处,而是要在冷静分析、理性思考的基础上公正地看待跨文化交流过程中的现象。否则,文化的融合就无法实现。

2. 避免自我否定

每种文化都有其独特性,每个民族都有自身的优势,跨文化交流提供了了解他国文化的机会,通过文化的交融与碰撞,可以感受、发现并吸取其他文化的优点。但是,在这一过程中应避免自我否定的倾向,不能因为看到他国文化的优势就否定本民族文化,更不能因此妄自菲薄、崇洋媚外,这不仅会使自己丢失本民族文化中优秀的东西,也会使自己失去客观公正的心态和独立选择的能力,无法学习和吸收外来文化的营养,而且还会接受一些其他文化中落后和腐朽的东西,从而对自己文化的发展产生不利影响。

3. 既要吸收也要传播

在全球经济一体化的今天,文化领域的相互交融已经渗透到了社会生活的方方面面。不同文化之间的碰撞与吸收既能使我们客观、全面地认识他国文化,又能以新的洞察力重新审视、认识本民族文化,从而在国际交往中做到知己知彼,提高国际理解力和国际竞争力,积极有效地推进我国与世界各国之间的交流与合作,促进我国社会的发展。更为重要的是,在介绍西方优秀文化的同时,也不能忽视中华民族的文化精粹,并且通过学习国外文化,应该对中华民族的文化有更深刻的认识,将本民族中的优秀文化传递给外国群众,促进国际文化的双向交流,为世界文化的繁荣发展做出更大贡献。

(五)学会处理冲突

跨文化交际的参与者在语言、文化、习俗等方面都存在着巨大的差异,因此在跨文化交际过程中出现误解、冲突是很正常的现象。要想使跨文化交际顺利进行下去,交际者就必须学会如何处理冲突。下面是美国人处理跨文化交际中的文化冲突的五种方法,可供借鉴。

1. 合作

合作是指通过富有建设性的方法来满足交际双方需要和目的的一种冲突处理方法。与折中不同的是,合作通常是以积极的态度来看待冲突、解决冲突,从而实现交际关系的融洽。

2. 和解

和解是指交际者放弃自己的立场、观点,接受他人的思想,从而与对方达成一致的方法。和解在处理冲突时十分有效。显而易见的是,和解与竞争正好相反,它要求交际者本身对"谁胜谁负"持无所谓的态度,或者意味着交际者本身较为软弱。

3. 折中

折中是指交际双方为解决冲突而找到一个双方都能接受的途径。这种方法虽然能使交际双方都感到满意,但同时也意味着双方都要做出一定的牺牲或让步,是介于竞争与和解之间的一种冲突解决方法。

4. 退避

概括来说,退避包括两种:一种是身体上的退避,如远离冲突;另一种是心理上的退避,如沉默不语或在预感可能发生冲突时绕开话题等。退避是避免冲突的一种常用、简单方式。

5. 竞争

竞争是指交际者通过言语侵犯、威胁、胁迫或剥削等方式将自己的意志强加于对方,从而使对方认同、接受自己的观点、行为、价值观等。竞争的最显著的特点就是强硬。

第三节 翻译的概念与分类

一、翻译的概念

翻译是一个熟悉而又复杂的问题。说它熟悉是因为自从语言产生以来,翻译就开始存在了;说它复杂是因为对"翻译"这一概念的界定多元而不统一。翻译的定义也仁者见仁,智者见智。学者们从不同视角对翻译进行界定,如语言视角、符号视角、文学视角、文化视角、信息视角、交际视角、原作视角、译作视角、读者接受视角等。

英国翻译理论家彼得·纽马克(Perer Newmark)[1]对翻译的定义比较传统,把翻译局限在语言之间,把作者和原文放到了至高无上的地位,把涉及多个翻译利益方的行为仅仅限定在了一个利益方,而且用了"经常"和"并非总是"等字样,使得这个定义的概括性和普适性受到影响。对翻译的定义应该能够覆盖所有符合定义内涵的外延,而不仅仅是在某些时候的外延。

美国翻译理论家尤金·奈达(Eugene Nida)[2]认为翻译是实践行为,而实践行为是以目的为导向的。当翻译的目的是尽量忠实于原文时,译文自然越忠实越好,但当尽量忠实于原文不是翻译目的时,对翻译的评价则不会以译文是否十分忠实原文为评价标准。因此,是否十分忠实于原文不能作为评价所有译文的标准。奈达的定义不仅忽略了翻译生态环境对翻译行为的影响,还忽略了翻译是以目的为导向的实践行为,结果把某些翻译的标准等同于翻译本身,存在概念混淆的问题。

中国学者张培基认为[3]翻译是运用一种语言把另一种语言所表达的思维内容准确而完整地重新表达出来的活动。张先生的定义言简意赅,抓住了语际翻译的

---

[1] 孙方.纽马克交际翻译理论指导下英语被动语态的汉译分析[J].英语广场学术研究,2023(5):40-43.
[2] 熊德米.奈达翻译理论评述[J].重庆大学学报社会科学版,2001(4):85-89.
[3] 鲁萍.论散文翻译中的审美信息传递以张培基散文英译为例[J].黄山学院学报,2016(2):57-59.

本质。但两个副词"准确"和"完整"扩大了语际翻译的内涵，因此限制了语际翻译的外延，使忠实于原文的程度区间问题变成了一个极端问题，存在以偏概全的问题。

范仲英认为[①]翻译是把一种语言的信息用另一种语言表达出来，使译文读者能得到原作者所表达的思想，得到与原文读者大致相同的感受。不仅把翻译局限在语言之间，而且表达过于冗长，在强调作者思想时忽略了译者主体性，同时把翻译行为的本质与众多的翻译行为结果并置，用翻译行为和翻译结果或效果两个不同的概念之间的关系界定翻译概念本身，存在概念、范畴、顺序等多方面的问题。此外，界定中出现的"译文"字样也有界定循环表达的嫌疑。

二、翻译的分类

关于翻译的分类，可以从不同角度进行划分。

第一，按照工作方式，翻译可分为口译（interpretation）、笔译（translation）、机器翻译（machine-translation）和机助翻译（machine-aided translation）。口译又可分为交替传译（consecutive interpretation）和同声传译（simultaneous interpretation）。机器翻译是现代语言学和现代智能科学相结合的产物，有望在某些领域替代人工翻译。

第二，根据内容题材，翻译可分为文学翻译（literary translation）和实用翻译（pragmatic translation）。文学翻译包括诗歌、小说、戏剧、散文以及其他文学作品的翻译，注重情感内容、修辞特征以及文体风格的传达；而实用翻译包括科技资料、公文、商务或其他资料的翻译，强调实际内容的表达。

第三，根据处理方式，翻译可分为全译、摘译、缩译、节译和编译等。

第四，根据所涉及的两种代码的性质，翻译可分为语内翻译（intra-lingual translation）、语际翻译（inter-lingual translation）和符际翻译（inter-semiotic translation）等。

第五，根据所涉及的语言，翻译可分为外语译成母语和母语译成外语等，如英译汉、汉译英。

除了以上所列几种划分方法之外，在实际运用中还有许多具体的分类法，这里不一一赘述。

---

① 王晓农.论实用翻译教程提出的翻译标准的有效性[J].济宁师范专科学校学报,2003(3):74-76.

第四节　翻译的性质与标准

一、翻译的性质概述

翻译的性质是什么？对于这个问题的回答直接影响译者在翻译过程中的各种决定。翻译具有极大的伸缩性，从一张商品清单的逐次转译到一首古典诗歌意境的再创造，其间包括了从语言的基本单位转换到文化类型转换的整个范畴。在这样一个广阔的范畴内，对翻译自然可以有多种解释。长期以来，学术界对于翻译的性质一直争论不休：翻译是科学，翻译是艺术，翻译是技能（图1-1）……语言学派认为，翻译是用一种语言符号去表达另一种语言符号的意义，语言学的各项原则在翻译中是普遍适用的，因此，翻译和语言学一样，是一门科学。而文艺学派则认为翻译是用另一种语言创造相等的美学价值，是艺术的再创造，所以翻译是艺术而不是科学。实际上，这种争论是不具备共同基础的，语言学派讨论的是一般的翻译原理，文艺学派讨论的是特殊的翻译原理，语言学派的重点是客体要素，文艺学派关注的是主体和受体的要素。那么，翻译的性质到底是什么呢？我们认为，翻译是一项跨语言、跨文化的交流活动。因为无论是口译、笔译、机器翻译，还是文学作品的翻译或科技文章的翻译，它们的目的都可以归结为一个，即交流信息。由此可见，翻译性质具有如下特点。

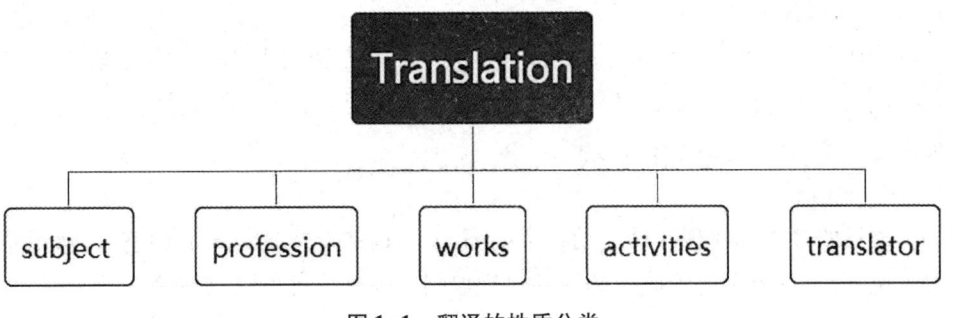

图1-1　翻译的性质分类

1. 个体性

翻译都有人的活动参与，尤其是由译者而不是机器进行的翻译，都不可避免地带有译者的个人色彩。这与每位译者自己的教育背景、价值观、世界观、家庭社会影响息息相关。每个人对英语原文的理解、汉语的表达能力和文化修养也都不尽相同，译文也就体现着译者的不同素质和特点。

2. 社会性

翻译是人类跨文化、跨语言,有目的的社会行为与活动,不同的社会因素、社会需求和社会作用会产生不同类型的翻译。翻译的社会性是指不同历史时期翻译的民族文化心理、社会精神需求及社会接受程度。换句话说,翻译绝不可能孤立于社会存在,翻译作为一种社会现象而产生,又推动着社会文化的发展,贯穿于社会发展的全过程。

3. 艺术性

刘宓庆认为翻译的普遍性在于,不管是什么样的文体,诗歌、戏剧、散文、经书、法律文件等,翻译都离不开斟词酌句、调整句式和润泽译文等文学加工。翻译艺术的依附性则在于翻译不能脱离原文存在。翻译不是创作,不能译者想怎么写就怎么写,翻译会受到原文的文体风格、文化差异、语言差异等各方面的限制,可谓方寸之地见功夫。变通性则是指译文要符合本国读者的审美情趣、文化传统和语言习惯,就需要对原文的艺术美加以改造,在不失原文精髓的情况下,让本国读者欣然接受。

4. 创造性

翻译的创造性主要指译者的主观能动性。译者在翻译时会受到诸多限制,不能脱离原文任凭自己的喜好发挥;但从遣词造句的角度来说,译者又是具有一定自由度的。这个度里面,译者的创造性可以体现在文化的移植、形象的再现、语言形式的传达、新译名的设立等多方面。

5. 从属性

翻译的从属性与翻译的创造性相对,指译文的内容、主旨观点、感情思想、文体风格应当尽量与原文一致。译者不是作者,不能自己创作,只能根据翻译的要求尽可能忠于原文的艺术风格和韵味。

6. 多样性

翻译的多样性体现在译文的各个层面,从字词的选择到句式的调整、段落篇章的润色,无不见译者的功底。翻译的多样性指同一种意思可以有多种表达方法,也就是翻译中常提到的意一言多。在不违背原文意思的情况下,同一个英语单词可以用多个汉语词汇来翻译,这可以使译文更加生动活泼,但同样也需要译者对原文有确切的把握,且中文涵养也需要达到一定的境界。

7. 科学性

翻译科学性的基础是人同此心,心同此理,即在地球生态环境大统一的基础上,人类的思维框架和意识形态是基本一致的。人类语言具有"同质性

(homogeneity)",即语言之间存在对应关系(equivalence),如"door"对应"门""school"对应"学校""cloud"对应"云",英语主动语态"I finished the work"对应"我完成了工作",被动语态"The child was taken home"对应"那个孩子被领回家了"等。当然英汉两种语言存在许多无法一一对应的情况,但从广义上说,语言之间的同质性与对应关系仍是翻译的科学性所在。

8. 部分性

翻译不可能面面俱到地把原文的意思、情感、思想、韵味移植到译入语中,大多数情况是,译出了一方面就很难再兼顾其他方面。因此很多时候译者必须做出取舍,根据当时的社会情况、翻译要求、译者的个人经历等翻译出原文的某些方面,对另一些方面则简单翻译甚至完全略译。例如,在翻译诗歌的时候,英语诗歌的意境、音律、节奏往往很难在汉语中做出一一对应的翻译,为了让读者明白这首诗的意思,译者往往不得不牺牲诗歌音律方面的因素,而用无法形成韵脚或节奏的中文字词来翻译。

二、翻译的标准

翻译的标准是翻译理论的核心问题,也是一个极具争议性的问题。翻译中语际的意义转换不能是随意的,它必须遵循一定的规范,才能使翻译成为有意义的社会行为。这里所说的规范,就是翻译的标准,是指导翻译实践,评估译文质量的尺度。

(一)有关翻译标准的争论

翻译的标准是什么?这个问题的答案首先取决于对于翻译性质的理解,不同的学派在看待翻译性质时具有不同的视角,因此,对于翻译标准自然就会得出不同的结论。

有关翻译标准的争论由来已久。早在19世纪末,翻译家严复就提出了"信、达、雅"的翻译标准,在此基础上,许多学者和翻译家提出了自己的独特见解,如傅雷的"神似"标准和钱钟书的"化境"标准。一般说来,传统的翻译标准可以归结为两个字:信与顺。应该说,信与顺是相辅相成的关系,但在翻译实践中,译者经常处于信与顺难以两全的尴尬境地。因此长期以来,关于这一标准,翻译界一直存在争论。翻译史上曾有过宁顺而不信的互相对立。林纾和庞德的译作可以说是片面注重译文效果的典型;与之对立的是鲁迅提出的翻译标准,他认为,为了忠实必须保留原作的句法结构。

胡适支持严复的"信、达、雅"标准,更进一步提出"严先生说的是古雅,现在我们如不求古雅,也必须'好'"。

林语堂认为翻译的标准是:①忠实;②通顺;③美。译者必须对原文负责,对译入语读者负责,对艺术负责。

钱钟书认为翻译的最高理想是"化":把作品从一国文字转变成为另一国文字,既能不因语文习惯的差异而露出生硬牵强的痕迹,又能完全保留原文的风格,就算得上"化境"。

许渊冲先生在诗歌翻译的实践基础上提出了翻译的"三美"标准,就是"意美、音美、形美"。

(二)翻译标准多元互补论

纵观中外翻译史,关于翻译标准的争论从来没有停止过,也一直没有形成一个定论,以至于翻译标准成了翻译界的哥德巴赫猜想。辜正坤认为①,这个问题之所以得不到解决,是由于我们思维方法上的单向性或定向性,习惯于非此即彼式的推理,试图找到具有绝对性和唯一性的翻译标准。但翻译是一个复杂的概念,对于译作的评价又依赖于不同读者的主观判断,因此寻找绝对唯一标准的努力是不切实际的。他进而提出了多元互补的翻译标准。

翻译标准多元互补论包含如下几点内容。

第一,翻译标准是多元的而非一元的。

第二,翻译标准既是多元的,又是一个有机的、变动不居的标准系统。在这个系统中,最高标准是最佳近似度。最佳近似度是一个形同虚构的抽象标准,真正有实际意义的是一大群具体标准。

第三,具体标准群中又有主标准和次标准的区别。

第四,多元翻译标准是互补的。

辜正坤的多元互补颠覆了传统意义上的"忠实"论,他认为,"忠实"其实是一个不可能的概念,要保证译文在语音、语义、句法结构等各个层面都忠实于原文,只能是不译。用"最佳近似度"取代"忠实",使翻译的标准更有现实性。最佳近似度有一系列的具体标准,这些具体标准随着时间、空间及认识主体的种种关系的不同而发生改变,它们之间的主次关系也会发生变化。如果从文本的宏观角度来看,根据体裁的不同,标准也需要做相应的调整,科技文章的翻译标准不能等同于文学作品的翻译标准,广告的翻译标准不能等同于电影剧本的翻译标准,这一点非常重

---

① 武娟娟.略谈辜正坤先生的翻译标准多元互补论及其应用[J].长春工程学院学报社会科学版,2014(4):86-88.

要。从时间的角度来看,翻译是一个动态发展的概念,如读者对译文的接受心理会随着时间的变化而变化,过去认为没有接受性的翻译不等于现在没有接受性。

总之,翻译标准多元互补论推翻了上千年来翻译理论家们关于一个唯一正确和绝对实用的翻译标准的设想,而用一个辩证的标准群取而代之,在这个标准群中有抽象标准和具体标准,有最高标准和临时性主、次标准等。所有这些标准都只有相对的稳定性,都在变动不居的发展过程中,互相对立、补充和转化。

(三) 翻译的传意性与可接受性

多元翻译标准为检验和评估翻译作品的质量提供了一个更为理性、更加现实的理论体系。不过,在实际翻译过程中,译者往往需要一个高度概括、言简意赅、易于记忆的翻译标准。严复的"信、达、雅"虽然不够科学,却深入人心、经久不衰,至今仍是许多人心目中理所当然的翻译标准,其原因也许就在于此。从这个意义上说,"信"与"顺"的可操作性是值得肯定的,而且在翻译活动中仍然可以作为一般意义上的指导原则。不过在这里,我们将启用两个意义更加具体的术语来取代"信"与"顺",那就是传意性与可接受性。

传意性指尽量完整地表达原文各个层面上的意义,这一点我们将在后文进行详尽的阐述。可接受性指译语在词语组合、章句结构和语篇安排方面的可读程度。具体说来,可接受性包括五个因素:合乎语法、合乎习惯、具有语体适应性、含义清晰、具有条理性。值得注意的是,随着文化全球化的形成,在传意性方面,时代对文化意义的传递提出了更多的要求,因此译者必须更多地重视翻译中的文化因素,在保留原文化色彩和可接受性之间寻找最佳平衡;同时,不同文化之间的影响和渗透使读者对外来文化的接受能力也不断提高,许多外来的词汇和表达法进入中国文化的认同区,并在某种程度上改变了中文的语言习惯。从这个角度来说,更高的传意性不仅是必需的,也是可能的。

在翻译过程中,译者很自然地存有必须忠实于原文的心理,同时译者的思维会不自觉地受到原文表达形式的约束和影响。在这种情况下,译者会自觉或不自觉地力求在选词用字、句子结构以及修辞手法等方面和原文保持一致。然而,这样做的结果有时并不令人满意:译文和原文在形式上是对等了,却出现了意义上的不一致;或者是造成译文的生硬别扭,令人费解。必须再三强调的是,由于英汉两种语言的巨大差异,片面地追求形式对等不仅损害到译文的可接受性,还有可能造成意义的变形。为了让读者最大限度地接收到原文信息,译者需要按照译语的表达习惯对原文进行必要的调整,以保证交流的顺利进行。

第二章
跨文化交际下中西方翻译理论对比研究

第一节　西方翻译理论研究
第二节　中国翻译理论研究

第一节　西方翻译理论研究

西方翻译迄今已有两千多年的历史,大概可以分为中古世纪、文艺复兴、近代工业革命时期及当代四个阶段。

一、古代至中世纪翻译理论

(一)西塞罗

经过大量翻译实践活动的西塞罗(Marcus Tullius Cicero)毕生对社会各流派、各阶层、各方面的文学巨著都进行过翻译,其中包括《荷马史诗》以及柏拉图的《蒂迈欧篇》等。

《论最优秀的演说家》与《论善与恶之定义》两部作品主要体现了西塞罗的学术观点。在前一部著作中,他把翻译分为"演说者"翻译和"解说者"翻译两种类型,这部著作呈现出西方翻译史上最具有代表性的原始语言风格。而在后部著作中,一种灵活多变、富有创新意义的文学翻译方式开始展现,也就是意译的方法。因此,在西方翻译史上,西塞罗被誉为第一位翻译理论家。

(二)贺拉斯

《致皮索兄弟书简》(又名《诗意艺术》)集中体现了贺拉斯(Quintus Horatius Flaccus)的翻译思想,在后世成为对直译和死译进行批评的重要理论。

西塞罗的翻译理论被他所认可,他认为翻译应该尽可能意译,但是自由翻译与胡乱地随机翻译显然不同。同时,他高举古希腊翻译典范的大旗,鼓励翻译者去创造、去发挥,以一种平和的方法以及众人可接受的语言风格作为那个时代的翻译原则,对思想解放时期的很多译者起到了重要的指导作用。

(三)昆体良

昆体良(Marcus Fabius Quintilianus)一生虽然著有三项文学典籍,然而不幸的是,如今仅有《修辞学原理》保留下来,这也是其中最有内涵的一本书。

总体而言,他的翻译理论记于八九十卷,观点如下:第一,翻译可分为直接翻译和意译两种类型;第二,翻译和解释是两种不同的理论;第三,如果创造性的意译能够提高翻译的可读性,那么翻译时应该以此为主要方法。

(四)哲罗姆

哲罗姆(Jerome)在神父的行列,据记载是个学富五车的人物。

他的翻译观点有以下三点：第一，完美翻译源于对文本的理解；第二，宗教与文学属于不同种类的翻译；第三，切忌机械无脑的转换，要合理运用意译的手法。

哲罗姆把《通俗拉丁文本圣经》（拉丁文版《圣经》）看作自己毕生翻译理论的精华。这部书的价值不仅体现在对拉丁语《圣经》的空缺填补，终结了拉丁语的宗教杂乱，还为后世翻译宗教文学提供了指导。

（五）奥古斯丁

语言文学著作《论基督教育》是奥古斯丁（Aurelius Augustinus）所写，书中所阐述的语言问题大都与翻译存在一定的联系，这也是一部有关翻译理论的重要作品。

其有关翻译的思想如下：第一，指向性问题、能够指向的问题以及翻译的甄别问题之间的三角关系应该予以考虑；第二，要注重朴实、高贵、威严三种风格的变换；第三，熟于不同语言之间的感情表达，掌握至少两种语言；第四，按上帝的意愿去翻译《圣经》；第五，词是翻译的基本单位。他的符号理论影响至今。

（六）布鲁尼

在中世纪的西方，有位对翻译进行研究的开拓者——列奥纳多·布鲁尼（Leonardo Bruni），他写的《论正确的翻译方法》专门解释了翻译是什么。

其翻译思想体现为如下三个方面：第一，翻译的核心在于不同文化之间的传播，翻译者应该了解不同的文化；第二，翻译没有语言种类的优劣之分；第三，原著的文字风格应得以保留。

二、文艺复兴时期翻译理论

（一）多雷

多雷（Etienne Dolet）被称为欧洲思想解放时期的先驱。他的翻译作品有《圣经·新约》，编辑过柏拉图的《对话录》，对翻译事业的贡献卓著。他认为翻译水平的高低体现在以下五点：第一，翻译者应该对原作者所表达的主题思想有所了解；第二，译作不应该破坏原作品风格的和谐，所以要熟练把握源语言和目标语言的使用；第三，译作应该对原文排序有所协调；第四，译者的翻译文字要尽可能地接地气；第五，不能生搬硬套，刻板地按字词句进行翻译。

《论出色翻译的方法》中所阐述的五种方法是西方最原始、最系统化的翻译理论。

（二）马丁·路德

在西方的宗教史上，让《圣经》走下神坛，走进公众视野，可以说这得益于马丁·路德(Martin Luther),他的德文译本促进了当时人们的思想解放。不仅是宗教文学,对于《伊索寓言》这种童话翻译,他也有很高的造诣。

马丁·路德的主张主要包括以下五个方面:第一,通过意译使读者掌握中心含义;第二,译文应该通俗易懂,为大众所接受;第三,翻译过程中,要吸收各种精华;第四,应该注重不同文化(语法)之间的关系;第五,译者应该区分不同文化之间词汇的变换形式,如翻译可用词组翻译单个的词、可以对原文内容进行适当省略、可以合理地添加修饰词、可以合理地使用语气助词等。

以上几点应为实操中的准则。

三、近代翻译理论

(一)歌德

在整个欧洲翻译界,有为数不多的几个翻译佳作,如切里尼的《自传》、狄德罗的《拉摩的侄儿》以及卡尔德隆的一些戏剧翻译,它们皆出自歌德(Goethe)之手。

歌德的翻译理论可概述为以下四点:第一,不管原作文艺如何,最好使用明朗的散文体来翻译;第二,不同文化之间的共性是语言作为翻译传播的发生条件;第三,翻译在世界交际活动中是极为重要的组成部分;第四,可以把翻译归为逐字翻译、意译、改编性的翻译三类。

(二)施莱尔马赫

《论翻译的不同方法》为施莱尔马赫(Friedrich Schleiermacher)所著,较为详细地陈述了原则和方向性的问题,被视为欧洲翻译界的标杆。

他的主要思想观点如下所述:第一,译者要对翻译语言有正确的思维认识;第二,作为归化、异化翻译理论的源泉,翻译可分为读者向作者贴近以及作者向读者贴近两种途径;第三,翻译可以分为口译和笔译,口译多用于商业口语活动,价值不大,笔译是其文化精华所在;第四,笔译又可分为"解释"和"临摹",前者多用于学术研究,后者常见于文学作品。

(三)洪堡

洪堡(Wilhelm von Humboldt)的作品《按语言发展的不同时期论语言的比较研究》以及《论人类语言结构的差异及其对于人类精神发展的影响》对后世有深远的影响。

洪堡指出,辩证关系源于翻译活动中的可译性和不可译性。翻译的第一要务是忠于原作者,但是这种"忠"不是计较翻译中多余的小细节,一般来说,必须指向原文的真实特征。此外,他的最大贡献莫过于"二元论"的语言视角。近现代理论的基础就是在吸收了洪堡、索绪尔等现代语言学家研究的语言二分法理论的基础上形成的。

(四)泰特勒

泰特勒(Alexander Fraser Tytler)在18世纪末发表了《论翻译的原则》,在该书中提出了对翻译界影响深远的"三原则"。

第一,译者应该将原作的中心情感表达出来。

第二,原文中的语言风格记忆修辞手法应该被保留下来。

第三,行文流畅是对翻译者的基本要求,还应保持文学的连贯可读性。

在泰特勒看来,一位能力较强的翻译者本身就应该诗书满腹,凭自己的才华来满足受众的阅读要求。那些关于原著作中的习语的问题大都要求翻译者使用与他们所处时代相称的写作风格以及讲话方式。

作为一部全面、系统的翻译理论,《论翻译的原则》无疑在西方翻译理论史上画下了浓墨重彩的一笔。

四、现当代翻译理论

(一)语言学派

1. 奈达

奈达是语言学派最具代表性的灵魂之一,被公认为现代翻译理论领域的先驱。奈达从1945年开始,发表了超过250篇文章,著述40多部,这些作品不仅数量多,而且拥有完美的系统、详细的审查、高质量的水平,这在西方翻译理论史上是前所未有的。

《论〈圣经〉翻译的原则和程序》是奈达在20世纪50年代发表的,这篇作品的问世使西方语言学派开始注重"科学"翻译研究。奈达首次提出"翻译的科学"这一理念,"翻译科学派"的称号也由此应运而生。

奈达首先提出了"动态对等"的翻译原则,在此基础上提出了"功能对等"的原则来呼应语言交际功能和社会语言学的观点。此原则在西方翻译理论领域扮演着举足轻重的角色。

2. 雅各布逊

雅各布逊(Roman Jacobson)于20世纪50年代末发表了《论翻译的语言学问题》,开创性地引入了语言学、符号学,使翻译学更加科学合理。《论翻译的语言学问题》为当代语言学派翻译研究的理论方法提供了指导,被当作翻译研究经典流传于世。

此外,雅各布逊是第一个将翻译进行分类的人。他认为翻译应该分为三种类型,即语内翻译、语际翻译与符际翻译,对译者群体产生了深远的影响。

雅各布逊的语言功能理论不仅为理论层面做出了贡献,在实践层面也深有研究,如探讨了语言的意义、等值、可译性和不可译性问题,这就为翻译研究开创了一种新的语境模式,推开了20世纪翻译研究的语言学派的大门。

3. 卡特福德

《翻译的语言学理论》是卡特福德(Catford)于20世纪60年代中期发表的著作。此书从现代语言学角度探析了翻译问题,对世界翻译学界来讲是创世纪之举,对翻译理论史有着划时代的重大意义。

卡特福德的翻译理论主要概括为以下四个方面:第一,重新定义翻译界为用一种等值的语言(译语)的文本材料去替换另一种语言(源语)的文本材料,进而探求对等视角下的翻译理论层面和实践层面的核心问题;第二,确立语言之间的等值关系被认为是翻译的基础性认知;第三,通过全面比照原文和译文、对两种语言进行区分、对两种语言的限制因素进行观察等方法对翻译人员进行有效的培训;第四,创造性地提出"转换(shift)"这一术语,并将"转换"分为两种形式,即"范畴转换"和"层次转换"。

卡特福德准确地阐释了语言转换的方法,是20世纪翻译理论界少有的创造性人才。

4. 纽马克

纽马克在20世纪80年代初发表了《翻译问题探索》,并在文中详细阐释了两个重要的翻译技巧。

第一,语义翻译(semantic translation)。语义翻译是指在不影响目标语结构的情形下,尽可能地还原原意和语境。

第二,交际翻译(communicative translation)。交际翻译是指翻译带来的效果与原文文本效果最大限度地保持一致。

但是,若想获得等值的翻译效果(equivalent effect),译者在众多的翻译技巧中应选择含有文本类型(text-types)的技巧。

20世纪90年代初,纽马克开创性地提出,原作或译出语文本的语言越重要,就越要紧贴原文翻译这一思想,并在提出后的第三年被定义为"关联翻译法",这使翻译理论更加系统和完备。

除此之外，他还将文本功能分为六种，即信息功能、表情功能、审美功能、呼唤功能、元语言功能、寒暄功能，使文本的功能分析更加系统和完善。

(二) 功能学派

1. 莱斯

莱斯(Katharina Reiss)是德国翻译功能学派早期的先驱人物之一，他的学生也非常有名，如弗米尔、曼塔里和诺德。

莱斯在20世纪70年代初期发表了《翻译批评的可能性与限制》一书，书中创造性地在翻译批评领域引进了功能范畴，使以原文与译文功能关系为基础的翻译批评模式得以发展。这本书的问世开创了一门新的翻译学派，即功能学派。

莱斯把语篇分为三种类型，即重形式(form-focused)文本、重内容(content-focused)文本、重感染(appeal-focused)文本，并使用适当的翻译方法来处理不同类型的文本。此外，他认为，确定目标文本形式的因素是可以在目标范围内实现的功能和目的，而功能是可以改变的，以满足不同的接受者的需要。这种类型的分类对有效地连接文本的概念、翻译的类型和翻译的目的有很大的帮助，并为完整的功能翻译理论的形成提供了理论指导。

2. 弗米尔

弗米尔(Hans Vermeer)是莱斯的学生，其对莱斯的语言学和翻译理论进行筛选，取其精华，去其糟粕，开创了目的论。

弗米尔提出，翻译不仅是语言符号的简单转换，也是一种非言语行为。因此，在《翻译理论》的语境中，弗米尔为目的论的翻译提供了一个基本理论。目的论的理论意义是深远的，功能学派有时被称为"目的学派"。目的论坚持以下三个原则。

第一，目标原则。根据目标原则，翻译的目的是确定翻译策略。

第二，一致性原则。根据一致性原则，翻译必须符合目标语言表达的习惯，符合目标语言文化的逻辑和意义。

第三，忠诚原则。根据忠诚原则，翻译不应与原文相同，但翻译不应影响原文。

目的论是功能主义翻译理论中最核心的理论，它的出现标志着翻译的研究角度由语言学和形式翻译理论转向功能化和社会化方向。

3. 曼塔里

曼塔里(Justa Holz Manttari)提出了翻译行为理论，并提出了功能翻译理论。他的学术观点体现在1984年出版的《翻译行为理论和方法》一书中。

曼塔里认为，翻译功能与原文功能不同，"功能变化"是译者主体性的体现。因此，译者在翻译过程中是不可或缺的，是跨语言转换的专家和执行者。

此外，曼塔里还特别重视行为参与者(信息发出者、译者、译文使用者、信息接受者)和环境条件(地点、时间、媒介)。

4. 诺德

诺德(Christiane Nord)第一次对功能学派的不同学术思想进行了系统的介绍，并针对其不足之处提出了看法。其观点主要体现在《翻译中的文本分析》和《目的性行为——析功能翻译理论》两本书中。

诺德的研究主要集中在翻译类型分析、哲学基础和功能目的论的翻译上。此外，他还在双语能力和翻译人员、寻找接受者、忠诚原则、忠诚原则的关键因素、翻译培训过程、翻译人员的责任和地位等问题上进行了积极的探索。

(三)解构学派

1. 本雅明

本雅明(Walter Berjamin)的《译者的任务》以独特的知识结合解构主义的翻译理念，被公认为解构主义翻译理论的重要创始文件，他被视为最早的结构翻译思想倡导者之一。本雅明延伸了无用的观点，然后谈论翻译原作。在探索语言关系的起源时，他介绍了一个重要而抽象的"纯语言"概念。总而言之，文章中的许多独特思想将译作从次级和从属情境中解放出来，对后来解构学派翻译思想家颇有启发。

2. 德里达

德里达(Jacques Derrida)的思想是后现代思潮重要的理论源泉，他被称为"解构主义之父"。

德里达颠覆了传统哲学的二元论哲学，提出了四种解构策略，即延异、播撒、踪迹、替补。在这些术语中，延异是关键，这个术语用来表示存在和意义之间的区别。

在《巴别塔之旅》一文中，德里达对语言的起源和分散、语言的多样性、不可译性、翻译的债务等问题进行了阐述，体现了深刻的解构思想。

3. 德曼

保罗·德曼(Paul de Man)最先将德里达的解构主义理论介绍到美国，是当代美国最重要的文学批评家之一。

德曼在讨论翻译问题的过程中，提出了他的哲学思想，他说翻译是为了探索语言的本质。在一次演讲中，德曼还谈到了他对翻译工作的看法，他认为，本雅明在《译者的任务》中的观点是错误的，并纠正了本雅明对语言的误解。

4. 韦努蒂

意大利裔美籍学者韦努蒂(Venuti)是当代美国翻译界的理论家，其解构主义思想主要包括以下几个方面:第一,提出了一种被称为"抵制翻译"的差异化翻译策略;第二,他运用德里达的解构主义思想来表现原文或译文的不连贯;第三,对西方翻译的历史进行了系统的研究,提出了翻译的非结构化翻译策略;第四,他对文本之间的权力关系进行了批判性的分析。

(四)女性主义翻译理论

1. 西蒙

西蒙(Sherry Simon)通过《翻译的性别:文化认同和政治传播》一书,首次论述了女性主义视角下的翻译问题,这也是重要的译学理论专著之一。

从建构主义的角度来看,西蒙强调了翻译的繁衍性和女性服从的问题。此外,西蒙说,翻译并不是简单的机械翻译,而是无限延伸的文本链以及话语链的延伸,本质上是放弃了传统的翻译概念。

西蒙不仅是著名的翻译理论家,也是当代女权主义翻译理论的创始人,并为此发出了有力的声音。

2. 张伯伦

张伯伦(Lori Chamberlain)的《性别和翻译的隐喻》一经发表,就成为女性翻译的经典。在《性别和翻译的隐喻》中,张伯伦将17世纪到20世纪翻译的隐喻进行系统化的整理,并对这些隐喻中包含的性别政治进行了广泛的研究。

张伯伦充分贯彻了后结构主义理论,打破了原文本和译文的边界,提高了女译者政治地位和文化水平,对翻译理论界产生了一定的影响。

3. 弗罗托

弗罗托(Luise Von Flotow)从女性文化的角度谈到了翻译理论、翻译和批判翻译的实践,使翻译成为研究性别与文化之间的相互作用的重要领域。

《翻译与性别》将翻译置于对女权运动的褒扬、对父权主义的批判中,详细阐释了女性翻译作品的时间,是继西蒙《翻译的性别》之后女性主义视角下的又一力作。

(五)后殖民翻译理论

1. 萨义德

萨义德(Edward Said)的专著《东方主义》是对意识形态和文化政治的批判,是后殖民理论的基石。根据萨义德的说法,东方主义本质上是一种政治教条,是西方殖民主义者试图牵制东方,作为西方殖民主义的意识形态支柱而创造出来的。因此,萨义德将研究的触角引向了东方或第三世界,开启了大学研究新的跨学科理论视野。《东方主义》的出版标志着其后殖民理论建设的开始。

萨义德在《旅行中的理论》一书中指出,理论有时可以"旅行"到另一个时代和场景中,必然会与当时的文化接受地和环境发生作用,进而产生新的意义。正因为如此,通过翻译而达到的文化再现使东方在西方人眼中始终扮演着一个"他者"的角色。

此外,他还对女性主义翻译理论的挑战进行了细致的分析,并提出了不同动态的翻译策略来翻译女性的文化和语言。

2. 斯皮瓦克

斯皮瓦克(Gayatri C. Spivak)是当今世界著名的文学理论家和文化批评家。

作为保罗·德曼的学生,斯皮瓦克深受德里达解构主义的影响。在文学理论《译者的前言》中,斯皮瓦克从一个独特的文化理论中解释和阐述了德里达的重要理论概念。同时,《译者的前言》为人文科学作品的翻译开辟了新的可能性。

在《翻译的政治》一书中,他论述了修辞与逻辑的关系,指出译者不应压制语言的传播,而应理解和认识语言的修辞。

斯皮瓦克将翻译研究带入后殖民时期的"文化翻译"场景,为整个西方翻译圈提供了新的定义和见解。

3. 巴巴

巴巴(Homi K. Bhabha)的《民族与叙事》和《文化的定位》是西方后殖民研究的必读书目,"混杂性""第三空间""言说的现在"等后殖民术语是后殖民理论中不可或缺的概念。

巴巴对翻译界的贡献主要体现在以下几个方面:第一,他的文化翻译理论高度重视少数民族的地位、语境的特殊性和历史的差异,挑战西方文化霸权的优越性;第二,由他提出的仿真概念证明,仿真是一种具有颠覆性的话语;第三,他的混合理论影响了后殖民语境下的民族文化认同研究。

(六)翻译文化学派

西方翻译理论的研究不断发展,其理论研究出现了几大转向,重点从文本转向文本语境,从作者到读者,从原文到翻译,从文本语言层面到社会和文化方面的文本。

在此背景下,文化学派的翻译及其理论在西方学术界变得越来越重要,逐渐成为西方翻译研究的主流。一般来说,文化学校注重翻译文本、翻译过程、翻译策略等外部文化和社会的操纵。

1. 詹姆斯·霍尔姆斯

詹姆斯·霍尔姆斯(James Holmes)被认为是翻译研究学派的创始人,也是翻译文化学派的主要人物之一,他的主要贡献在于翻译学科的建设。

当人们还在争论翻译是否应被视为一个独立的学科时,霍尔姆斯在其《翻译的名称和事实》中就提出了一些关于翻译学科建设的问题,该书被公认为翻译学科建设的基础。在书中,他讨论并阐述了翻译研究课题的命名、研究范围和划分的基本问题,提出了著名的翻译研究的学科框架图。

2. 伊塔玛·埃文-佐哈尔

从观察翻译对社会的影响来看,以色列学者佐哈尔(Itama Even-Zohar)在1979年首次提出了多系统理论,被认为是"翻译研究学派"的先驱之一。他认为,文化、语言和文学、社会不是一种完全不同的元素的混合物,而是一种相关的元素体系。这些系统不是单一的系统,是由多个交叉甚至重叠的系统组成的。在这种理解的基础上,他创造了"多元体系"这个术语。所谓的"多元体系"是指利用社会、文学和文学中所有相关制度的整合,来解释文化中所有的文字。在阐述多元系统理论的过程中,佐哈尔将重点放在翻译作为多元系统中的一个系统的位置上。

3. 吉迪恩·图里

图里(Gideon Toury)在希伯来文学的英译本中,在大量的描述性研究的基础上,以多系统理论和霍尔姆斯的描述性翻译理论为基础,形成了一套完整的翻译理论和方法。图里不仅从理论上分析了描述性研究对翻译研究的意义,而且对基于实践的实证方法的描述性研究进行了系统总结。他认为,只要把文本翻译成目标读者眼中的翻译,就是翻译。在希伯来文学的英译本中,他提出了翻译应该翻译成面向语言的观点,从而形成一种注重翻译文化特征与目标语言文化特征与翻译之间关系的研究方法。对实际积累的丰富的事实研究的描述不仅对翻译行为进行了详细的描述和解释,还用大量的依据做出合理的预测,为学科理论的构建奠定了基础。

4. 安德烈·勒菲弗尔和苏珊·巴斯奈特

勒菲弗尔(Andre Lefevere)和巴斯奈特(Susan Bassnett)共同倡导将翻译研究回归文化,并合作出版《文化构建——文学翻译论集》,将翻译纳入文化建设的广阔视野。勒菲弗尔主要研究意识形态对翻译文本重写的影响和操纵。他认为翻译不仅是语言层面上的翻译,也是对原作文化层面的改写。改写主要受内部和外部两个方面的影响:一是来自文学系统的内部,由评论家、教师、翻译家等所组成的专业人士,他们往往关心的是诗学;另一个来自文学系统的外部,即拥有促进和阻止文学创作和翻译的权力的人和机构,即赞助人。读者通常对文学的意识形态感兴趣。在翻译过程中,译者的翻译策略有两个主要的影响因素,即译者的意识形态以及当时文学界占主导地位的诗学。然而,巴斯奈特的翻译思想主要体现在她对翻译研究本质的表达、翻译研究的范围和翻译研究的文化视野。在她看来,翻译不是纯粹的语言行为,而是根植于深层文化的行为。翻译是文化与文化的交流。翻译等值是源语言与目标语言在文化功能中的对等。

必须明确的是,每一个代表人物的理论观点都能形成一个理论体系,每一个系统都可以分别从多个角度阐明观点,限于篇幅,只列举了一些主要理论观点的代表性人物。有人批评文化学派脱离了翻译本体论研究过分强调对翻译和文化等因素的限制,但文化学派的研究提出了一种新的研究方法,从而拓宽了翻译研究的范围。

第二节 中国翻译理论研究

中国历史上有三次翻译高潮。第一次出现是东汉至北宋的佛经翻译,第二次是明末清初的科学翻译,第三次是鸦片战争至五四运动的西学翻译。五四运动之后,中国的翻译理论并没有停止,而是继续向前发展。相应地,我国的翻译理论研究可以分为五个历史时期,即东汉到北宋、明末清初、近代、现代、当代。

一、东汉到北宋翻译理论

(一) 安世高

安世高(生活于约公元2世纪)是西域安息国的王太子,本名为清,字世高,是中国佛经翻译事业的真正创始人。

安世高聪慧好学,知识面广,现存安译佛典22部,26卷,主要有《十二因缘经》《道地经》《阴持入经》《大安般守意经》《人本欲生经》等。

大乘佛教传播的基本理论和实践是翻译理论的主要内容。从翻译方法的角度来看,安世高主要是直译,有时,为了符合原文的结构,某些术语的翻译是不可避免的。但从总体上来看,安世高的译文措辞恰当,说理明白,不铺张,不粗俗,主要原因是他对中国人很熟悉,很注重找到一个印度佛教和中国本土文化的切合点,这样,他就能更准确地传达意思。

(二) 支谦

支谦,名越,字恭明,三国时期的佛经翻译家,与支亮、支娄迦谶并称为"三支"。

支谦的《法句经序》是有资料可考的我国传统译论中最早的一篇,在我国译论史上具有开篇意义。支谦在《法句经序》中表达了自己倾向于"文"而不是"质"的态度。

支谦对翻译的贡献主要体现在以下几个方面。

第一,他首创了将译注添加到译文的方法。

第二,他首创"会译"的体裁,曾把《无量门微密持经》和两种旧译对勘,区别本末,分章断句,上下排列。

第三,他开创的译风从三国到两晋一直占据着重要的地位。

(三)道安

道安是东晋时期杰出的佛教学者,也是我国最早的热心传教士。他组织并参与了《圣经》的翻译,并对翻译的错误进行了考证。

道安对佛教翻译的突出贡献主要包括以下三个方面。①他主持了许多重要的翻译研究,集中和培养了许多学者和翻译人才。②他将已译出的经典编撰成《众经目录》,这是中国第一部"经录",在系统翻译佛经中起了至关重要的作用。③他提出了著名的"五失三难"理论。所谓"五失"指的是翻译容易丢失的五种情况,"三难"指不容易处理的三种情况。

(四)鸠摩罗什

鸠摩罗什祖籍天竺,儿童时期就出家了,是中国古代著名的翻译大师。他带领800多名弟子,翻译了佛经74部,384卷,现存39部,313卷。

鸠摩罗什首次系统地介绍了根据"般若经类"而成立的大乘性空缘起之学,还创造出一种兼具外来语与汉语调和之美的文体,文笔流畅洗练,并充分传达原文本的意思,具有很高的文学价值。此外,他经常不遗余力地创立佛教专用名词,并主张译者署名以负文责,这使翻译更忠实于原著。

(五)玄奘

玄奘一生共翻译和研究了75部书籍,共计1335卷,占唐代新佛经总数量的一半以上,是中国佛教历史上最成功的翻译家。

玄奘提倡补充法、位移法、省略法、分合法、代词还原法等翻译技巧,使翻译达到形式与内容的高度统一,世称"新译"。这种"新译"不仅保存了古代印度佛教的珍贵书籍,也丰富了中国古代文化。在翻译材料的选择上,他是折中的,全部经学分六个学科,玄奘都有翻译。玄奘的工作态度是勤奋、认真的,他注重不同版本的整理工作,强烈反对偷懒的翻译方式。

在玄奘看来,要使翻译尽可能地忠实于原文和流畅,应该坚持"五不翻"的原则。具体而言,音译即不翻之翻,当译者在翻译中国没有的物名、多义词、神秘语、久已通行的音译名以及其他为宣扬佛教需要的场合时应采用音译法。

需要特别说明的是,玄奘以翻译工作的不同内容为依据,将参加翻译的人员分为译主、证义、证文、度语、笔受、缀文、参译、刊定、润文、梵呗、监护大使 11 个工种。这种分工中证义、证文放在纯粹的文字功夫之前,有利于提高翻译的准确性。此外,不同工种的相互配合,既保证了文字的纯正与流畅,又从不同的层面润色译文。这种分工翻译方法对我国现阶段翻译工作的开展仍然有着积极的借鉴作用。

二、明末清初翻译理论

(一)徐光启

徐光启是晚明著名的政治家、科学家和翻译家,他是第一个将中国的宗教和文学翻译范围扩大到自然科学领域的人。

徐光启的翻译理论见于译书序言中,主要表现在以下三个方面。

第一,翻译的重要性在于吸收其他国家长处的前提和手段,这种翻译态度在历史文化语境中十分珍贵。

第二,翻译应把握"迫切需要",即抓住重点。西方数学具有严密的理论和逻辑体系,是其他学科的基础,应成为翻译的首要内容。

第三,翻译的目的是通过翻译使人们受益。

(二)魏象乾

魏象乾是雍正时期《清实录》名列第六位的满文翻译,对翻译的标准、原则以及初学翻译如何入门等问题很有见地。魏象乾的翻译理论主要见于《清说》一文。这篇文章只有 1600 字,但意义深远,是我国最早的内部出版的翻译研究单篇专著。

在这篇文章中,他讨论了翻译的标准,并指出一篇好的译文应该与原文的意思、措辞、风格和气韵一致,所以不要加或减,不要颠倒原文的顺序或上下文。此外,他将汉译满《资治通鉴》和《四书注》列为初学者翻译之范本,并提出把汉语译成满文时要进行适当的增减。

三、近代翻译理论

(一)马建忠

马建忠的《马氏文通》以西方语文的语法作为范本来研究古汉语的语法规律,

是我国第一部由中国人编写的全面系统的汉语语法著作,对后世的汉语语法研究产生了重大影响。

马建忠在《拟设翻译书院议》中提出了著名的"善译"标准,即译文应能使读者获益,并与原文在意思与风格上没有很大出入。此外,他还提出若干有建设性的建议,如开设翻译书院来培养翻译人才,人才的选拔和培养应遵循具体的标准,翻译书院应将教、学、译、出书有机结合起来。这些建议无论在当时还是现在都具有很强的指导性。

(二)严复

严复是晚清时期著名的资产阶级启蒙思想家、翻译家和教育家,被认为是近代中国翻译理论和实践的第一人。

严复在《天演论》卷首的"译例言"中提出了著名的"信、达、雅"标准,成为中国翻译史上第一个明确翻译标准的人。具体来说,"信"要求译文要忠实于原文,"达"要求译文符合目的语的语法规则以及表达习惯,无语病,字句通顺,"雅"要求译文的词句要精美。总之,严复的"信、达、雅"标准是中国传统翻译理论的纲领和精髓,是中国传统翻译理论的里程碑,至今仍对翻译实践具有重要的指导作用。

(三)梁启超

梁启超是一位百科全书式的学者。虽然翻译著作并不多,但他为翻译批评和翻译史研究做出了很大的贡献,可以概括为以下几点。

第一,梁启超创造了一种半文半白、易理解的新文体。这种新文体被刘世培称为"日本文体",是新文化运动和新文学秩序构建的理论和思想资源。

第二,梁启超认为翻译是一种伟大的力量,它将人们对翻译目的的理解提升到一个新的高度。

第三,梁启超对佛经翻译及明清之际的科技翻译均进行了卓有成效的研究,极大地促进了中国翻译理论史的研究。

第四,梁启超大力提倡翻译西方小说,把小说界革命与改良政治和启发民智结合起来,有效地提高了小说的社会地位,促进了晚清小说翻译事业的发展。

第五,梁启超提出,好的翻译应使读者完全理解原文的含义,因此译者应避免两种劣势:一是因为遵循英语习惯而使汉语译文晦涩难懂;二是因为遵循汉语习惯而丧失英文原意。

(四)林纾

林纾是中国文学翻译事业的开拓者和奠基人,以意译外国名家小说见称于世。

林纾认为,翻译应该忠实于原著,译名应该统一。此外,为了达到预期的翻译效果,译者必须了解书中所引用的古籍和历史典故的知识,并综合不同语言的异同。

在林纾看来,翻译书籍是在内忧外患的政治环境中开拓国民视野最易见功效、最恰当和必要的手段,因此他将40多部世界名著翻译成了汉语,他也由此被公认为中国近代文坛的开山祖师及译界的泰斗。林纾对小说的翻译极大地拓宽了人们的视野,但他利用的是古代风格而非方言。

四、中国现代翻译理论

(一)鲁迅

鲁迅在他的一生中翻译了14个国家100多名作家的200多部作品,出版了33本单本,约300万字,是一位杰出的文学翻译家。他继承和发展了中国传统的翻译理论和翻译思想,是中国翻译理论的奠基人。

对于混乱的翻译,鲁迅对其进行了纠正,并把"忠实"放在非常重要的位置上,极力主张忠实于原文的直译法。此外,鲁迅对翻译理论和翻译思想的论述也对当时的翻译界产生了很大的影响。例如,他主张对权利的翻译批评,建立以信为优先,辅以适当的辅助翻译原则,提出简单的解决方法和魅力以及移情、困惑,作为翻译理论的核心。他还提出了翻译应该等于创造的观点,他的再解释和翻译的观点保证了翻译事业的健康发展。

(二)胡适

胡适是中国新诗翻译的主要人物,他翻译了都德、莫泊桑、契诃夫的短篇小说以及一些西方作品。

关于胡适的观点为,应该对自己和读者负责,但翻译的文章有三重责任,即向自己负责、向读者负责、向原作者负责。因此,胡适对翻译的态度是极其严格的。

胡适主张诗歌翻译必须具有易于人们理解和大众接受的流畅性,因此胡适的诗歌翻译提高了规则和意境,极大地促进了白话的发展。

(三)郭沫若

郭沫若为哲学和社会科学以及马克思主义和外国文学的翻译做出了巨大的贡献。

郭沫若翻译的方法被称为"风韵译",提出要做到"字句、意义、气韵"三个不走样,译者不仅要掌握翻译研究的知识,提高自己的文本自由操作能力,更要详细地了解作者的内心世界和外在的生活,熟悉国家的风土人情。因此,要求译者具有深刻的生活经验和长期的研究。

(四)林语堂

林语堂是我国的文学翻译家,他写了很多关于翻译理论的文章,《论翻译》是最著名的长篇文章。在这篇文章中,他的翻译思想可以概括如下。

首先,他提出翻译是一门艺术,翻译的艺术性基于以下三个原则。

一是,译者对翻译标准有正当的见解。

二是,译者的国文程度能帮助其顺畅地表达。

三是,翻译对原文和内容有深入的了解。

其次,他强烈反对"逐字翻译"和"翻译成语",这是我国较早明确提出"上下文"的翻译思想。

最后,他提出了"忠、顺、美"三个翻译标准。其中,忠实标准有"直译""死译""意译"和"胡译"四个等级,分"非字译""非绝对""须传神""须通顺"四项意义。

(五)朱光潜

朱光潜是一位有影响力的翻译家。他翻译了将近300万字,成为东方和西方文化、西方美学之间交流的先驱,特别是他的《美学原则》颇具代表性。他还阅读了马克思主义经典的原始译文,留下了数百万字的人类精神财富。

朱光潜反对直言和直译,认为理想的翻译是文从字顺的直译。他研究了一元论、二分法和翻译理论的哲学思想,对严复的译事三难:信、达、雅的思想进行了哲学的探讨,为中国翻译思想史做出了重要贡献。此外,他将翻译看作是一项"再创造"活动,这就是朱光潜著名的"研究什么,翻译什么"原则。他亲自实践此原则,成为译事典范。

(六)郑振铎

郑振铎翻译了许多印度文学、俄罗斯文学、希腊文学和罗马文学。此外,他还翻译了德国的寓言,美国的短篇小说、故事,流行歌曲和欧洲的童话故事,还有丹麦的民歌等,风格广泛。

在谈到翻译的功能时,他提出了翻译为"媒人",又称为"奶妈"。他认为,文学作品的翻译如文学作品的创作,可以指导中国现代人的生活问题与现代思想的接触。

他以"文学翻译"为论点攻击新文化运动,在文章中消除了一些翻译和读者的疑问,为发展中国的翻译事业起着积极的影响。

关于郑振铎的翻译理论的许多观点不仅在当时发挥了重要作用,而且在历史上取得了成功。

(七)瞿秋白

瞿秋白是最早翻译俄罗斯和苏联文学的翻译家,是首先将《国际歌》词曲进行翻译的人。此外,他还翻译了马克思主义文学的大部分理论著作。

瞿秋白发起了群众运动,真正懂得了创造人民文学和翻译的语言,为中国新文学运动的可持续发展奠定了基础。此外,他还通过翻译俄国革命民主文学和苏联的新文学来唤醒中国人民,取得了巨大的成就。

瞿秋白不仅在翻译实践中引入了"对等概念"的翻译原则,而且在理论上也解决了"信"与"顺"之间的矛盾。译界公认他的翻译准确、流利、诚恳,是中国文学翻译的典范。

五、中国当代翻译理论

(一)焦菊隐

焦菊隐是中国优秀的文学翻译家和理论翻译家,他的作品有一种独特的戏剧风格。

从焦菊隐的观点看,翻译是二度创造的艺术。如果缺乏对翻译是二度创造艺术的认识,则翻译工作者很可能经过一二十年的努力,仍未能提升自己的水平。

焦菊隐认为,文本中的一个词的含义是它在特定语境下的具体引用,而不是它的内在含义,这就解释了科学术语在哲学上的绝对价值和相对价值。

此外,他还在著名的《字面翻译》一书中提出了"整体论"的概念,译者首先要明确全书的意义,然后从上到下,从大到小,研究每一部分的意义,逐步完成各个部分的对应。这一观点具有理论和实用价值,丰富了我国的翻译理论。

(二)傅雷

傅雷是我国著名的文学翻译家。在作品中,他向中国读者介绍了法国文学巨匠的杰作。在他的一生中,翻译了34部重要的外国文学作品,其中15部是巴尔扎克的作品。

傅雷最有代表性的翻译理论是"神似说",这在中国翻译理论中起着重要的作用。

傅雷认为翻译的工作是神圣的,并形成了"傅雷风格"。

(三)钱钟书

钱钟书是著名的文学家、翻译家。在《林纾的翻译》中,他提出了"化境理论"。所谓的"化"是将文字作品从一个国家转换到另一个国家,没有因为语言的不同而表现出牵强的痕迹,并能完全保留原有的味道。可见,"化"是文学翻译的最高层次。

"化境"是钱钟书将原本用于中国古典美学的"境界"概念引入翻译理论的翻译领域,他的理论和严复的"信、达、雅"、傅雷的"神似说"构成了中国传统翻译思想的主体,促进中国传统翻译思想的发展。

(四)叶君健

叶君健是一位著名的翻译家。他翻译了毛泽东的《论持久战》,这是毛泽东作品第一次在国外以英译本形式正式出版流传。此外,他还翻译了大量的外国文学作品,包括《安徒生童话》等。

叶君健先生一直注重翻译中译者的主体性和创造性。在他看来,文学翻译不仅是翻译问题,还受文化认同、文化和翻译思想立场等翻译的趋势和功能因素的影响。

在《翻译也要出"精品"》中,他描述了他的"精品"理论,并特别强调了"翻译人格"和"人格翻译"。"精品"理论是他留给翻译社区的最后一笔财富,也是他一生翻译经验的成果。

(五)王佐良

王佐良是现代翻译理论的先驱。王佐良多次强调他的观点,即翻译是原创的灵魂,必须忠实于原文。这一观点完全符合西方当代翻译学派的目的论。

在 20 世纪 80 年代,他在新时期的文本中提出了一种指导精神的概念。在 1984 年和 1985 年,王佐良发表了两篇关于文化的文章,分析了翻译和文化之间的密切联系。在 20 世纪 80 年代末和 90 年代初,以翻译理论为基础的"文化学派"在王佐良的积极支持下完成了。

(六)许渊冲

许渊冲是位多语言译员,是 20 世纪英文和法文翻译的专家。

许渊冲介绍了"三美""三化""三之"的理论。"三美"的意思是"意美、音美、形美";"三化"为"等化、浅化、深化";"三之"的意思是"知之、好之、乐之"。其中,"三美"是本体论,"三化"是方法论,"三之"是目的论。

1997 年,在北京举行的国际翻译研讨会上,他简明扼要地提出了自己的翻译观点。

第一,科学和艺术。翻译理论不是客观的科学规律。

第二,理论和实践。二者如有矛盾,应该由实践来决定。

第三,创作和翻译。21世纪是世界文学的时代,文学翻译应该得到改进,与创作一样重要。

许先生也有著名的"优势竞赛"理论,即原文的最佳翻译不一定是最好的翻译,因此原作内容应用最好的译语表达方式来体现。这一理论立即引起了20世纪末最长的学术辩论。

简而言之,许渊冲重实践、重创造、重艺术,其翻译理论的每一个理论都来源于丰富的翻译实践。

第三章
跨文化交际视角下的英汉翻译

第一节　文化差异对翻译的影响
第二节　文化翻译的原则与策略

第一节　文化差异对翻译的影响

翻译不仅是一种语言间的转换活动,更是一种文化之间的信息交流活动。从某种程度上来看,译者对英汉文化差异的解读对翻译的成败起着至关重要的作用。概括来说,文化差异对翻译的影响主要体现在以下两个方面:文化误译和翻译空缺。

一、文化误译

文化误译是由文化误读引起的,是指在本土文化的影响下,习惯性地按自己熟悉的文化来理解其他文化。文化误译是英汉翻译中经常出现的问题。

例1:It was a Friday morning, the landlady was cleaning the stairs.

误译:那是一个周五的早晨,女地主正在扫楼梯。

正译:那是一个周五的早晨,女房东正在扫楼梯。

英美国家有将自己的空房间租给他人的习惯,并且会提供打扫卫生的服务。房屋的男主人被称为"landlord",房屋的女主人被称为"landlady"。所以,该例中的"landlady"应译为"女房东",而不是"女地主"。

例2:"You chicken!" He cried, looking at Tom with contempt.

误译:他不屑地看着汤姆,喊道:"你是个小鸡!"

正译:他不屑地看着汤姆,喊道:"你是个胆小鬼!"

将"chicken"译为"小鸡",这是因为汉语中只有"胆小如鼠"一说,并无"胆小如鸡"的概念。事实上,英语中的"chicken"除本义外,还可用来喻指"胆小怕事的人""胆小鬼",故"You chicken!"的正确译文是"你是个胆小鬼!"。

例3:John can be relied on; he eats no fish and plays the game.

误译:约翰为人可靠,一向不吃鱼,常玩游戏。

正译:约翰为人可靠,既忠诚又守规矩。

该例中的"eat no fish"与"play the game"的字面意思为"不吃鱼""玩游戏",但在这句话中显然是讲不通的。实际上,这两个短语都有其特定的含义。英国女王伊丽莎白一世规定了英国国教的教义和仪式,部分支持此举的教徒便不再遵循罗马天主教周五必定吃鱼的规定,于是"不吃鱼"(eat no fish)的教徒就被认为是"忠诚的人"。而玩游戏的时候总是需要遵守一定的规则,因此"play the game"也意味着必须守规矩。如果不了解这些文化背景,想要正确翻译是不可能的。

可见,英汉翻译时应根据具体语境,并结合文化背景,准确地理解原文的含义,然后选择恰当的翻译技巧进行翻译,切忌望文生义。

二、翻译空缺

翻译空缺是指任何语言间或语言内的交际都不可能完全准确、对等。英汉语言分属不同的语系,翻译的空缺现象在英汉语言交际中表现得尤为明显,这给翻译的顺利进行带来了障碍。英汉翻译中常见的空缺有词汇空缺和语义空缺两大类。

(一)词汇空缺

尽管不同语言之间存在一定的共性,但也存在各自的特性。这些特性渗透到词汇上,就会造成不同语言之间概念表达的不对应。这和译者所处的地理位置、自然环境,所习惯的生活方式、社会生活等相关。

有些词汇空缺是因生活环境的不同而产生的。例如,中国是农业大国,大米是中国南方主要的粮食,所以汉语对不同生长阶段的大米有不同的称呼,如长在田里的叫"水稻",脱粒的叫"大米",煮熟的叫"米饭"。相反,在英美国家,不论是"水稻""大米"还是"米饭",都叫 rice。

语言是不断变化发展的,随着历史的前进、科技的进步,新词汇层出不穷。例如,1957 年 10 月第一颗人造地球卫星发射成功后,就出现了 sputnik(人造地球卫星)一词,该词随即也在世界各国的语言中出现了词汇空缺。再如,1967 年 7 月,当美国宇航员登上月球后,英语中首次出现了 moon craft(月球飞船)、moon bounce (月球弹跳)、lunar soil(月壤)、lunar dust(月尘)等词,这也一度成为各国语言的词汇空缺。

因此,在翻译中要特别注重词汇空缺现象的渗透,认真揣摩由词汇空缺带来的文化冲突,采用灵活的翻译方法化解矛盾。

(二)语义空缺

英汉语义空缺是指不同语言中表达同一概念的词语虽然看起来字面含义相同,但实际上却存在不同的文化内涵。以英汉语言中的色彩词为例,它们在大多数情况下都具有相同的意义,但在某些场合,表达相同颜色的英汉色彩词却被赋予了不同含义。例如:

black and blue 青一块,紫一块
brown bread 黑面包
green-eyed 眼红

black tea 红茶

brown sugar 红糖

turn purple with rage 气得脸色发青

遇到语义空缺时,译者应尽量寻求深层语义的对应,而不只是词语表面的对应。

需要说明的是,语义空缺还表现在语义涵盖面的不重合上,即在不同语言中,表达同一概念的词语可能因为语言发出者、语言场合等的不同而产生不同的含义。

例如,英语中 flower 除了作名词表示"花朵"以外,还可以作动词表示"开花""用花装饰""旺盛"等含义,而这种用法是汉语中的"花"所没有的。相应地,汉语中的"花"作动词时常表示"花钱""花费"等含义,这也是英语中的 flower 所没有的。可见,英语中的 flower 和汉语中的"花"表达的基本语义虽然相同,但在具体使用中,二者差别极大。

三、文化与交际的关系

交际与文化二者是统一的。可以说,文化是冻结了的交际,交际是流动着的文化。具体来说,文化与交际的关系如下。

一是交际受制于文化,文化影响着交际。交际行为是文化行为和社会行为,受到社会文化中世界观、价值观等文化核心成分的影响和制约。交际行为的译码活动也受制于文化特定规则或规范。交际双方共享一套社会期望、社会规范或行为准则时,才利于其交际的顺利进行。

二是交际隶属于文化,并且是文化的传承媒介和编码系统。从社会学角度看,人们习得交际的能力是通过交际完成社会化的过程,又通过交际建立内外部世界。有了交际,人们的活动、文化才能得到存储和传承。

三是交际在影响文化的过程中丰富着文化,二者相互依存、相互促进。另外,交际也给文化注入新的活力和增添新的成分。

四是文化的差异性会使跨文化交际过程中意义的赋予变得更加复杂,导致编码人传递的信息和译码人获得的意义之间存在差距。

四、翻译与跨文化交际

(一)翻译的跨文化交际属性

语言交际在不同文化中均是以自身默契来编码和解码的,而中西方跨文化交际要从不同角度去理解中西方社会的不同价值观、世界观与人生观,建立跨文化的中西方共识,促进中西方文化的沟通,以追求新文化、新价值标准为中介,并使交际双方彼此都能接受,以避免不同文化之间的冲突,从而实现成功的跨文化交流。

从人类社会产生,尤其是人类通过语言交流思想以来,跨文化交际就得以产生,而要保证这种跨文化交际能正常进行,就离不开翻译。当两个使用不同语言的人相遇时,双方就必须依靠翻译进行交际,所以为了更有效地进行跨语言、跨文化的交流,翻译就产生了。翻译人员与翻译活动的出现大大推动了跨文化交际活动的发展,从最初的族群与族群、民族与民族之间的微观跨文化交际,逐渐发展成地区与地区之间、国家与国家之间乃至全世界之间的宏观跨文化交际。可见,跨文化交际的出现促使翻译活动产生,而翻译活动反过来又推动了跨文化交际的发展。没有跨文化交际的需要,也就不会有翻译。总之,跨文化交际与翻译是相辅相成、相互依存的。以中国为例,中国文字记载的2000多年的翻译史不仅是翻译活动的历史记录,还是汉文化与其他外国民族文化以及我国少数民族文化之间的跨文化交际过程。

不同文化之间的交流、不同思想之间的碰撞均离不开语言。从本质上说,翻译是在一定社会语境下发生的交际过程,是一项跨语言、跨文化的交流活动。

(二)跨文化交际与翻译研究

翻译的本质是传播,它是一种跨文化的信息交流与交换活动。随着跨文化交际学的出现,有学者提出,翻译是一种跨语言、跨文化的交际活动。译者除了要掌握基本的语言知识和相应的语言技能外,还要确保可以深入、灵活、有效且具体地传达原文的思想,还应了解源语与目的语的文化。只有具备了一定的跨文化交际能力,译者才能使译文达到"最近似的自然等值",或者完成类似的文化功能。

不同民族文化在对社会现象的观察上存在一定差异,且这种差异也是影响交际顺利进行的主要障碍。在跨文化交际过程中,交际各方不但要非常熟悉本族的语言、文化,还要充分了解对方的语言、文化。只有这样,才能保证交际顺利地进行下去。事实上,造成跨文化交际的最大的一个障碍就是文化差异。因此,为了达到跨文化交际的目的,译者就要淡化自己的文化。

如今,文化研究在全世界都是一个热门话题,从文化的视角,尤其是跨文化视角来研究翻译也渐渐成为一种潮流,文化因素在翻译中的作用越来越受到重视。近二十年来,翻译研究主要有两种倾向:一是翻译理论被深深地烙上了交际理论的印记;二是翻译从注重语言的转换逐渐转向了注重文化的传达。以上两种倾向的结合就是将翻译看作一种跨文化交际行为。

跨文化交际学为从跨文化角度审视特定文本所处的语境和语言特征提供了科

学的方法。跨文化交际的理论与研究方法为文本、语篇的生成与传播的宏观语境和微观语境,文化氛围的客观认知,信息接收者的整体特点与具体个性的确切了解,精确翻译文本、语篇中"符码"所蕴含的文化信息,以及确定翻译标准的适度性、翻译技巧选用的测量性、保证翻译的合理性、翻译质量的优质性、翻译传播效果的实效性提供了定性的或定量的依据。

从国内的研究成果来看,有些学者注重讨论西方人的思维模式、价值取向、道德规范、社会习俗、交往和生活方式等,他们注重从这些方面对中西方语言文化进行对比研究。一些学者从语言的功能,文字的音、形、义以及文化效应的角度对英语和汉语进行更深层次的比较。也有学者从社会交际、日常交往及语言表达方式等方面对英汉语言的运用进行比较。还有学者从翻译学的视角出发,研究英汉语言互译中如何使用译入语恰当、准确地表达源语的语义以及其中蕴含的文化,注重对翻译方法和技巧的讨论。总之,这些学者的观点和看法均对丰富和发展跨文化交际学理论做出了较大贡献。

第二节 文化翻译的原则与策略

一、文化翻译的原则

很多人都误认为翻译是一种纯粹的实践活动,根本不需要遵循任何原则,并提出了"译学无成规"的说法,也有不少人认为翻译是一门科学,有其理论原则。然而,金缇和奈达认为,实际上每一个人的翻译实践都有一些原则指导,区别于自觉和不自觉,以及那些原则是否符合客观规律。因此,翻译原则是指翻译实践的科学依据,是一种客观存在。历史上大量的翻译实践也证明,合理地使用翻译原则指导翻译实践活动会收到事半功倍的效果。

同样,基于文化差异下的翻译活动也必须遵循一定的原则。奈达在《语言·文化·翻译》中提出,翻译中的文化因素应该受到更多的重视,他进一步发展了"功能对等"理论。当奈达把文化看作一个符号系统的时候,文化在翻译中获得了与语言相当的地位。翻译不仅是语言的,更是文化的。因为翻译是随着文化之间的交流而产生和发展的,其任务就是把一种民族的文化传播到另一种民族文化中去。因此,翻译是两种文化之间交流的桥梁。据此,有专家从跨文化的角度把翻译原则归结为"文化再现"(culture reappearance),分别指如下两个方面。

(一)再现源语文化的特色

例:巧媳妇做不出没有米的粥,叫我怎么办呢?(曹雪芹《红楼梦》)

译文1:Even the cleverest housewife can't cook a meal without rice. What do you expect me to do?

译文2:And I don't see what I am supposed to do without any capital. Even the cleverest housewife can't make bread without flour.

该例中,"巧媳妇做不出没有米的粥"就是我们的俗语"巧妇难为无米之炊",意思是"即使聪明能干的人,如果做事缺少必要条件也是难以办成的"。译文1中,保存了原作中"米"的文化概念,再现了源语的民族文化特色,符合作品的社会文化背景。译文2中,"没米的粥"译成没有面粉的面包(bread without flour),出发点是考虑到西方人的传统食物以面包为主,故将"米"转译成"面粉",有利于西方读者接受和理解。虽然西式面包与整个作品中表达的中国传统文化氛围不协调,在一定程度上损害了原作的民族文化特色,但译文能够传达原文的文化内涵,即使聪明能干的人,如果做事缺少必要条件也是难以办成的。这样也提高了译文的可接受性,是值得提倡的。

(二)再现源语文化的信息

例:It is Friday and soon they'd go out and get drunk.

译文:星期五到了,他们马上就会出去喝得酩酊大醉。

尽管该译文看上去与原文对应,但读者看到后感到不知所云,为什么星期五到了人们就会出去买醉呢?很显然这句话承载着深层的文化信息:在英国,Friday是发薪水的固定日期,所以到了这一天,人们领完工资之后就会出去大喝一场。译者在翻译时不妨将Friday具体化,加上其蕴含的文化信息,可把这句话译为:"星期五发薪日子到了,他们马上就会出去喝得酩酊大醉。"如此一来,使Friday一词在特定的语境中所承载的文化信息得以完整地理解和传递。

二、文化翻译的策略

在跨文化翻译过程中,干扰翻译的因素有很多,这就需要译者灵活地处理,运用恰当的翻译策略。

(一)归化策略

归化策略是指以译语文化为归宿的翻译策略。归化策略始终恪守本民族文化的语言习惯传统,回归本民族语地道的表达方式,要求译者向目的语读者靠拢,采取目的语读者所习惯的表达方式来传达原文的内容。

归化策略的优点在于可以使译文读起来比较地道和生动。例如,as poor as a church mouse 译为"穷得如叫花子",而不是"穷得像教堂里的耗子"。

另外,对于一些蕴含着丰富的文化特色、承载着厚重的民族文化信息和悠久文化传统的成语与典故,也可采用归化翻译策略。例如:

fish in troubled waters 浑水摸鱼

drink like a fish 牛饮

Where there is a will, there is away. 有志者,事竟成。

Make hay while the sun shines. 趁热打铁。

There is no smoke without fire. 无风不起浪。

To seek a hare in hen's nest. 缘木求鱼。

Fools rush in where angels fear to tread. 初生牛犊不怕虎。

One boy is a boy, two boys half a boy, three boys no boy. 一个和尚挑水吃,两个和尚抬水吃,三个和尚没水吃。

当然,归化翻译策略也存在着一定的缺陷,即它过滤掉了原文的语言形式,只留下了原文的意思。这样,译语读者就很有可能漏掉一些有价值的东西。如果每次遇到文化因素的翻译,译者都只在译语中寻找熟悉的表达方式,那么译文读者将不会了解源语文化中那些新鲜的、不同于自己文化的东西。长此以往,不同文化间就很难相互了解和沟通。

(二)异化策略

异化是相对于"归化"而言的,是指在翻译时迁就外来文化的语言特点,吸纳外来语言的表达方式,要求译者向作者靠拢,采取相应于作者所使用的源语表达方式来传达原文的内容。简单地说,异化即保存原文的"原汁原味"。异化策略的优势是,它为译语文化注入了新鲜血液,丰富了译语的表达,也利于增长译文读者的见识,促进各国文化之间的交流。

例:As the last straw breaks the laden camel's back, this piece of underground information crushed the sinking spirits of Mr. Dombey.

译文:正如压垮负重骆驼脊梁的最后一根稻草,这则秘密的信息把董贝先生低沉的情绪压到了最低点。

将原文中的习语"the last straw breaks the laden camel's back"照直译出,不但可以使汉语读者完全理解,还能了解英语中原来还有这样的表达方式。

(三)归化与异化相结合策略

作为跨文化翻译的两个重要策略,归化与异化同直译与意译一样,属于"二元对立"的关系,二者均有自己适用的范围和存在的理由,然而没有任何一个文本只用归化策略或者异化策略就能翻译,因此只强调任意一种都是不完善的,只有将归化和异化并用,才能更好地为翻译服务。

例:I gave my youth to the sea and I came home and gave her(my wife)my old age.

译文:我把青春献给了海洋,等我回到家中见到妻子的时候,已经白发苍苍。

在翻译上述英文句子时,作者采用了归化与异化相结合的策略。很明显,对 I gave my youth to the sea 这句话的翻译采用了归化策略,而对 I came home and gave her(my wife)my old age 这句话的翻译则采用了异化策略。如果仅仅采用归化法或者异化法,很难达到现在的效果,也很难让目的语读者理解原作的含义。

(四)文化调停策略

文化调停策略是指省去部分或全部文化因素不译,直接译出原文的深层含义。文化调停策略的优势是,译文通俗易懂,可读性强。当然,文化调停策略也存在一定的缺陷,即不能保留原文的文化意象,不利于文化的沟通和交流。

例:当他六岁时,他爹就教他识字。识字课本既不是五经四书,也不是常识国语,而是从天干、地支、五行、八卦、六十四卦名等学起,进一步便学些《百中经》《玉匣记》《增删卜易》《麻衣神相》《奇门遁甲》《阴阳宅》等书。(赵树理《小二黑结婚》)

译文:When he was six, his father started teaching him some characters from books on the art of fortune-telling, rather than the Chinese classics.

该例原文中包含了十几个带有丰富的汉语文化的词汇,如《五经》《四书》,天干、地支、五行、八卦、六十四卦名,《百中经》《玉匣记》《增删卜易》《麻衣神相》《奇门遁甲》《阴阳宅》,要将它们全部译成英文是非常困难的,也是没有必要的,因为即使翻译成英文,英文读者也很难理解,所以可以考虑采用文化调停的策略,省去不译。

第四章
跨文化视角下英语句子各基本成分的翻译方法

第一节　主语的译法
第二节　谓语的译法
第三节　表语的译法
第四节　宾语的译法
第五节　定语的译法
第六节　状语的译法

第一节　主语的译法

一、名词作主语

一般性的名词作主语时,可按其本身的词义采取直接对译的方法。

例1:Translation is a hard task.

译文:翻译是一项艰苦的工作。

例2:English is a widely used language.

译文:英语是一种被广泛使用的语言。

当表示团体性的集合名词作主语时,要根据上下文来确定它所强调的是一个整体还是整体中的个体。译文也应因此而有所侧重。这些名词有 committee、audience、government、family、team、board、class、crowd、troop、band、hunky 等。

例3:The committee cannot reach an agreement on this issue.

译文:委员们没能就这一问题达成一致。

例4:My family has decided to go to the Xiang Shan this weekend.

译文:我们全家决定这个周末去香山。

例5:My family are all sports lovers.

译文:我家里的人都是体育爱好者。

由动词派生出的名词作主语时,往往可以转译成动词。

例6:The acquaintance to the history of England is helped to study of English.

译文:了解英国历史对学习英语很有帮助。

例7:The participation in the sports activities is more important than competition.

译文:参与体育活动比竞赛更重要。

含有动作意味的名词作主语时,往往也可转译成动词。

例8:The thought of going to America soon excited him.

译文:想到很快就要去美国,他很兴奋。

例9:A glance at the strange person made him surprised.

译文:看到这个陌生人,他吃了一惊。

但有些情况下,这类动作名词也可直译。

例10:Excitement deprived him of all power of utterance.

译文:兴奋使他什么话都说不出来。

表示时间、地点、情景、情感或自然现象的名词作主语时，往往含有状语的意味。翻译时不宜直译，应把主语当作状语来翻译。

例11：Dusk found him crying in the street.

译文：(时间)到了黄昏时刻，他在街上哭了起来。

例12：This city boasts a beautiful lake.

译文：(地点)这座城市有个美丽的湖，人人因此而自豪。

例13：The rain prevented me from coming.

译文：(自然现象)我因雨不能来。

例14：The sight and sound of our jet planes filled me with special longing.

译文：(情感)看到我们的喷气式飞机，听到隆隆的机声，我对它特别神往。

例15：The crying somewhat helped me relieve.

译文：(情感)哭过之后，我感到解脱了一些。

二、代词作主语

当人称代词、疑问代词作主语时，一般情况下可采用直接对译的方法。

例1：He likes English very much.

译文：他非常喜欢英语。

例2：They are very active in class.

译文：他们在课堂上很活跃。

例3：Who helps you with your English?

译文：谁帮助你学习英语？

例4：What is your advice?

译文：你的建议是什么？

例5：It is a beautiful oil painting.

译文：这是一幅很美的油画。

人称代词we、you作主语有时也可用来泛指一般人，常可译为"人""人们"，或"大家"。

例6：We(You) should keep calm when we(you) are in danger.

译文：即便在危急时刻，人们也要保持冷静。

当形容词性的物主代词+名词作主语时，形容词性的物主代词可直译。当名词性的物主代词作主语时，要根据上、下文来理解，并译成它所指代的事物。

例7：Our room is on the second floor.

译文:我们的房间在二层。

指示代词作主语时,一般都可直接对译。

例8:This is the book I want.

译文:这是我想要的书。

如果用 that 或 those 指代前面刚刚提到的事物时,一般译为"这",而不是"那"或"那些"。

例9:I had got a bad cold. That is why I didn't come.

译文:我得了重感冒,这就是我没来的原因。

不定代词 one 作主语时,有时用来表示某一类人,有时也用来泛指人。前者可译为"(一个)人",后者可译为"……的人"。

例10:One should constantly think of one's(his)weakness.

译文:(一个)人应该经常想到自己的弱点。

例11:One who doesn't work hard can't hope to learn English well.

译文:不努力的人不能指望他学好英语。

不定代词 everyone 作主语时,有时用来泛指集体,有时用来指某个集体中的个人。翻译时要根据上下文加以判断,区别译出。

例12:Everyone in your class has got a book.

译文:你们班上每个人都已得到一本书。

例13:Everyone present at the meeting agreed to what he said.

译文:到会的人们都同意他所说的话。

具有否定意义的不定代词,如 none、neither、nobody、nothing、no one 等作主语时,往往会出现否定重点转移现象。翻译时,应把主语的否定含意转移到句子的其他成分上去。

例14:None of the students knows the answer to this question.

译文:学生们都回答不了这个问题。

例15:Nothing can help him to pursue his studies.

译文:什么都不能帮助他维持学业。

还有一些句子,在翻译时既可进行这种转移,也可保留主语的否定含义。

例16:No one wants to help a person like him.

译文:没有人想要帮助像他那样的人。(或:人们都不想帮助像他那样的人。)

例17:Nobody agreed with him at the meeting.

译文:会议上,没有人同意他的观点。(或:在会上人们都不同意他的观点。)

第四章　跨文化视角下英语句子各基本成分的翻译方法

有的句子翻译时不做这种转换可能会更加顺畅。

例18：Nobody can do it.

译文：没有人能做这件事。

it作主语时,由于其语法功能不同,译法也多异。

第一,it用作指示代词以指代上文的事或物,翻译时要根据上下文决定it的译文。

例19：

——"How much does the book cost?"

——"It costs me 10 *yuan*."

译文：

——"这本书花了多少钱？"

——"它（这本书）花了我10元钱。"

第二,it用作指示代词以指物或人时,它在汉语中不必译出。

例20：

——"Who's knocking at the door?"

——"It's me."

译文：

——"谁在敲门？"

——"是我。"

例21：It's I who did it.

译文：是我干的。

例22：It's the wind shaking the window.

译文：是风刮得窗户响。

第三,it用作非人称代词时,指自然现象、时间、距离、环境等,它在汉语中一般不必译出。

指自然现象：

例23：It's too windy in spring in Beijing.

译文：北京的春天风太大。

例24：It's getting colder and colder.

译文：天越来越冷了。

指时间：

例25：It's November now.

译文:现在是十一月份。

例26:It was late autumn.

译文:眼下是深秋了。

例27:It was eight o'clock in the evening.

译文:那是晚上8点钟。

指距离:

例28:How far is it from here to the station?

译文:从这到火车站有多远?

指环境情况等:

例29:It was noisy outside at the moment.

译文:当时外面声音很嘈杂。

例30:It is quiet at library.

译文:图书馆里很安静。

第四,it 用于某些结构中只有语法作用,没有实际意义,这种情况下可不必译出。

例31:It is my teacher who helps with my English.

译文:是老师帮助我学习英语的。

例32:It is English that my teacher helps me with.

译文:老师帮助我学的是英语。

例33:It is necessary to tell them the truth.

译文:告诉他们真实情况是必要的。

三、数词作主语

由于数词(基数词、序数词)均可用作名词,因此都可以充当句子的主语。此时,它们都可以直接译出。

例1:He has been away from the town for five years.

译文:他已经离开这个小镇五年了。

例2:He reported to his boss that the project would take another three days to complete.

译文:他向他的上司汇报说这个项目还需三天才能完成。

例3:Two weeks are enough to finish this task.

译文:两个星期来完成这项任务足够了。

但 hundreds、thousands、millions 后接 of 短语作句子的主语时,要把它们译成"数以……计的"。

例 4:Hundreds of new buildings have sprung up along the third ring in recent years.

译文:近年来,沿三环路盖起了数以百计的楼房。

例 5:Thousands and thousands of people come to visit the Summer Palace in recent years.

译文:近年来,有成千上万的人游览颐和园。

例 6:Millions of dollars have gone into the building of this factory.

译文:修建这座工厂花了数以百万计的美元。

四、动名词作主语

单个动名词作主语时,可采取直接对译的方法。而动名词短语作主语时,可把它译成汉语的动词短语。

例 1:Talking mends no holes.

译文:空谈无济于事。(谚语)

例 2:His coming home is a great pleasure to his parents.

译文:他回家对他父母来说是件相当高兴的事。

例 3:Studying hard will lead you to success.

译文:努力学习会使你取得成功。

五、不定式作主语

不定式作主语时,一般情况下可转译成汉语的名词;不定式短语作主语时,也可译成汉语的动词短语。

例 1:To see is to believe.

译文:眼见为实。

例 2:To persevere means victory.

译文:坚持就是胜利。

例 3:To know something about English is one thing; to know English is quite another story.

译文:懂一点儿英语是一回事,而掌握英语完全是另外一回事。

在用作真正主语的动名词短语或不定式短语后置时,仍要按句子的主语译出。

例4：It's no use complaining about it.

译文：对此抱怨也没有用。

例5：It's nice talking to you.

译文：和你谈话很愉快。

例6：It's not easy to master English.

译文：掌握英语是很不容易的。

例7：It's good not to depend on your parents.

译文：不依赖你的父母是好的。

六、词组或复合结构作主语

一般的词组作主语或属于主语带有的附加成分时，可直译其意。

例1：Early to bed and early to rise makes one healthy.

译文：早睡早起身体好。

例2：One or two friends are coming tonight.

译文：今晚有一两个朋友要来。

例3：The proposal made by the teacher is accepted by most students.

译文：老师提出的建议被大多数同学所接受。

例4：A person who delivers post is a postman.

译文：传送邮件的人是邮递员。

并列连词and多数情况下可连接的是几个不同的事物，并列作主语，此时and前后的部分可分别译出。

例5：English and German are taught in this school.

译文：这所学校讲授英语和德语。

但有时它连接的多个成分共同组成一个概念，指同一事物。此时，不能将其分开来译。

例6：The hammer and sickle was flying over the roof.

译文：镰刀锤头旗帜在屋顶上空飘扬。

例7：Danish bacon and eggs makes a good meal.

译文：丹麦的培根煎蛋是一顿美餐。

类似这种指食品的词组还有fruit and cream（加奶油的水果）、ham and eggs（火腿加蛋）、meat and potatoes（肉加土豆）等。

如果and所连接的两个成分前分别有定冠词或形容词性的物主代词加以修

饰,则这两个成分指不同的人或事物,如果定冠词或物主代词只出现在第一个成分之前,则 and 所连接的两个成分指同一人或事物。翻译时应加以区别。试比较:

例 8:The director of the board and general manager are very capable men.

译文:董事长和总经理是两个很有能力的人。

例 9:The director of the board and general manager is a very capable man.

译文:董事长兼总经理是一个很有能力的人。

例 10:His wife and his agent congratulated him on his success.

译文:他妻子和他的代理人祝贺他的成功。

例 11:His wife and agent congratulated him on his success.

译文:他妻子兼他的代理人祝贺他的成功。

连词"not only…but also…""both…and…""either…or…""or"可连接两个或两个以上的选择性成分,并与这些成分一起在句子中充当复合主语。翻译时注意它们的语义区别。"or""either…or…"强调的是两个或多个选择中的一个,可把它们译为:"不是……就是……""或是……,或是……",或"无论……,还是……都……"等。而其他两组连词则是同时强调两个选择,我们常常把它们译为:"不仅……而且……""……和……都……"。

例 12:Either the teachers or the students have misunderstood this.

译文:不是老师,就是学生,对这件事产生了误会。

例 13:Either swimming or jogging is a good exercise.

译文:无论是游泳还是慢跑,都是一项很好的运动。

例 14:The teachers or the students, or both, have misunderstood this.

译文:老师或是学生,或是他们都对这件事产生了误会。

例 15:Both the teachers and the students have misunderstood this.

译文:老师和学生都对这件事产生了误会。

例 16:Not only his speech, but also his manner made a deep impression on his students.

译文:不仅他的演讲而且他的举止都给他的学生留下了很深的印象。

否定性连接词"neither…nor…"也可连接两个选择成分组成复合主语。我们在将其译成中文时,往往在逻辑上理解为"both…and…not",即把主语部分的否定转移到谓语动词上。

例 17:Neither the teachers nor the students have misunderstood this.

译文:老师和学生都没有对这件事产生误会。

当with、together with、as well as等引起的短语跟在主语后面时,其意义和and相近,可译为"……和……"或"……以及……"。

例18:The expert with his assistant was very disappointed with the experiment.

译文:专家及他的助手对实验结果感到失望。

例19:The teacher,together with some students came into the classroom.

译文:老师和几个学生一起走进了教室。

例20:Justice,as well as law demands that these criminals be severely punished.

译文:正义和法律都要求严惩这些罪犯。

由not、rather than引导的短语跟在主语后面组成复合主语时,这一主语的前半部分是肯定性的,后半部分是否定性的。我们可用"是……而不是……""与其说是……不如说是……"来翻译。

例21:He,not you,is more suitable for the position.

译文:是他,而不是你更适合于这一职务。

例22:The teachers rather than the students should be blamed for it.

译文:与其说学生,不如说是老师应对此负责任。

由no less than引导的短语作主语时,其意义和more than类似,但前者表示"不少于……",而后者表示"多于……"。

例23:No less than 50 people came to the party.

译文:来参加晚会的人不少于50人。

例24:More than 50 people came to the party.

译文:50多人参加了晚会。

由but、except所引导的短语跟在主语之后时,要注意主语是肯定性的还是否定性的。如是肯定性的,but、except可译为"除了……";如是否定性的,则可译为"只有……"。

例25:No one except(but)my parents knows anything about it.

译文:只有我的父母知道这件事。

例26:Anyone except(but)my parents knows anything about it.

译文:除了我父母,别人都知道这件事。

a number of+n.与the number of+n.作复合主语时,后者指数量的总和,而前者在意义上相当于many,且number一词前可用small、large等形容词修饰。翻译时应注意加以区别。

例27:The number of people present was much greater than we expected.

译文:出席人数之多大大出乎了我们的预料。

例28:A number of people were present at the meeting.

译文:很多人出席了会议。

例29:Only a small number of the students passed the exam.

译文:只有一小部分学生通过了考试。

more than one+n.(单数)和more+n.(复数)+than one 作主语时,意思相同,"不止一个……"。

例30:More than one person is involved in this case.

例31:More persons than one are involved in this case.

这两个句子均可译为:不止一人被牵扯到这一案件中。

many a+n.(单数)作复合主语时,其意义相当于many+n.(复数)。可译为"很多"。

例32:Many a man had that kind of experience.

译文:很多人都有过那样的经历。

数词+货币的属格+worth of+n.(复数)作复合主语时,我们通常把它译为"价值……的……"。

例33:Nearly ten thousand dollars' worth of antiques in the museum were stolen.

译文:博物馆价值近一万美元的古董被盗。

all+定语从句作主语时,我们将其译为"所……的一切"或"所……的只是(就是)"。

例34:All that she lacked was training.

译文:她所缺乏的只是锻炼。

例35:All you have to do is to listen.

译文:你所要做的一切就是听。

七、名词化的其他词类作主语

名词化的其他词类作主语时,如是定冠词加上形容词(或起形容词作用的分词形式),表示某一类人,则应译为"……人",如是其他词类的词,翻译时可直接以这一词的英文形式或其中文词义作主语。

例1:The young and the old should communicate more for a better understanding of each other.

译文:青年人和老年人应更多地交流以便相互间更好地了解。

例2：“a”is an article.

译文：“A”是一个冠词。

例3：“Study”can be used both as a verb and as a noun.

译文：“study”（或"学习"）一词既可以用作动词也可以用作名词。

八、被省略的主语的译法

句首为介词短语或副词短语的结构时，真正的主语在句子的后部或被省略，而介词或副词短语起状语的作用，翻译时，可将其仍译成状语，而把真正的主语放置在句首。但我们平时应尽量避免使用这样的结构。

例1：On the right side of the street stands a department store.

译文：百货商场在街道的右边。

例2：Out on the playground will be all right.

译文：去操场上玩会儿没事的。

九、主语从句的译法

（一）以 what、whatever、whoever、whether、how 等代词引导的主语从句一般顺译

例1：Rankings is transparent and how well a school has been doing is clearly reflected in concrete statistics.

译文：排名结果是透明的，学校的表现都通过具体数据清晰地反映出来。

原主语从句在译文中名词化为"学校的表现"。

例2：What is even more amazing is that he purveyed many of these insights through a series of papers that appeared during a single miraculous year, 1905.

译文：更令人惊奇的是，他这一系列的著名论断有很多都是在1905年这一年里做出的。

例3：What is different now is that the pace of change is accelerating while the ability of the state to manage that change is not keeping pace.

译文：与以往不同的是，改革的步伐在加快，而国家调控管理这些变化的能力却没有相应增长。

例4：Sure, with money one could afford to live ultimate desires, but what's really hidden from view is the kind of thing that too much money could do to people.

译文：当然，有了钱是可以满足生活中的基本愿望的，但是我们真正看不见的

却是拥有太多的钱给人带来的影响。

例5：Whether work should be placed among the causes of happiness or among the causes of unhappiness may perhaps be regarded as a doubtful question.

译文：工作究竟该算是幸福的源泉还是烦恼的根源，这也许是个尚存争议的问题。

(二) 以 it 作形式主语引出的真正主语从句,其翻译顺序视情况而定

1. 真主语从句提前

为强调起见，it 一般可以译出来；如果不需要强调，it 可以不译出来。

例1：It is no accident that the twentieth century should be the century of highly centralized government and totalitarian dictatorships.

译文：20世纪是一个政府高度中央集权和极权专制的世纪，而这绝非偶然。

例2：It certainly is not proper that a man should beheld in esteem merely because he says he has had a disposition to do good when in fact he has not done so.

译文：如果一个人只因声称自己要行善但未付诸实施就能受到尊重，那一定是不妥的。

2. 真主语从句不提前，it 一般无须译出

例1：If you try divorce or remarriage it is very unlikely that there will be any change in this respect.

译文：即使你想离婚或另娶，这种情况也不会发生任何变化。

例2：It is unfortunate that to a large extent, academic scores have become the primary concern in the learning process.

译文：不幸的是，学业成绩在很大程度上成了学习过程中首要的关注焦点。

例3：It is our hope that, in some small measure, we have be enable to make a contribution to this important area of applied linguistics research.

译文：我们希望借这本书为应用语言学这一重要研究领域略献绵薄之力。

先行词和主语从句译成了谓语和宾语。

第二节 谓语的译法

谓语分两大类：简单谓语和复合谓语。

一、简单谓语

凡是由一个动词(包括成语动词)构成的谓语,不管是什么时态、语态、语气都是简单谓语。

(一)动词构成的谓语

由一个动词构成的谓语,不管它是及物动词还是不及物动词,一般情况下都可按其在句中所表达的意思,采取直接对译的方法。

例1:The sun rises in the east, and sets in the west.

译文:太阳从东方升起,从西方落下。

例2:We discussed the problem at the meeting yesterday.

译文:昨天,我们在会上讨论了这个问题。

应该注意:

1. 有些英文动词从正面表达,译文可从反面表达。

例1:The first bombs missed the target.

译文:第一批炸弹没有击中目标。

例2:Such a chance denied me.

译文:我没有得到这样的机会。

2. 有些英文动词从反面表达,译文可从正面表达。

例1:He turned around, and disappeared among the crowds.

译文:他一转身,消失在人群中。

例2:I unlocked the safe and took out some money.

译文:我打开保险柜,取出一些钱来。

常用的这类词还有 unload 卸货,unfasten 解开,displease 使人生气,dismiss 解除,demobilize 遣散、复员,undo 或 unstring 解开,unfold 展开,等等。

3. 有些动词作谓语时,时常要译成汉语的名词,以便更通顺易懂。

例1:The twins are alike very much, but they differ in their manners.

译文:这对双胞胎长得相像,他们的区别在于他们的举止。

例2:Neutrons act differently from protons.

译文:中子的作用不同于质子。

4. 由名词派生的动词或由名词转化的动词作谓语时,汉语中往往不易找到相对应的动词,也常常把这类词转译成汉语中的名词。例如:

例1:To them, he personified the absolute power.

译文：在他们看来，他就是绝对权威的化身。

例2：On that day, they were escorted to the Great Wall of China.

译文：那天，他们和陪同人员一起游览了中国的长城。

5. 有些动词包括动词短语作谓语时，要根据上下文，在一定场合增加适当的副词，才可使译文确切表达原意。

例1：The crowd melted away.

译文：人群渐渐散开。

例2：Now and then his boots shone.

译文：他的靴子不时地闪闪发亮。

6. 拟声动词的翻译方法可把拟声动词转译成汉语的拟声动词附加语或用非拟声动词表达拟声动词的意思。

例1：Thunder rumbled in the distance.

译文：远处雷声隆隆。

例2：She thumps her chest as if she feels pain there.

译文：她捶着胸，仿佛胸部有些疼痛。

例3：The train puffed towards Beijing.

译文：火车隆隆地驶向北京。

不同的动物有不同的叫声，英文中用不同的动词来表达，但汉语译文可用同一个"叫"字。

例4：The hens chuckled and the dogs barked the moment he rushed in.

译文：他一冲进门，鸡也叫，狗也叫。

(二)被动语态中谓语动词的翻译方法

1. 一般情况下，被动语态中的谓语动词可译成"受(遭)到……+名词"，或"予(给)以……+名词"，或"把、由、被、给、为……(所)+动词"的结构。

例1：He was blamed by his family.

译文：他遭到全家人的责备。

例2：Our foreign policy is supported by the people all over the world.

译文：我们的对外政策受到全世界人民的支持。

例3：The audience were deeply moved by the words.

译文：观众们深深地为台词所感动。

2. 以it作为主语的被动句型，在译文中常要改为主动形式，有时不加主语，有时则可加上不确定的主语，如"有人""大家""人们"或"我们"等。

例1：It was said that someone had sown discord among them.

译文：据说有人在他们中间挑拨离间。

例2：It must be admitted that good study habits help improve your grades.

译文：必须承认好的学习习惯会帮助你提高分数。

例3：It is generally considered that English is not easy to master.

译文：大家普遍认为英语并不容易掌握。

例4：It is well-known that Beijing is famous for its places of interest.

译文：众所周知（大家都知道）北京以它的名胜古迹而闻名。

常用的不加主语的句型还有：

It is hoped that…希望……

It is rumored that…据传说……

It is reported that…据报道……

It is supposed that…据推测……

It must be pointed out that…必须指出……

常用的可加主语的句型还有：

It is asserted that…有人主张……

It is believed that…有人相信(认为)……

It was told that…有人曾经说……

It will be said that…有人会说……

（三）由成语动词或动词短语构成的谓语

英语中有很多动词可以和名词、介词、副词甚至和其他的动词搭配使用。此时，这些动词在意思上往往脱离了其自身的原义。同一个动词与不同的名词、不同的介词或副词搭配也会含有不同的意思。我们应熟练掌握这些用法及其含义，以免在翻译时出现错误理解、错误译文。

1. have/take a rest、pay a visit、come to an end、have/take a look、take a ride、have a discussion、take a walk 等动词短语和单一的动词意义相同，可转译成动词。

例1：They decided to take a ride to seaside for the weekend.

译文：他们决定开车去海边度周末。

例2：Let's take a serious, reasonable look at this problem.

译文：让我们严肃地、理智地对待这个问题。

例3：The war came to an end in 1945.

译文：1945 年，战争结束了。

2. do、make、take 等词与名词构成的动词短语。

do——do somebody a favor 帮助某人、do good 有好处、do one's homework 做作业、do one's duty 尽职、do wonders 产生奇迹、do one's hair 烫发、do harm to 对……有害、do one's best 尽力等。

例1：Too much rain does harm to the crop.

译文：太多的雨水对庄稼有害。

例2：He did his best to help me.

译文：他尽了他最大的努力来帮助我。

make——make friends 交朋友，make appointment 约会，make an arrangement 安排，make peace 和平，make room 让地方，make a copy 复制，make a face 做鬼脸，make an effort 努力，make fire 点火，make a fortune 发财，make a(one's) living 谋生，make progress 取得进步，make a speech 演讲、讲话，make cheese(bread) 做乳酪(面包)，make coffee 冲咖啡，make tea 沏茶，make precaution 采取预防措施，make preparations 做准备，make a fuss 大惊小怪，make a mistake 犯错误，等等。

例3：Don't make a fuss about such a thing.

译文：不要对这样的事情大惊小怪。

例4：He made a mistake in making the decision.

译文：在做决定时，他犯了个错误。

take——take one's chance 有机会，take care of 照顾，take a job 接受一份工作，take an exam 参加考试，take one's leave 告辞、请假，take part in 参加，take an oath 发誓，take roof 生根，take shape 成型、初具规模，take one's place 代替，take the opportuniry 抓住机会，等等。

例5：I'd like to take the opportunity to express my thanks to you for your help.

译文：我愿借此机会感谢你对我的帮助。

3. 动词+介词(或副词)作谓语，不同的动词可以搭配不同的介词或副词，同一动词与不同的介词连用也具有不同的意义，因此只了解动词本身的意义是不够的。

例1：It is cold outside. Put on your sweater.

译文：外面很冷，把羊毛衫穿上吧。

例2：Don't put off till tomorrow what can be done today.

译文：不要把今天可以做的事情拖延到明天去做。

例3：Put me through to the director's office, please.

译文：请接董事长办公室。（接通电话）

例4：Once we make a plan,we have to carry it out.

译文：一旦我们制订了计划,我们就要执行它。

例5：You have to work hard in order to catch up with the others.

译文：你必须得努力才能赶上其他的人。

例6：How are you getting along with your classmates?

译文：你目前和同学们相处得怎么样？

以下列举的是一些最常用的这类动词短语及它们的中文含义。

break—break into 闯入、break in 闯入、插话,break out 爆发,break through 突破、break up 打碎、拆散。

bring—bring about 招致、带来,bring out 公布、出版,bring up 抚养、培养。

call—call for 需要、需求,call off 取消,call on 拜访、号召,call up 召集、动员。

carry—carry on 继续、从事、经营,carry out 执行、贯彻。

catch—catch on 理解、明白,catch up with 赶上、跟上。

check—check in 办理登记手续,check out 检查、结账,check on 校对、检查。

come—come on 请、来吧、快点儿、开始、来临、出场、上演,come out 出版、结果（是）,come around 复苏、来访,come through 经历、脱险,come to 苏醒、共计,come across 偶然遇到。

cut—cut back 减少,cut down 砍倒、减少、压缩,cut in 插嘴、夹塞,cut off 切断、停断、隔绝、挡住、使电话中断。

get—get along(on)with 相处融洽、进展顺利,get over 克服、痊愈,get through 接通（电话等）、办完,get to 到达、开始。

give—give in 屈服、投降,give off 发出气味等。

go—go back on 背弃诺言,go into 开始、调查,go in for 参加、从事于、酷爱、追求,go on 发生、继续,go over 复习、检查,go up 上升,go through with 完成,go by 依照、据判断。

hold—hold on 坚持、等一下,hold back 阻止,hold against 反对。

keep—keep up with 跟上、不落后,keep off 远离。

look—look down upon 轻视,look into 调查,look out 注意,look over 检查,look through 浏览、温习,look up to 尊敬。

make—make for 走向,make out 假装、认出,make up 和解、化妆、编造、整理被褥、补偿。

put—put down 记下、镇压,put forward 提出,put off 拖延,put on 穿上、上演、假

装,put out 熄灭、出版,put up 建造、提供住宿,put up with 忍受。

run—run into 偶遇、撞上,run out of 用光、耗尽,run over through 浏览,run for 竞选。

stand—stand by 支持,stand for 代表,stand out 突出、显眼,stand up for 支持、维护,stand in 参加、分担,stand back 退后、不参与。

take—take after 相貌像某人,take in 接受、吸收、欺骗,take off 起飞、拿去、脱下、减少,take on 承担,take over 接管、接收、接活,take to 喜欢,take up 占用、从事。

turn—turn down 拒绝,turn out 结果、表明、生产,turn up 出现,turn into 走进、转变。

work—work against 对……不利,work at 学习、研究、写作、致力于、设法解决问题,work out 制定、想出、算出、理解、锻炼。

二、复合谓语

复合谓语是由两部分构成的,这两部分在一起表示一个概念,是不可分开的。复合谓语主要有两大类:带不定式的复合谓语(由情态动词或某些其他动词加不定式构成);带表语的复合谓语(由系动词或个别其他动词加表语构成)。

在翻译由情态动词加不定式构成的复合谓语时,除了注意不定式的译法外,还应注意情态动词的用法与译法。

(一) can/could 与 be able to

can/could 与 be able to 两者都可表示能力,但前者表示"总的能力",而后者表示某一特定的能力;前者只表示主观能力,后者则表示说话人的主观意愿要做某事,而且还感到需要克服外部的困难与障碍。翻译时应注意体现出这些区别。

例1:He could swim when he was a child.

译文:他还是个孩子时就会游泳了。

例2:He was able to swim across the lake.

译文:他能一下子游过湖去。

例3:He can run fast so he is able to catch the thief.

译文:他能跑得很快,所以他不怕抓不住小偷。

(二) must 与 have to

must 与 have to 两者都可表示有职责或义务。但前者更强调主观意志、逻辑推理,可译为"必须""应该"或"理应",它的否定式 must not/mustn't 表示"绝对不可以"或"禁止"。后者不仅强调个人的意见,而且认为是客观因素作用的结果。可译为"得……""不得不……",它的否定式 don't have to 表示"不必"。

例1:I have to go home now. I have a lot of homework to do.

译文:我现在得回家了,我有很多功课要做。

例2:We must be here at nine o'clock.

译文:我们必须9点钟到这里。

(三)should 与 would

should 一般情况下表示应该做的事情,或是责任或是劝告,可译为"应该""得",此时,should 可被 ought to 代替,只是 ought to 语气更重些。should 还可表示感情上的惊奇、喜悦、失望、遗憾或是愤怒,可译为"竟然""应该"。而 would 表示愿意或意志,也可表示一种有礼貌的请求,语气比较委婉。常用于"would you like …?""would you mind?",即"你不介意……?"等句型中。

例1:We should finish our homework before we go to bed.

译文:我们睡觉前应该完成作业。

例2:He should fail in the exam.

译文:他竟然考试不及格。

例3:Would you like a drink?

译文:想喝点什么吗?

(四)had better 与 would better

had better 与 would better,前者表示劝告,"最好做(或不做某事)";后者表示一种意愿,"宁可……也不……"。

例1:You'd better go to see a doctor.

译文:你最好找个医生看看。

例2:He'd better have coffee than tea.

译文:他宁愿喝咖啡而不喝茶。

(五)shall 与 may/might as well

shall 与 may/might as well,前者表示征求对方对建议的看法;后者表示推荐更佳方案。前者可译为"……行吗(好吗,可以吗)?",后者则应译为"倒不如……""还是……的好""……不也一样吗?"。

例1:Shall I open the window?

译文:我打开窗户好吗?

例2:We might as well stay here.

译文:我们倒不如在这里过夜。

(六)其他经常使用的谓语

"情态动词+have+-ed分词"表示对过去行为或动作的推测、评论或判断。

"may/might have+-ed"表示推测过去某一动作"也许"发生了。

"could have+ed"表示推测过去某一动作"很可能"发生了。

"must have+-ed"表示推测过去某一动作"一定"发生了。

"should/ought to have+-ed"表示过去某一动作应该发生而实际并未发生,可译为"本来应该……"。

"needn't have+-ed"表示过去某一动作已经发生,但无须发生,可译为"本来不必……"。

"would have+-ed"常用于虚拟条件句,表示一种推测,可译为"就会""应要"等。

例1:I might have left my book in the classroom.

译文:我也许把书丢在教室了。

例2:The lake is too wide. He couldn't have swum across it.

译文:湖面那么宽,他竟然能游过去。

例3:You should have prepared for your lesson beforehand.

译文:你本该事先预习功课。

例4:The letter must have miscarried.

译文:这封信一定是误投了。

例5:Something must have happened, or he would have been here.

译文:很可能发生了什么事,否则他应该已经来了。

例6:You needn't have come last night.

译文:你昨晚上本来无须来的。

例7:If you had come earlier, you would have seen him.

译文:如果你早来一些,你就会看到他。

第二类复合谓语大部分由一个系动词加表语构成,主要说明主语的特征、类属、身份等。

例8:He is the general manager of the corporation.

译文:他是这家公司的总经理。(身份)

例9:He seems rather happy today.

▶ 跨文化交际视角下英语翻译研究与实践

译文:今天他似乎相当高兴。(特征)

例10:Soon, the children fell sound asleep.

译文:不久,孩子们就熟睡了。(状态)

例11:It's a recorder with high quality.

译文:这是一台高质量的录音机。(类属)

英语中最常用的系动词有下面这些,它们都可以构成复合谓语,但各自用法均有不同,翻译时也应区别对待。请注意下面例句的译法。

1. be

be 是英文中最常用的系动词,一般情况下可译为"是""成为",但更多的情况下,要从下文找出适当的中文译文。

例1:To know everything is to know nothing.

译文:无所不知就是一无所知。

例2:I'd like to bean actress.

译文:我愿意当电影演员。

例3:We can be there before 8 if we set out now.

译文:如果我们现在就出发,我们8点前就能到达那里。

2. feel、look、sound、taste、smell、seem、appear 等

这一类系动词单纯表示一种特征或状态,翻译时应突出这一特点。

例1:Your answer doesn't sound reasonable.

译文:你的回答听起来并不合理。

例2:He looked pale.

译文:他看起来脸色苍白。

例3:When he got up, he felt dizzy.

译文:当他站起来时,他感到头晕目眩。

例4:Roses smell sweet.

译文:玫瑰花闻起来很甜。

例5:The dish tastes delicious.

译文:这道菜吃起来味道很可口。

例6:It seems probable that I'll be sent abroad next year.

译文:很可能我明年被派出国。

例7:Everybody appeared to be well prepared.

译文:看起来大家都准备好了。

3. become、grow、get、turn、fall、go、come、run 等

这一类系动词表示由一种状态变为另一种状态。翻译时,应根据上下文体现"变化"这一含义。

例1:The photos have turned yellow.

译文:照片已经发黄了。

例2:His old dream has come true.

译文:他的夙愿终于变成了现实。

例3:I have become familiar with the house.

译文:我已经熟悉这房子了。

例4:It's getting dark.

译文:天逐渐黑下来了。

例5:The well has run dry.

译文:这口水井已经干枯了。

例6:His old father's hair turned gray in a few weeks.

译文:他年迈的父亲的头发几个星期之内就变得灰白了。

例7:She went pale at the news.

译文:听到这一消息,她的脸变得苍白了。(或:听到这一消息,她的脸色苍白。)

例8:The teacher grew dissatisfied with his work.

译文:这位教师对自己的工作逐渐感到不满意。

例9:He suddenly fell grave.

译文:他突然板起了面孔。(fall 未译,汉语译句已暗示"变化"。)

4. remain、continue、stay、keep、prove、turn out 等

这一类系动词表示保持某种状态的延续。翻译时可使用"仍然""继续""持续""保持"等词语。

例1:He always keeps calm under all circumstances.

译文:在任何情况下,他总是保持冷静。

例2:The meeting turned out quite successful.

译文:会议最终开得非常成功。

例3:The financial question remained unresolved.

译文:这一财政问题一直没有得到解决。

例4:Although its spring,the weather continues cold and wet.

译文:虽然已是春天,天气还是又冷又潮湿。

第三节　表语的译法

英语中的名词、代词、数词、形容词、分词、动名词、不定式、介词短语、词组、从句都可以充当表语。

一、不定冠词作表语

当名词前加不定冠词作表语时,这一名词可转译为形容词。

例1:The garden-party turned out a great success.

译文:花园舞会开得很成功。

有一些后加-er 的名词,如 teacher(教师)、thinker(思想家)等作表语时,并不指其身份或职业,而含有较强的动作意味,在翻译时可将其转译为动词。

例2:He is a lover of Chinese painting.

译文:他热爱中国的绘画。

例3:He is a non-smoker,but his father is a chain-smoker.

译文:他不抽烟,可他的父亲却一支接一支地抽。

在简单句中,表语重复主语相同的名词时,往往有"到底""毕竟""本来应该"等强调的含义,翻译时,可将这样的词加到汉语的句子中。

例4:That's right,lawyer is a lawyer.

译文:对的,法官到底是法官。

例5:Don't be hard on them. Children are children.

译文:不要对他们苛责了,孩子毕竟是孩子。

二、心理状态的形容词作表语

表示知觉、情感、欲望等心理状态的形容词作表语时,往往可以转译成汉语的动词。

例1:We're quite sure that we'll be able to succeed.

译文:我们非常肯定,我们能够成功。

例2:They were suspicious and resentful of him.

译文:他们不信任他,而且讨厌他。

例3:We are not content with our present achievement.

译文:我们并不满足于我们现有的成就。

常见的这类形容词还有:confident、certain、careful、cautious、angry、afraid、ignorant、aware、concerned、glad、delighted、sorry、ashamed、thankful、anxious、grateful 等。

充当表语的形容词是肯定说法,译文也可采用否定说法。

例4:Appearances are deceptive.

译文:外表是靠不住的。

充当表语的形容词从反面表达,译文可以正面表达。

例5:He was always indecisive.

译文:他总是优柔寡断。

例6:All the articles are untouchable in the museum.

译文:博物馆内,一切展品严禁触摸。

在翻译某些作表语的形容词时,可在形容词前加上适当的名词。

例7:This skirt is indeed cheap and fine.

译文:这条裙子真是物美价廉。

例8:He is a complicated man, moody and mercurial.

译文:他是一个性格复杂的人,喜怒无常,反复多变。

不及物动词加形容词或名词,说明主语的状态或特征,句法作用接近表语。表示状态、程度或特征的形容词及名词,可译为状语。

例9:He sat rooted in his seat.

译文:他一动不动地坐在座位上。

例10:She came into the room tearful.

译文:她眼泪汪汪地走进屋来。

例11:The old man lay ill in bed.

译文:这位老人卧病在床。

三、副词作表语

副词作表语时,可将其转译成汉语的动词。

例1:I'll be back within ten days.

译文:十天内我就回来。

例2:The meeting wasn't over till midnight.

译文:会议一直开到半夜才结束。

充当表语的介词短语大部分是由介词或名词搭配构成的。如 at one's best、in low/high spirits、in trouble、out of work、on the rise。英文中，类似这样的搭配还有很多，并且其各自都有固定译文。在日常的学习中，我们应注意积累这方面的知识。

例3：After hearing the bad news, he was in low spirits.

译文：听到这个坏消息后，他情绪低落。

例4：We should help those who are in trouble.

译文：我们应该帮助那些身处困境的人们。

例5：The tape-recorder was out of order.

译文：这台录音机坏了（出毛病了）。

四、表语从句的译法

（一）顺译成表语从句

例1："If I have seen farther than other man, it is because I have stood on the shoulders of giants."

译文："假如我比别人看得远一点，那是因为我站在巨人的肩膀上。"

例2：One of the benefits of a Eurail pass is that you get to travel first class.

译文：使用欧洲火车通票的一个好处就是你能坐头等车厢旅行。

例3：What is certain is that his way of happiness would be torture to almost anyone of Western temperament.

译文：但可以肯定的一点是，他那种获取幸福的方式对于具有西方性格的人而言，几乎是一种折磨。

例4：I suppose the reason is that we know all the circumstances that have caused them and so manage to excuse in ourselves what we cannot excuse in others.

译文：我想其中原因也许是我们是当事人，知道事情的始末缘由，能够原谅自己却不能宽容他人。

（二）转译成前置定语

例1：He must be where he can see "the folks", and he thinks, repay himself for his day's solitude. So he wonders how the student can sit alone in the house all night and most of the day without boredom and the "blues".

译文：他必须处于能看到"家人"的地方，而且他想，这是对他一整天独处的回报，所以他不理解学生怎么能整日整夜地待在房里而不感到厌倦和"忧伤"。

例2：That is why heat can melt ice, vaporize water and cause bodies to expand.

译文：这就是为什么热能使冰融化、使水蒸发、使物体膨胀。

(三)转译成宾语从句

例1：What they find is that many experienced people are handicapped by their past.

译文：他们发现许多经验丰富者反倒为经验所误。

例2：A long-held view of the history of the English colonies that became the United States has been that England's policy toward these colonies before 1763 was dictated by commercial interests and that a change to a more imperial policy, dominated by expansionist militarist objectives, generated the tensions that ultimately led to the American Revolution.

译文：对脱胎于英国殖民地的美国历史而言，长期以来，人们认为在1763年以前英国对这些殖民地的政策一直受经济利益支配，而后英国受扩张主义军事目标左右，转而采取一种更能体现帝国统治的政策，结果造成了紧张气氛，最终导致了美国革命的爆发。

例3：The central question is whether we have allowed a culture to develop that disables people for the challenges of marriages.

译文：问题的核心在于，我们是否放纵了某种风气的任意发展，使人们无力面对婚姻的挑战。

例4：The snag is that we never can be sure when the different sorts of weather occur in one day, but we may very well get a spell of winter in summer and vice versa.

译文：问题在于我们不能确定一天当中天气在何时会发生何种变化，但是我们很可能在夏天感受一阵冬天，或者反过来，在冬天感受到一阵夏天。

(四)转译成并列句中的一个分句

例1：The second advantage of most paid work and of some unpaid work is that it gives chances of success and opportunities for ambition.

译文：多数有报酬的工作和某些没有报酬的工作还有第二个好处，那就是它们为人们提供了成功的机会和实现抱负的可能。

例2：It maybe that we have no such thing as free will, but at all events we have the illusion of it.

译文：也许根本不存在自由意志这种东西，但无论如何我们都抱有这样的幻想。

(五)转译成主句,或主句中的谓语

例1:But such successes as he has are what make the thing worth doing.

译文:但是,像他所取得的这种成功使得事情值得一做。

例2:The traditional view of services has been that they are something performed by one individual for another.

译文:按照传统观念,服务就是某一个体为另一个体所付出的劳动。

例3:That is why, in recent years, people are earning more but their savings have dropped.

译文:那就是近年来人们收入增加但储蓄减少的原因。

例4:Stories are what make our condition human.

译文:故事使我们成为(有别于其他动物的)人类。

第四节 宾语的译法

英语中名词、代词、数词、动名词、不定式、复合结构、从句或名词化的其他词类都可以用来作句子的宾语,这一点和充当主语的成分类似,翻译方法可参见本章"主语的译法"。应该注意的是以下几点。

一、直接宾语和间接宾语

在一个英语句子中,有些动词可同时带两个宾语,即直接宾语(主要表示动作的承受者或结果)和间接宾语(或是表示动作的方向,即对谁做的,或是表示动作的目标,即为谁做的)。这样的句子通常有两种结构形式:

主语+v.+间接宾语+直接宾语

如:I'll send you the money.

主语+v.+直接宾语+to/for+间接宾语

如:I'll send the money to you.

不论是哪一种形式,我们通常都可以将其按以下的结构译成中文:主语+把+直接宾语+v.+给+间接宾语,或主语+v.+给+间接宾语+直接宾语。如上面的两个例句,我们就可以将其译为"我会把钱借给你/我会借给你钱"。

例1:Pass me the dictionary on the desk.

译文:把桌子上的词典递给我。

例2:The nurse gave me an injection of penicillin.

译文:护士给我打了一针盘尼西林。

例3:I will return the book to you tomorrow.

译文:我明天把书还给你。

例4:Please send this letter for me.

译文:请帮我把这封信寄出去。

当然,有些句子也可不按这种结构进行翻译。

例5:This coat cost me one hundred *yuan*.

译文:这件外衣花了我100元钱。

例6:The teacher allowed us two weeks to finish the term paper.

译文:老师给了我们两个星期的时间来完成学期论文。

二、同源宾语

有些动词的宾语是它们的同源名词,这些名词与动词或同形,或同义,或近义,语法上把这种宾语称为同源宾语。

例1:The children laughed a merry laugh.(同形、同义)

例2:They fought a hard battle.(近义)

在同源宾语前,通常都有一个甚至两个以上的形容词或形容词的最高级作定语,这个定语多数情况下都起着状语的作用,可以按状语修饰动词的结构来翻译。前面的两个例句可以翻译为:

例1的译文:孩子们高兴地笑了。

例2的译文:他们苦战了一场。

例3:He ran his fastest race.

译文:他尽力快跑。

有些同源宾语前的形容词只起定语的作用,这时,我们可以将"动词+同源宾语"的结构译为汉语中的动宾词组。

例1:She dreamt a sweet dream.

译文:她做了个甜美的梦。

例2:They are living a happy life.

译文:他们过着幸福的生活。

还有些动词后面可跟宾语,以姿态或表情表达某种含义。这种用法也可归到同源宾语这一类。这样的动宾结构可转译为副词修饰动词的或带有方式状语的句子。

例 1:She smiles her consent.

译文:她微笑以示同意。

例 2:She smiled her relief and began to work again.

译文:她宽慰地笑了笑,继续干活。

三、宾语从句的译法

带有宾语从句的 think、believe、suppose 等动词前如有副词 not,其否定重点往往在从句的谓语动词上。翻译时,一般应将主句译为肯定句式,将从句译为否定句式(参见本章"谓语的译法")。

例 1:I don't think English is easy to learn.

译文:我认为英语并不容易学会。

例 2:They didn't believe they could finish their task within one week.

译文:他们认为,他们不可能一周之内完成这项任务。

例 3:I don't suppose I'll trouble you again.

译文:我想我不会再给你添麻烦的。

例 4:They don't suppose all rich man are benevolent.

译文:他们认为并不是所有有钱的人都是慈善的。

(注意:这个句子中,从句的主语是 all+n.,在这种情况下,主句动词的否定应转移到从句的主语上,即 not all+n.)

当然,并不是所有这样的否定都可以进行转移。

例 5:We didn't think we could be so late.

译文:我们没想到我们会迟到这么长时间。

例 6:He couldn't believe he had passed the exam.

译文:他不敢相信自己通过了考试。

第五节 定语的译法

就词序而言,英语和汉语有许多不一致的地方,主要表现为定语的前置、后置,以及多重修饰语在句中的位置次序的差异。总的来说,英语中的定语位置比较灵活,汉语修饰语的位置比较固定,即汉语倾向于前置,英语则既可前置也可后置,而后者居多。本节就前置定语、后置定语(包括定语从句)的译法分别进行介绍。

第四章 跨文化视角下英语句子各基本成分的翻译方法

一、前置定语

一个单独的词用作定语时,通常置于中心词前面。可用作前置定语的有形容词、代词、数词、名词、名词的所有格、分词(包括现在分词和过去分词)、合成词等。汉译时一般使用顺译法,即译文与原文的语序相同。

vivid description 生动的描述

every room 每一个房间

paper flower 纸花

the growing tension 日益加剧的紧张局势

(一)前置定语形容词的译法

1. 转译成其他词类

翻译中词类转换现象比较普遍,形容词也不例外。前置定语形容词转译成副词,当英语中的名词转译成汉语中的动词时,修饰它的形容词自然转译成汉语中的副词。

例1:We must make full use of our knowledge to serve our country.

译文:我们必须充分利用我们的知识为祖国服务。

例2:I hope you will take good care of yourself.

译文:我希望你能很好地照料自己。

例3:We should have a firm grasp of the fundamentals of mechanics.

译文:我们应牢固掌握力学的基础知识。

形容词转译成动词,有时,作定语的形容词可转译成汉语的动词,起到突出定语所要表达意思的作用。

例4:The State Department's top-ranking Asian specialist said Monday that China's opening to the West is a helpful policy that should be encouraged by closer ties with the United States.

译文:国务院亚洲问题的最高级专家星期一说,中国向西方开放的政策是一项好政策,应该通过加强中国同美国的关系来加以鼓励。

例5:Many factors enter into equipment reliability.

译文:涉及设备可靠性的因素很多。

英语中作定语的形容词有时需译成名词,但此情况比较少见。

例6:Official Cairo is taking pains to create impression as if its relations with the East have remained untouched.

译文:开罗官方千方百计想制造一种印象,好像它同东方国家的关系仍然没有受到影响。

2. 含有否定意义的前置定语形容词的译法

起含蓄否定作用的形容词,汉译时,应把否定的意义明确译出,可译为"不""没有""非""无"等。

例1：Atomic safety has gone far beyond such crude beginnings, but a risk-free reactor has yet to be built.

译文:防原子的安全措施现在远非当初那种粗陋简拙的样子了,但是完全没有危险的反应堆尚有待修建。

3. 拆译法中前置定语形容词的处置

把一个英语简单句译成一个汉语的复合句或两个甚至两个以上的汉语简单句,即拆译法。此时的形容词往往译成一个分句或单句,成为独立于主句之外的外位语。

例1：He spoke with understandable pride of the invention of the instrument.

译文:他自豪地谈到那种仪器的发明,这是可以理解的。

例2：He has been pursued, day by day, year by year, by a most phenomenal and astonishing luckiness.

译文:一天又一天,一年又一年,他始终吉星高照。这的确令人惊叹不已。

例3：That region was the most identifiable trouble spot.

译文:那是个麻烦的地区,这是大家最容易看得出来的。

(二) 名词作定语的译法

在英语中,常有名词修饰名词构成固定词组的现象,汉译时仍采用顺译法。例如：

orange juice 橘子汁

family planning 计划生育

head librarian 图书馆长

emergency department 急诊部

weather station 气象台

(三) 代词作定语的译法

代词中能作定语的是:形容词性物主代词、指示代词、疑问代词、关系代词、不定代词等。它们的译法主要有以下两种。

第四章 跨文化视角下英语句子各基本成分的翻译方法

1. 略译法

在英语中,物主代词一般是不可省略的,而汉语中运用黏着关系,不必保留物主代词。

例1:Hand in your exercise-books, please.

译文:请把练习本交上来。

例2:He picked up his cap and left the room.

译文:他拿起帽子就走出房去了。

例3:He entered the room, his coat covered with snow and his nose red with cold.

译文:他走进屋来,大衣上尽是雪,鼻子冻得通红。

2. 顺译法

疑问代词、不定代词(every、no、both 等)、关系代词(whose)用作前置定语时,一般采用顺译法。

例1:For these reasons we've decided to cancel the trip.

译文:由于这些原因,我们决定取消这次旅行。

例2:Which train will you take?

译文:你搭哪一班火车?

例3:I know of a compound whose structure is like this.

译文:我知道一个化合物,它的结构是这样的。

例4:I have every reason to believe that she is a fine girl.

译文:我有一切理由相信她是一个好姑娘。

(四)数词作定语的译法

数词作前置定语均可用顺译法。

例1:Fifty thousand London dockers are out on strike.

译文:五万伦敦码头工人罢工了。

例2:They celebrated the 10th anniversary of their marriage.

译文:他们庆祝了他们结婚 10 周年。

例3:It's one-twentieth the thickness of a human hair.

译文:它相当于人头发丝的 1/20。

(五)分词作定语的译法

单个分词作前置定语时仍可顺译,但应注意现在分词与过去分词在含义上的不同。

例 1：Soon he became a leading figure in the Labor Party.

译文：他不久后成了工党的一位领导人物。

例 2：They are visiting in a neighboring town.

译文：他们在邻近一座城市访问。

例 3：They were infuriated by this insulting demand.

译文：这一侮辱性的要求使他们十分愤怒。

顺便提一下，动名词作定语的译法与分词作定语的译法完全相同。例如：

waiting room 候车室

working method 工作方法

walking stick 手杖

sleeping car 卧铺车厢

flying-suit 飞行衣

sewing machine 缝纫机

chewing-gum 口香糖

building material 建筑材料

(六) 并列前置定语的译法

关于几个并列前置定语的顺序，英汉两种语言各有自己的位置要求，翻译时应考虑汉语的表达顺序。

例 1：All my friends came to attend my birthday party.

译文：我所有的朋友都来参加我的生日晚会。

例 2：Mary is a well-trained young nurse.

译文：玛丽是位训练有素的年轻护士。

例 3：He is helpless under such circumstances however brilliant a mind he may have.

译文：不管他脑子多么灵，在这种情况下他也毫无办法。

两个或两个以上形容词作定语时，英语把最能说明事物本质的定语置后，而汉语将其置前，翻译时应注意这种区别。

例 4：Wang Meng is a famous Chinese writer.

译文：王蒙是一位中国的著名作家。

例 5：There is a small round wooden table in the room.

译文：房间里有一张木制小圆桌。

二、后置定语

(一)使用逆译法的情况

与汉语的表达习惯不同,英语中有许多定语后置。因此,翻译时采用逆译法。可用逆译法的后置定语主要有以下几种。

1. 单个形容词作后置定语

例1:The work obtainable equals that expended.

译文:可得到的功和所消耗的功相等。

例2:People present did witness the result of the experiment.

译文:在场的人们的确见到了实验的这一结果。

例3:The experience gained will be of great value to us.

译文:取得的经验对我们很有价值。

例4:They discovered something unexpected in their experiment.

译文:他们发现实验中出现了出乎意料的情况。

2. 成对形容词作后置定语

例1:He has put forward a solution to the Chinese problem at one economical and practical.

译文:他提出了一个既经济又切实可行的立即解决中国问题的办法。

例2:Neutron has no charge,either positive or negative.

译文:中子既不带正电荷,也不带负电荷。

例3:Many other solders,both soft and hard,are also available.

译文:许多其他焊料,不论软硬,都可采用。

3. 副词作后置定语

例1:All the machines here are made in China.

译文:这里所有的机器都是中国制造的。

例2:The buildings around are mostly of modern construction.

译文:附近的建筑物大多数是现代化结构。

4. 形容词短语作后置定语

例1:Water is a substance essential to our life.

译文:水是我们生活中必不可少的一种物质。

例2:He gave me a question difficult to answer.

译文:他给我提了一个难以回答的问题。

例3:In the meeting, they put forward their suggestions similar to ours.

译文:在会议上他提出了与我们相似的建议。

5. 分词短语作后置定语

例1:We are brothers sharing weal and woe.

译文:我们是患难与共的兄弟。

例2:We met a group of youngsters returning from school.

译文:我们碰到一群从学校回来的孩子。

例3:They are problems leftover by history.

译文:这些是历史遗留下来的问题。

(二)不定式短语作后置定语的多种译法

1. 不定式作定语,与中心词为动宾关系,可用顺译法。

例1:She usually has a lot of meetings to attend in the evening.

译文:她晚上经常有许多会要开。

例2:I want to get something to read during the vacation.

译文:我想找点书假期看。

例3:The teacher assigned us two exercises to do at home.

译文:老师给我们留了两个练习在家做。

2. 不定式短语作定语,与中心词为主谓关系,可用逆译法。

例1:He is not a man to bow before difficulties.

译文:他不是那种在困难面前低头的人。

例2:We need someone to help with the typing.

译文:我们需要一个帮助打字的人。

例3:The boy is the only one to know the details.

译文:这个男孩是唯一知道详情的人。

3. 中心词习惯上接不定式作定语时,大多用逆译法。

例1:You haven't kept your promise to write us regularly.

译文:你没有遵守经常给我们写信的诺言。

例2:He has the inclination to overlook difficulties.

译文:他有忽视困难的倾向。

例3:His eagerness to get back to work was quite obvious.

译文:很明显,他急于回去工作。

(三)介词短语作后置定语的多种译法

介词短语作定语,多数情况下用逆译法。

例1:He is a man of good temper.

译文:他是个好脾气的人。

例2:The doctor specialized in the treatment of eye.

译文:这个医生专攻对眼疾的治疗。

例3:The scientific and technological progress has stimulated the growth of industry.

译文:科技进步促进了工业的增长。

例4:They're making a plan of their activities during this holidays.

译文:他们正在制订假期活动的计划。

例5:He gives his seat to the woman with a baby in her arms.

译文:他把座位让给了那位抱孩子的女人。

例6:The man expressed his surprise at her appearance.

译文:对她的出现,这个人感到很惊异。

例7:We are moved by her devotion to work.

译文:她对工作的热情感动了我们。

但有些 of 短语位于含有数量概念的名词之后,作后置定语却要用顺译法。

例8:For each shell there is a definite number of electrons.

译文:每一壳层都有一定数量的电子。

例9:The pollution in this area caused a series of problems.

译文:这地方的污染导致了一系列问题。

(四)多个短语作后置定语的译法

当两个并列关系的定语短语修饰同一个名词时,一般较短的或关系较近的在前,较长的或关系较远的在后,汉译时,先译较近的,再译较远的,然后把它们一起译在所修饰的名词之前。

例1:A room 5 meters long and 3 meters wide will be enough to hold all these instruments.

译文:一间长5米、宽3米的房间足够安放所有这些仪器了。

例2:The equipment small in size and light in weight is being tried on the test bed now.

译文:尺寸小而重量轻的设备现在正在试验台上试验。

如果是几个介词短语所构成的后置定语,其中各短语又作为定语,各修饰其前的名词,那么汉译时,通常要按连锁关系的各个层次逆译,先译最远的,依次倒推,构成一个定语,放在所修饰的中心词之前。

例3:The unit of rate of flow of electric current is the ampere.

译文:电流流动的速率是安培。

例4:A change in the size or temperature of matter does not change its chemical composition.

译文:物质的体积或温度的变化都改变不了物质的化学成分。

例5:The vibrating frequency of the quartz crystal in the electronic watch is counted by the circuits to make the hour, minute and second.

译文:电子表中的石英晶体的振动频率由线路计数来定小时、分和秒。

(五)既有前置定语又有后置定语的译法

英语句子中,如一个中心词既有前置定语,又有后置定语,汉译时将后置定语放在前置定语之前。

例1:We have found the right way to form this substance.

译文:我们已经找到了生成这种物质的正确方法。

例2:The working temperature of the liquid must be measured every hour.

译文:液体的工作温度必须每小时测量一次。

例3:The milk particle thus sprayed are evaporated into milk powder by heated air forced into the chamber.

译文:把已经喷雾过的奶颗粒,通过压进干燥室的热空气干燥成奶粉。

三、定语从句的译法

英语中定语从句通常后置,因此翻译时,特别要注意按照汉语的习惯处理原文。

(一)限制性定语从句的译法

限定性定语从句对先行词的语义范围起限制或说明作用。译文成功与否,关键在于如何表现出这种作用。

1. 逆译法

即译成"……的"句式。

第四章　跨文化视角下英语句子各基本成分的翻译方法

例1：They had no place where they might lay their heads.

译文：他们没有安枕之地。

例2：Doctors will therefore have immediate access to a great many facts which will help them in their work.

译文：医生们将迅速获得对诊断有帮助的大量资料。

例3：Galileo lived at a time when the human spirit was waking after a thousand years of sleep.

译文：伽利略生活在人类灵魂经过了千年沉睡之后正在苏醒的年代。

限制性定语从句无论有无关系代词引导，在逆译时往往不必译出。

例4：Much has been mentioned about the advantages this new procedure possesses.

译文：关于此项新工程的优点，已经讲了很多了。

例5：This is a photograph that I took during my trip to Australia.

译文：这是一张我到澳大利亚旅行时拍摄的照片。

such+n.+as、such as 及 the same…as 引导的从句属限定性定语从句，译文一般为下列套语："像……之类的""像……这（那）样的""和……一样的""与……相同的"。

例6：Such propellers as we have recently designed for small ships are actually modeled on fishtails.

译文：像我们近来为小船设计的那种螺旋桨实际是模仿鱼尾制成的。

例7：Without rubber there would be no automobiles such as we have today.

译文：如果没有橡胶，就不会有我们今天这样的汽车。

例8：Many inventors followed the same principles as that French inventor had used in his invention.

译文：许多发明家沿袭了那位法国同行在发明中曾用过的同样原理。

2. 顺译法

如果限定性定语从句结构复杂或译成前置定语不符合汉语习惯，可采用顺译法，即译成后置并列分句。分句的主语有三种形式：第一种，重复先行词，可加上指示代词"这""该"或"其"；第二种，把关系代词译成人称代词"他/她/它""他/她/它们"等；第三种，省略主语，成为无主句。

例1：Shakespeare was a great English dramatist and poet whose name was known all over the world.

译文：莎士比亚是英国伟大的戏剧家和诗人，他的名字全世界都知道。

例 2：Small wonder that more scientists are visiting the region to acquire new knowledge which will help us to have a better understanding of the earth as a whole.

译文：难怪现在有越来越多的科学家前往该地区以获得新知识，这些知识将有助于我们更好地了解整个世界。

例 3：Gasoline is a fuel whose vapor is readily explosive.

译文：汽油是一种燃料，其蒸气很容易爆炸。

例 4：A fuel is a material which will burn at a reasonable temperature and product heat.

译文：燃料是一种物质，在适当温度下能够燃烧并释放热量。

例 5：They worked out a new method by which production has now been rapidly increased.

译文：他们制定出一种方法，采用之后生产已迅速提高。

3. 合译法

合译法就是把主句和定语从句合起来译成一个句子。在译成一个句子时，定语从句成为句中的某个成分。

带有定语从句的"there be"结构，由于主句"there be"中的"be"不表示行为，汉译时，往往可以省略，主句和定语从句可合译成简单句。主句的主语仍为主语，定语从句中的谓语部分译成谓语。

例 1：In our factory there are many people who are much interested in your new invention.

译文：在我们工厂里，许多人对你的新发明十分感兴趣。

例 2：There have been good results in the experiment that have given him great encouragement.

译文：实验中的良好结果给了他莫大的鼓舞。

句意重心在定语从句，可把主句缩译成主语，定语从句的谓语部分译成句子的谓语。

例 3：Good clocks have pendulums which are automatically compensated for temperature changes.

译文：好的时钟的摆可以自动补偿温度变化造成的误差。

例 4：Television equipment makes use of devices that can also be considered optical.

译文：电视装置使用的器件也可以认为是光学器件。

意为"有""认为""知道""要求"等动词作主句谓语时,定语从句可与主句的宾语合译成主谓结构或主表结构,即汉语的兼语式谓语。

例5:Each pyramid has a wide stairway which goes from the bottom to the top.

译文:每一座金字塔都有条宽阔的楼梯从底部通到塔顶。

例6:When spacemen want to move about in space, they have to rely on jet guns which push them along like engines.

译文:宇航员要在太空中行动时,必须依靠喷气枪像发动机似地推着他们向前进。

(二)非限制性定语从句的译法

由于非限制性定语从句语义上只起对主句补充说明的作用,所以多采取分译法。使用分译法时,应注意对先行词的处置。第一,可重复先行词,根据全句意义,补充"这""该""它""它们"或具有转折意义的连词"而""但"等。第二,不译关系代词。第三,将从句分离,译为独立的句子。

例1:This is a college of science and technology, the students of which are trained to be engineers or scientists.

译文:这是一所科技大学,该校学生被培养成工程师或科学工作者。

例2:We have seen many chemical changes, from which physical changes are different.

译文:我们见过许多化学变化,它们和物理变化不同。

例3:This type of matter is called a multimeter, which is used to measure electricity.

译文:这种仪表称为万用表,用来测量电流。

例4:Nevertheless the problem was solved successfully, which showed that the computations were accurate.

译文:不过问题还是圆满地解决了,这说明计算很准确。

例5:One of the greatest promoters of structural organic chemistry around the turn of the century was Emil Fisher, who, as early as 1893, had already the structure of cellulose as a polysaccharide in mind.

译文:在19世纪末和20世纪初,埃米尔·菲舍尔是结构有机化学方面最伟大的推动者之一。早在1893年,他就认为纤维素的结构是聚糖。

应注意的是,非限制性定语从句起到对先行词加以补充说明或描述作用时,用合译法,译文效果会更加理想。

例6:He once bought a railway ticket for a woman, which was reported in the newspaper.

译文：他曾为一位妇女买过一张火车票，这件事在报上报道过。

例7：Transistors, which are small in size, can make previously large and bulky radios light and small.

译文：体积小的晶体管使得先前那种大而笨的收音机变得又轻又小。

例8：A bar of iron placed in a coil, through which a current is flowing, becomes magnetized.

译文：铁棒置于带电的线圈中就会被磁化。

这样的句式表面上应视为非限制性定语从句，但从深层结构上看，视为限定性定语从句更为合理一些。

第六节　状语的译法

英语中的状语既有其位置灵活的一面，又有其相对固定的一面，基本可分为句首、句中及句尾三种位置。而汉语不置状语于句尾，多取句首或句中位置。因此，汉译时，要多注意句尾状语的位置调整。

一、简单状语

(一) 直译法

英语中，以单个的词作状语称为简单状语。这类状语或用来修饰句中的谓语动词，或用来说明全句，或修饰句中的非谓语动词、形容词、副词及介词短语。翻译时，对它们处置略有不同。

当简单状语作为副词修饰形容词、副词或介词短语时，不管其在什么位置，汉译时一般都置于它所修饰的词之前。

例1：They were greatly touched to hear the old man's story.

译文：听了老头的故事他们都大为感动。

例2：The climate is lovely here, especially in spring.

译文：这里的天气很喜人，特别是在春天。

例3：Light waves travel much slower through water and even slower through glass.

译文：光波在水中传播时，速度要慢得多；在玻璃中传播时，甚至更慢。

修饰动词的简单状语，不论其位置如何，汉译时，一般置于动词之前，有时也可译成"得"结构。

例 4：Modern science and technology are developing rapidly.

译文：现代科学技术正在迅速发展。

例 5：By studying hard and working well, he has overcome his shortcomings.

译文：通过勤奋学习和努力工作，他克服了自己的缺点。

例 6：I can throw the ball farther than you can.

译文：我可以把球扔得比你远。

例 7：She seldom makes spelling mistakes in her written work.

译文：她在书面作业中很少犯拼写错误。

例 8：I almost forgot about the whole thing.

译文：我差点把这事整个忘了。

修饰全句的简单状语，汉译时一般置于句首。但应注意，英语中出现在谓语动词前后的副词，有时也用来修饰整个句子，汉译时可用分译法。

例 9：Obviously, history always goes forward on a zigzag course.

译文：显然，历史总是曲曲折折前进的。

例 10：Conversely, work in applied science and technology frequently acts as a direct stimulus to the development of pure science.

译文：相反，应用科学和技术领域内的工作，往往起着促进纯科学发展的作用。

例 11：The ancients tried unsuccessfully to explain how a rainbow is formed.

译文：古代人试图说明彩虹是怎么产生的，但没有成功。

例 12：The time could have been more profitably spent in making a detailed investigation.

译文：如果当初把时间花在细致地调查研究上，好处就更大了。

(二) 转译法

简单状语的翻译中经常转译成句子的某个成分，以符合汉语的表达习惯。

转译成汉语的形容词：

例 1：His address impressed me deeply.

译文：他的讲话给我留下了很深的印象。

例 2：Tom is an absolutely good companion.

译文：汤姆是一个绝对的好伙伴。

例 3：The sun affects tremendously both the mind and the body of a man.

译文：阳光对人的身心都有极大的影响。

转译成汉语的名词：

例4：It was officially announced that they agreed on a reply to the Soviet Union.

译文：官方宣布，它们就给苏联的复信取得了一致意见。

二、复合状语

英语中两种(或以上)词类的词结合在一起充当状语，可称为复合状语。如介词短语、分词短语、不定式短语、形容词短语、名词短语等都可以用作复合状语。当然状语从句也可归于此。这类状语由于结构复杂，位置变化多，经常给翻译带来困难。但是，如果分清其在句中的语用作用，再按汉语的习惯安排它的位置，也就化繁为简了。

(一)原因状语

汉语的原因状语多数情况下置于句首或动词之前，有时置于句尾。

例1：Everyone shouted for joy when they heard the news.

译文：听到这个消息，每个人都高兴得喊叫起来。

例2：He failed through laziness, not foolishness.

译文：他的失败是由于懒惰，而不是愚笨。

例3：I hid the money, for fear of a lot my parents would say.

译文：我怕父母责怪，便把钱藏了起来。

例4：From no fault of his own, he become a beggar.

译文：他成为一个乞丐，不是由于自己的过错。

例5：What a fool I was to have expected him to help me.

译文：我真傻，竟然期望他帮助我。

例6：The neighbors must have annoyed you very much for you to speak in that way about them.

译文：因为你那样谈论你的邻居，他们一定很生你的气。

例7：Encouraged by his success, he made further efforts.

译文：由于受到成功的鼓励，他做了进一步努力。

例8：Mr. Green, having been asked to lecture in the university, was unable to come.

译文：格林先生不能来了，因为他应邀到大学讲演了。

例9：There being nothing to do, we went home.

译文：由于无事可做，我们便回家了。

例10：The door being closed, no more spectators could enter.

第四章　跨文化视角下英语句子各基本成分的翻译方法

译文：由于门关了，不可能再有观众进去。

例11：With so many people absent, the meeting had to be postponed.

译文：既然那么多人没来，会议只好延期了。

例12：As this book is written in simple English, it is suitable for beginners.

译文：因为这本书是用简单英语写的，所以适合初学的人。

(二)让步状语

汉语的让步状语多由"尽管、虽然、不管、却、还是"的结构表示。英译汉时，请注意原句中主语位置有无变化。

例1：He went there in spite of the rain.

译文：尽管天下着雨，他还是到那里去了。

例2：For all his wealth, he is not happy.

译文：他尽管有钱，生活却不幸福。

例3：Waking or sleeping, this subject is always in my mind.

译文：不管醒着还是睡着，这个题目总浮现在我的脑海里。

例4：Even with conditions quite unfavorable, he would succeed.

译文：尽管条件很不利，他还是会成功的。

例5：However often I try, I cannot find the answer.

译文：尽管我经常努力，却找不到答案。

例6：Foolish though she maybe, she has a kind heart.

译文：她虽然很傻，心肠却是好的。

(三)条件状语

汉语中的条件状语多由"如果、要是、只要"引导，有时也不用这样的链接词，而使用意会的手段。

例1：But for the rain, we should have had a pleasant journey.

译文：如果不下雨，我们那次旅行会很愉快。

例2：To look at him you could hardly help laughing.

译文：看见他那个样儿，你准得情不自禁笑起来。

例3：What a miserable being he would be to have such a wife.

译文：要是娶了这么一位夫人，他一生将会多么不幸。

例4：Left to herself, she would never have consented.

译文：要是听任她自己，她决不会同意。

例5:You may stay here as long as you like.

译文:你喜欢在这儿待多久就待多久。

例6:I have known him ever since he was a boy.

译文:当他还是个孩子时,我就认识他了。

(四)程度状语

由于英语中程度状语多修饰形容词和副词,用来说明属性、特征、情况等的强度。汉译时或用顺译法,或用拆译法,主要根据汉语习惯而定。

例1:It wasn't low enough for me to touch.

译文:太高了,我够不着。

例2:I don't know him well enough to ask him for help.

译文:我与他不太熟悉,不便请他帮忙。

例3:He is not so clever a boy as his brother.

译文:他没有他哥哥那样聪明。

例4:I am feeling a lot more healthy than I was.

译文:我现在觉得比以前健壮多了。

例5:He more or less resented their interference.

译文:他对于他们的干涉多少有点不满。

例6:When the car was repaired, it looked as good as new.

译文:汽车检修后,看上去几乎像新车。

例7:I can admire his courage to some extent.

译文:我可以在某种程度上赞扬他的勇敢。

(五)持续状语

由于英语的持续状语都是用来修饰动词的,表示动作或状态的持续,因此汉译时,如果动词是可延续的,顺译法或逆译法均可;如果是瞬间的,多用顺译法。

例1:I didn't wake up till nine o'clock.

译文:我一直到九点钟才醒。

例2:She lived quietly for 3 years in the little cottage.

译文:她安安静静地在村舍里住了3年。

例3:There was not trouble while we were there.

译文:我们待在那时并没有麻烦。

(六)频率状语

一般来说,汉语的频率状语出现在动词之前;在动词带有宾语时,又往往将表示频率的状语置于动词与宾语之间;在突出强调频率状语时,也可将其后置。

例1:We don't go to the theater regularly,just off and on.

译文:我们不是经常去看戏,只是偶尔去去而已。

例2:You will seldom,in fact hardly ever,hear that said.

译文:那种说法你很少听得到,实际上根本就听不到。

例3:He plays tennis three or four times a week.

译文:他每周打三四次网球。

例4:I see Hicks at the library from time to time.

译文:我不时在图书馆看见希克斯。

例5:Whenever we see him we speak to him.

译文:我们每次见到他都和他谈谈。

例6:Every time he appears,her face brightens up.

译文:他每次出现时,她都喜形于色。

(七)方式状语

英语中方式状语一般都出现在谓语动词之后,而汉语中这类状语则在前;翻译这类状语时,还可以使用转译的方法。

例1:He is known to be heart and soul devoted to the business of the State.

译文:人们知道他全心全意致力于国家事务。

例2:They came out arm in arm.

译文:他们手挽手走了出来。

例3:Behind me,several boys were sitting amusing themselves in loud voices.

译文:在我后面有几个孩子坐在那里大声地说笑。

例4:She sent the letter by airmail.

译文:她寄的是航空信。

例5:He always travels third class.

译文:他总是坐三等舱旅行。

例6:By doing it in this way,you will save a lot of time.

译文:这样做,你会节省很多时间。

(八)地点状语

英语中短语用作地点状语一般情况下多置于动词之后,而汉语中这类状语的位置却比较灵活。

例1：My old school friends are scattered far and wide now.

译文：现在我的老同学分散在各地。

例2：The man walked to and fro while he waited for his phone call.

译文：那个人走来走去，等着接电话。

例3：There is a green label on the bottle.

译文：瓶子上有个绿色的标签

例4：He climbed out of the water.

译文：他从水里爬出来。

例5：You can go where you like.

译文：你高兴到哪里，就到哪里。

例6：Wherever you go, I am following you.

译文：无论你去哪里，我都跟着你。

(九) 目的状语

目的状语的位置，英汉两种语言大体相同，或句首或句尾，以句尾居多。

例1：Sometimes we use water for putting fire out.

译文：我们有时用水来灭火。

例2：He was educated with a view to becoming a scientist.

译文：他读书的目的是想成为一名科学家。

例3：I walked very quietly in order not to disturb him.

译文：我走得很轻以免惊扰他。

例4：He worked very slowly so as not to make any mistakes.

译文：为了不出差错，他工作得很慢。

例5：He pushed the door for Jack to enter.

译文：他打开门让杰克进来。

例6：Speak louder so that everybody may hear what you say.

译文：讲大点声，让每一个人都能听清你讲什么。

(十) 结果状语

无论英语还是汉语，通常都把结果状语置后。

例1：Few live to be a hundred.

译文：几乎没有人活到100岁。（或活到100岁的人寥寥无几。）

例2：She woke up to find all this a dream.

译文：她一觉醒来,才发现这是一场梦。

例3：The classroom is large enough to hold a hundred people.

译文：这间教室之大,足以容纳100人。

例4：I hope he will not be so weak as to yield.

译文：我希望他不要太软弱,以至于屈服。

例5：I didn't think then that I'd left the house, never to return.

译文：当时我简直没有料到我离开家就再也回不去了。

例6：He spoke in such a low voice(that)I could not hear him.

译文：他说话声音太小,我听不见。

例7：It's so hot I can't sleep.

译文：天气太热,我难以入睡。

(十一)时间状语

时间状语在英语中多置于句首或句尾,而汉语多置于句首或谓语动词之前。

例1：I shall be twenty on Thursday.

译文：星期四那天,我就满20岁了。

例2：My daughter enters the first grade this year.

译文：我的女儿今年读小学一年级。

例3：This time tomorrow I shall be flying to Spain.

译文：明天这个时候我正坐飞机到西班牙去。

例4：Having arrived at this decision, we all immediately felt more cheerful.

译文：做出这个决定之后,我们大家立刻感到更加欢欣鼓舞了。

例5：The last mouthful swallowed, I was seated at my writing table.

译文：吃完最后一口之后,我就在写字台前坐下来。

三、插入成分的译法

英语中插入成分的语用作用有两种:一是表示说话人对说话内容所持的态度、看法、解释等;二是用来连接两个句子或段落,表示上下文之间的关系,如顺序、转换、增加、总结、解释、让步、对立等。由于两种作用不同,在译法上也有所不同。起第一种作用的插入成分一般都可用顺译法,即按在原文中的位置相应译出,也可按汉语习惯将置于句尾的插入成分提至句首或句中。起第二种作用的插入成分要视其所起的连接作用,按汉语相应作用的词语的位置加以处理。

例1：We'll have to book our tickets in advance, I'm afraid.

译文:我看我们得提前订票。

例2:Their performance was wonderful, don't you think?

译文:他们的表演非常精彩,你说是吧?

例3:The first part, it seems, is better written than the other parts.

译文:第一部分看来比其他部分写得好。

例4:To tell you the truth, I'm not feeling well.

译文:说真的,我不太舒服。

例5:That's a wonderful idea, to be sure!

译文:这个主意好极了,确实的!

例6:Judging from your accent, you must be from Scotland.

译文:从口音上听你准是苏格兰人。

例7:This, in my opinion, is only one of the minor issues.

译文:这个问题在我看来只是一个次要问题。

例8:Most important of all, theses activities have strengthened our ties with the working people.

译文:最重要的是这些活动加强了我们和劳动人民的联系。

例9:Luckily for him, the gun was not loaded.

译文:算他幸运,枪没上子弹。

例10:You're not quite fit for this kind of work, if I may say so.

译文:如果我可以这样说的话,你做这工作不怎么太合适。

例11:It's a hard work, I enjoyed it, though.

译文:这工作很艰苦,但我却爱做。

例12:All in all, they've had a good time today.

译文:总的说来,他们今天玩得不错。

四、并列状语

英语中,如果同时出现几个状语时,词序大致如下:动词+方式状语+地点状语+时间状语。汉语的词序与此恰恰相反:时间状语+地点状语+方式状语+动词。无论是简单状语还是复合状语均可按此处理。

例1:We study hard in the classroom everyday.

译文:我们每天在教室里努力学习。

例2:He is working carefully in the laboratory now.

译文：他现在正在实验室里认真地工作。

例3：She reads aloud on the campus every morning.

译文：她每天早上在校园里大声朗读。

五、状语从句的译法

（一）时间状语从句

1. 由 as、while、when 引导时间状语从句，表达主句和从句的谓语动作同时进行时，可译成汉语并列句。

例1：She sang as she prepared the dinner.

译文：她一边唱着歌，一边准备晚餐。

例2：The earth turns round its axis as it travels around the sun.

译文：地球一面绕太阳运行，一面绕地轴自转。

2. 由 until(till) 引导的时间状语从句的翻译，需要注意否定重点的转移。

例1：I don't like meeting people until I have this dental work done.

译文：在我牙齿手术做好之前我不想会客。

（注：译文主句否定时，把 until 当作 before 来译。）

例2：The money will not be paid until the receipt has been signed.

译文：这笔钱要到收条上签了字才支付。

（注：如果译文主句是否定句，从句也译成否定句。例如："不到收条上签了字的时候，这笔钱是不会支付的。"或"直到收条上签了字的时候，这笔钱才支付。"）

例3：Not until I had received his letter, did I understand why he had been absent from the meeting.

译文：直到我收到了他的信之后，才明白他开会缺席的原因。

（注：因为原句是强调句，所以把 until 当 after 来译，加上"才"构成译文的强调句式。）

例4：I waited for him till the sunset.

译文：我等他一直等到日落西山。

（注：当译文主句肯定时，until(till) 可译为"直到……为止"。）

3. 由 before 引出的时间状语从句译法较灵活。

例1：I'll do it now before I forget.

译文：我趁着还没忘就做了吧。

例2：Be a pupil before you become a teacher.

译文:先当学生,后当先生。

(注:将 before 理解为 after,把复合句译成了并列分句。)

例3:My teacher had been with me several weeks before I understood that everything has a name.

译文:老师和我生活在一起几个星期之后,我才明白样样东西都有个名称。

(注:原句的从句转译成了主句,主句则译成了从句,加"才"以加强语气。)

例4:It won't be long before imperialism comes to its end.

译文:帝国主义的末日快要来到了。

(注:复合句译成了单句。)

以上各句之所以采用灵活译法,都是为了保证译文逻辑意义上的一致。

4. 由 when 引导的一些描写句式,翻译时可改变其地位,译为主句,而主句译成从句。

例1:I was writing a letter to her when she came to visit me.

译文:正当我给她写信的时候,她却来看我了。

例2:They were just going to get on the bus when suddenly there was aloud noise behind them.

译文:他们正要上车,突然背后人声鼎沸。

例3:I was halfway back when I heard the shots,one or two of them.

译文:我往回走到半路上,听见了一两声枪响。

5. 时间状语从句的转译。

有些形式上似时间状语的从句应按其内在逻辑关系转译成原因、条件、让步、对比等从句。

例1:He was very much surprised when his visitor turned out to be a handsome young woman.

译文:来客竟是一位年轻美貌的女郎,他感到十分惊讶。(原因)

例2:While there is life,there is hope.

译文:留得青山在,不怕没柴烧。(条件)

例3:While I admit that the problems are difficult,I don't agree that they can not be solved.

译文:虽然我承认这些问题很困难,但我并不认为它们无法解决。(让步)

例4:Jane likes to dress in blue while Mary likes to dress in red.

译文:简喜欢穿蓝色衣服,而玛丽喜欢穿红色衣服。(对比)

第四章　跨文化视角下英语句子各基本成分的翻译方法

（二）条件状语从句

1. 虚拟条件句的一般译法。

例1：Send us a message in case you have any difficulty.

译文：万一有什么困难请给我们一个信儿。

例2：If only he could have understood the doctor's words.

译文：如果他能弄懂医生的话就好了。

例3：Should there be urgent situations, press this red button to switch off the electricity.

译文：万一有紧急情况，请按红色按钮以切断电源。

2. 转译成补充说明情况的分句，置于句末。

例1：We'll come over to see you on Wednesday if we have time.

译文：我们将在星期三来看你，如果有空的话。

例2：Iron or steel parts will rust, if they are unprotected.

译文：铁件或钢件是会生锈的，如果不加保护的话。

例3：Anybody above the earth will fall unless it is supported by an upward force equal to its weight.

译文：地球上的任何物体都会下落，除非它受到一个大小与其重量相等的向上的力的支撑。

3. 按内在逻辑关系转译成"让步""结果""时间"等分句。

例1：If too old to work much, the retired worker is very enthusiastic about neighborhood affairs.

译文：虽然年老不能多操劳，但这位退休工人对邻里工作还是非常热心。（让步）

例2：If he was so able as to solve such a difficult math problem known to the world, it is because he was extremely diligent and absolutely absorbed in mathematics.

译文：他之所以能解决这样一个世界有名的数学难题，是因为他非常勤奋和对数学有极大的兴趣。（结果）

例3：If we have carried on thorough investigations, we can draw a correct conclusion.

译文：只有当我们做了彻底的调查研究之后，才能得出正确的结论。

（三）原因状语从句

1. 译成含有"所以""因此"等词语的偏正复句。

例1:As the weather was fine, I opened all the windows.

译文:天气很好,因此我把所有的窗子都打开了。

例2:Since we live near the sea, we can often go swimming.

译文:我们住在靠海的地方,所以我们可以常去游泳。

例3:Because energy can be changed from one form into another, electricity can be changed into heat energy, mechanical energy, light energy, etc.

译文:能量能从一种形式转换成另一种形式,所以电可以转变为热能、机械能、光能等。

2. 译成内含因果关系的并列分句。

例1:Since he is busy, I won't trouble him.

译文:他很忙,我就不打扰他了。

例2:I'm glad that you have been assigned such an important task.

译文:上级给了你这样一项重要任务,我真高兴。

例3:I am proud that our country is forging ahead at such a speed.

译文:祖国在这样飞速前进,我感到很骄傲。

(四)结果状语从句

1. 译成内含因果关系的并列分句。

例1:What's the matter that they still haven't answered our telegram?

译文:怎么回事,他们还没有回电报?

例2:Electronic computers work so fast that they can solve a very difficult problem in a few seconds.

译文:电子计算机工作如此迅速,一个很难的题目几秒钟内就能解决。

例3:What have I done that he should be so angry with me?

译文:我究竟干了什么,他竟对我这么生气?

2. 译成"谓语+得+补语"陈述式词组。

例1:She worried so much that she could hardly eat her supper.

译文:她急得简直吃不下晚饭了。

例2:We left in such a hurry that we forgot to lock the door.

译文:我们走得匆忙,门都忘了锁了。

第五章
跨文化视角下英语句型的翻译方法

第一节　简单句的五种基本句型的译法
第二节　并列句、长句、否定句、倒装句的译法
第三节　强调、被动、省略、排比结构的译法

英语语言表达千差万别,话语更是各不相同。但无论它们怎样千差万别,总是以一些句型为基础而形成发展的。因此,理解和实践这些基本句型的翻译方法,实际是培养翻译能力的基础。为方便叙述,我们将基本句型分为句子结构和句子类型两个层次。

句子结构包括以下五种基本句型:

主、谓结构 S+V

主、谓、宾结构 S+V+O

主、谓、宾、宾结构 S+V+Oi+Od

主、谓、宾、宾补结构 S+V+O+C

主、谓、补结构 S+V+C

句子类型又以使用目的和整体结构分为两类。前者包括四种:陈述句、疑问句、祈使句、感叹句,后者包括简单句、复合句,以及省略句、倒装句、排比句等。

第一节 简单句的五种基本句型的译法

一、主、谓结构 S+V

此类句型谓语一般由不及物动词充当,谓语的时、体形式不定,翻译时有以下几种处理。

(一)直接对译,即汉语与英语原句主语和谓语的语序完全相对应。

例1:The door has not yet closed.

译文:门还没有关上。

例2:The actress has been singing for half an hour.

译文:那位女演员已经唱了半小时了。

例3:The sewing machine works very well.

译文:这台缝纫机运转得很好。

(二)译成汉语时需将状语置于谓语之前。

例1:Water boils at 100℃.

译文:水在100℃沸腾。

例2:She cried loudly to awaken her neighbors.

译文:她大叫以惊醒邻居。

例3：The postman always come at 2 o'clock.

译文：这位邮差总是两点钟来。

例4：Light doesn't travel with infinite velocity.

译文：光并非以无限的速度传播。

例5：His daughter sat beside him holding a large cake.

译文：他的女儿手里拿着一只大蛋糕坐在他身边。

(三)根据谓语时态形式，调整部分语序，使译句意思完整。

例1：It has raining all day.

译文：雨下了一整天。

例2：For a few hours, you settled back in a deep armchair to enjoy the flight.

译文：你可以背靠柔软的扶手椅，坐上几个小时，享受飞行的乐趣。

二、主、谓、宾结构 S+V+O

此类句子谓语动词为及物动词，宾语用来补充及物动词表达的意义，使句意完整。

(一)这类结构的句子，一般可以直接对译，因为汉语和英语的表达习惯此时基本相同。

例1：The boy caught the ball.

译文：这男孩接住了球。

例2：The news shocked the whole family.

译文：这消息震惊了全家人。

例3：Do you like painting?

译文：你喜欢绘画吗？

例4：The bottle really contains perfume.

译文：这瓶子里确有香水。

例5：We now know roughly the actual extent of the earth's surface.

译文：现在我们大概了解了地球表面的实际范围。

(二)主、谓、宾结构的句子翻译时，有时需将宾语部分转译为主语或谓语以符合汉语表达习惯。

例1：A bus took her to the school at a quarter to eight.

译文：她乘公共汽车七点四十五到校。

例2：It takes him 2 hours to finish his homework everyday.

译文:他每天要花2个小时完成作业。

例3:A hunter often has use for a gun.

译文:猎人经常使用枪。

例4:He made an offer of 3000 dollars to the school.

译文:他资助学校3000美元。

例5:She threw an angry glance at him.

译文:她生气地瞥了他一眼。

(三)主、谓、宾结构句子翻译时,有时需将及物动词的宾语按照汉语的习惯加以补充,以求句子意义明确。

例1:Now,many Chinese began to enjoy fully their leisure.

译文:现在,很多中国人开始尽情享受他们的闲暇时光。

例2:He likes a lot Shakespeare.

译文:他非常喜欢莎士比亚的作品。

例3:He successfully hid his fear on this special occasion.

译文:他成功地隐藏了他在这种场合的恐惧心理。

例4:They could hardly hear the actors because of the excited audience.

译文:由于激动的观众的吵闹声,他们很难听清演员的台词。

三、主、谓、宾、宾结构 S+V+Oi+Od

英语中有一部分及物动词后面要求两个宾语:直接宾语和间接宾语。这种双宾语动词又可称为双重及物动词。通常是间接宾语表示人而直接宾语表示物。此类结构句子的翻译关键在于译好双宾语。

(一)将间接宾语以"给……××"的形式译出。

例1:The postman brought me a parcel this morning.

译文:今天上午邮差给我送来一个邮包。

例2:The old man bought his grandson a new bike.

译文:老人给他的孙子买了一辆新自行车。

例3:That would cause the driver a lot of trouble.

译文:那会给司机带来不少麻烦。

例4:The doctor gave him an injection of penicillin.

译文:医生给他注射了一针盘尼西林。

(二)将直接宾语以"将……""把……"的形式译出。

例1:He gave a nice dress to his wife as the New Year present.

译文:他将一件漂亮的衣服送给太太作为新年礼物。

例2:He brought his aunt a letter from his cousin in Louisiana.

译文:他把他在路易斯安那州的表兄的一封信带给了他姑妈。

例3:The policeman told the suspect the rights he has while taking him to the police station.

译文:在带犯罪嫌疑人到警察局的途中,警察将他应有的权利告诉他。

(三)将主、谓、宾、宾结构中,某些动词如"take、cost、save"等之后的减免宾语译成定语。

例1:This will save you both time and labor.

译文:这会节省你的时间和劳动。

例2:Buying a suitable wedding gown took her a whole week.

译文:挑选一件合适的婚纱花了她整整一星期。

例3:This new dictionary cost her 50 *yuan*.

译文:这本新字典花了她50元钱。

四、主、谓、宾、宾补结构 S+V+O+C

宾语加上宾补被称为复合宾语,宾补部分起到强化、补足宾语成分的作用。一般来讲,此类句型宾语与补语之间逻辑上具有主谓关系。

(一)常用的译法是将宾语及宾补关系翻译成宾语从句,全句语序可不变化。

例1:I found him reading books in English.

译文:我发现他在阅读英语书籍。

例2:Competition with hotels has forced motel owners to provide more and more for the guests' comfort and pleasure.

译文:与旅馆业的竞争迫使汽车旅馆老板们不得不为旅客提供越来越多的舒适条件与娱乐活动。

例3:His father asked him not to be afraid of failure in making the study of science.

译文:他父亲要求他在进行科学研究上不要怕失败。

(二)当动词 consider、treat、regard、think of、picture、imagine、describe、define、recognize、use、refer to、speak of 等带有 as 短语作宾语补语时,as 在作用上可视为"to be",或译为"是、为"等或不译出。

例1：We consider him as a genius.

译文：我们认为他是一个天才。

例2：The teacher described him as hopeless.

译文：老师认为他无可救药。

例3：He is recognized internationally as an authority in this field.

译文：国际上承认他是这方面的一位权威。

例4：I heard them refer to her as "Big Sister".

译文：我听见他们管她叫"大姐"。

例5：We mustn't take success and failure as a personal matter.

译文：我们不应当把成败看成个人的事。

五、主、谓、补结构 S+V+C

英语的系动词加上补语成分，构成主、谓、补结构或称主、系、表结构。作补语的各译法我们已在上文"谓语的译法"中做了详细介绍，下面再讨论一些其他情况的译法。

（一）以介词短语作补语的系补结构句型，常常可以将介词短语以谓语的形式译出。

例1：The train was just on the move.

译文：火车刚刚开动。

例2：The camellias are in bloom now.

译文：现在山茶花正在盛开。

例3：Their flat is right above ours.

译文：他们的房间就在我们的上面。

（二）"of"结构作此结构的表语时，原句中的主语常常译成汉语的定语，而"of"后的名词译为主语，"of"结构中名词的定语译为汉语的谓语。

例1：The cloth is of good quality.

译文：这种布的质量很好。

例2：They are of the same age.

译文：他们的年龄一样。

例3：It is of great importance.

译文：这十分重要。

第二节 并列句、长句、否定句、倒装句的译法

一、并列句译法

并列句指句子包括两个或更多互不依存的主谓结构,即分句。分句之间在形式上是平等的,在语义层次上可能又有所不同。译好这类句子的关键也就在于准确把握分句之间在语义层次上的关系,最好的参照点是连接分句的并列连词和连接副词。

(一)并列关系或联合关系

在由 and、now、then 等连接,或用逗号、分号或冒号隔开时,可译成汉语的并列句,即之间用","隔开,或用"也""还"连接分句。

例1:I'm John Smith, the telephone engineer, and I'm repairing your telephone line.

译文:我是电话工程师约翰·史密斯,正在维修你们的电话线路。

例2:Slate is still used to make the typical gray roofs found all over Britain and local craftsmen use it to make all kinds of souvenirs.

译文:在英国各地都可以发现石板仍被用来造典型的灰屋顶,当地手艺人也用它做各种纪念品。

例3:Hurry up, it's getting late.

译文:赶快,时候不早了。

由 nor、not only...but(also)连接分句时,将它们译在分句之前即可。

例4:He can't do it, nor can I, nor can you, nor can anybody.

译文:他不能办这件事,我也不能,你也不能,任何人都不能办这件事情。

例5:Not only did he speak more correctly, but he spoke more easily, and there were many new words in his vocabulary.

译文:他的确不仅讲得更恰当了,而且也更加流畅了,他使用的词汇中有了许多新词。

(二)转折关系

一般由 but、however、nevertheless、still、whereas、yet 等连接,可译为"但(是)""可是""不过"等。

例1:The ancient Greeks had no telescopes, yet they did a remarkable job of describing heavenly bodies.

译文：古希腊人没有望远镜，但他们在绘制天体图的工作中仍取得了显著的成果。

例2：I took some medicine, but haven't felt a bit better now.

译文：我吃了些药，可是至今还不见好。

例3：I tried to call you, but the line was busy.

译文：我想给你们打个电话，但(你那儿)一直占线。

但是在格言、谚语、警句中，这些转折连接词也可以不译出。

例4：A just cause enjoys abundant support, while an unjust cause finds little support.

译文：得道多助，失道寡助。

例5：Modesty helps one to go forward, whereas conceit makes one lag behind.

译文：虚心使人进步，骄傲使人落后。

(三)选择关系

通常由or、else、or else、either…or、otherwise等连接，也分别译为"或者""不然""否则"等。

例1：We must hurry or/else/or else/otherwise we shall miss the train.

译文：我们必须快点走，不然就会误了火车。

例2：Either you come to my place or I go to yours.

译文：或者你到我这儿来，或者我到你那儿去。

例3：He must be joking, or else he's mad.

译文：他一定在开玩笑，否则他就是疯了。

(四)因果关系或推论关系

可由副词so、then、for等连接，分别译为"因此""所以""因为""因而"等。

例1：We had better close the window, for it is rather cold.

译文：我们最好关上窗户，因为相当冷。

例2：We worked hard, so we over fulfilled our task.

译文：我们努力工作，所以我们超额完成了任务。

例3：It is difficult to say what is impossible, for the dream of yesterday is the hope of today and the reality of tomorrow.

译文：很难说什么事情是不可能的，因为昨天的梦想就是今天的希望，也是明天的现实。

例4：It is getting late, then you had better to go home.

译文：天渐渐晚了，因此你最好回家。

二、长句译法

英语中，长句经常出现。无论在文艺作品中或在科技文献中都是如此。在汉语文章或著作中，短句则非常常见，即使有长句也不会像英语长句那么长。由于英汉两种语言存在着的这个差异，在英译汉时，一定要把英语长句分析清楚，正确理解后，再选择适当的译法，将原文内容的主次之别，反映到译文之中。所谓长句分析主要指两个方面：一是全句的语法结构；二是语义表述层次。

I stood at the half-open door of my room, ①to which I had now returned. ②The house being cleared, I ③shut myself in, ④fastened the door, and ⑤began, ⑥not to weep, ⑦because I was still too calm for that, ⑧to take off the wedding dress, and ⑨replace it by the simple dress ⑩that I had worn the day before, ⑪as I thought for the last time. I then sat down. I felt weak and tired. I leaned my arms on a table, and my head dropped on them. Till now, I had only ⑫heard, ⑬seen, ⑭moved, ⑮watched one event follow another. Now I thought.

为要译好这一段，我们先简要分析它的语法结构：①to which 为定语从句，room 为 which 的先行词；②The house…为分词独立主格作状语；③shut、④fastened 和⑤began 为并列谓语；⑧to take off 和⑨replace 为 began 的并列宾语，而⑦because 说明⑥not to weep 的原因，⑩that 为修饰 dress 的定语从句，⑪as…又为非限制性定语从句，用来修饰 I had worn…全句；⑫heard、⑬seen、⑭moved 和⑮watched 为并列的谓语动词。

然后我们做语义层次分析：①to which 中使用 had now returned，说明 returned 发生在 stood 之前，to which 实际上是一种表示动作连续性的非限制性定语从句，因而可采用倒译法，先译"回到"，再译"站在"。②The house 虽在语法结构上作状语，说明其后动作发生的时间，但不如把它看作是简·爱婚礼后复杂心情的反衬，故可分离出来单译作一句。③shut、④fastened 和⑤began 虽为并列谓语，但从动作的逻辑顺序来说，应是③④前后相连，关系较⑤更为密切，故⑤可分离出来单译一句。而 I then sat down、I felt…和 I leaned…虽各为简单句，但可看作是互为因果关系，故合起来译成一句更为合理。全段译文如下：

我回到自己的房间，站在半开的房门口。在这所宅子里，人都走了，我把自己关在屋里。闩上门闩。我开始,不是哭泣,我还很镇静,不会那么干,脱去结婚礼服,换上我昨天以为是最后一次穿的那件朴素衣服,我坐了下来感到又虚弱又疲乏。我把两只胳膊搁在桌子上,头枕在上面。在这之前,我只是听着、看着、活动着,观望着一件事接着一件事的发生。现在,我思考着。

还有一点值得一提:原文最后两句的变通译法。⑫⑬⑭⑮语法结构为过去完成时,若译成"我已经听到了、看到了……"并无不可。但现在改译为表示动作持续的"着"字结构,更能表现具有反抗精神的简·爱的人物形象。而一般过去时改译为表示动作正进行的"我思考着",正说明了简·爱还要斗争下去的决心。这种不拘泥于原文语法结构形式的变通译法值得仿照。

对于长句翻译,在进行了语法结构和语义层次分析之后,如何组织译文呢?下面介绍经常使用的四种方法。

(一)顺译

顾名思义,顺译就是按原来各分句排列依次译出。

例1:In my own home we have found that, at first, the washing-up machine was regarded as a rival to the worker at the kitchen sink, but now there is no greater pleasure than to go to bed in the evening and know that the washing-up is being done downstairs after one is asleep.

本句为并列复合句,but 之前和之后的分句排列顺序无须变化;两个分句中的从句均按正常位置译出:

在我自己家里我们发现:起初以为洗碗机不过是厨房洗碗槽旁的一个与人竞争的对手而已,而现在最愉快的事莫过于在晚上去睡觉时知道洗碗的活儿在我睡着后自有人在楼下干着。

例2:The present question is that many people consider impossible what is really possible if effort is made.

译文:目前的问题是,很多人把努一把力能做到的事看成是做不到的。

例3:The weather had been all the week extremely sultry but the storm broke so suddenly that before we reached the outskirts of the wood, the rain came down in forests.

译文:整个星期天气都非常闷热,可是暴风雨来得这样突然,我们还没有到森林外边,已经大雨如注了。

(二)倒译(或称逆译)

英语在语义层次上常常将说话人认为最重要的内容(即信息焦点)先讲出来,

而汉语多采用总结式,把信息焦点放在后面,越靠后越显得主要。汉语通常把复合句叫"偏正句",偏句(即从句)多在前,正句(即主句)多在后,起总结作用。英语则比较灵活,从句可根据重点修饰说明的部分不同,置于句首、句中或句末。正因为如此,英译汉时常常要做语序调控,将原文中靠后的部分移到靠前的位置,这种译法就叫倒译。局部倒译现象在定语、状语等节已讨论过,这里仅介绍在语义层次上的倒译方法。

We learn that sodium or any of its compounds produces a spectrum having a bright yellow double line by noticing that there is no such line in the spectrum of light when sodium is not present, but that if the smallest quantity of sodium be thrown into flame or other sources of light, the bright yellow double line instantly appears.

本段开门见山提出试验观察的结论:钠特有的物理现象,然后再表述得出此结论的试验观察过程。根据汉语"信息焦点"后置的表述习惯,将原文倒过来译:如果把非常少的钠投入火焰或其他光源中时,立即出现一条鲜黄色的双线;当钠不存在时,光谱中这条线也就消失了。由此我们知道,钠或钠的任何化合物所产生的光谱都带有一条鲜黄色的双线。

(三)分译

分译是翻译中经常使用的一种手段,即将原句中某些部分译成独立的或并列的分句。是否使用分译并无一定之规,主要要看原文的内容、原文所包含的逻辑关系和上下文的语气等因素,再结合汉语的安排方法来决定。下面通过例句加以具体说明。

例1:The description of such events and of the decision which were made to shape them has drawn from Mr. Churchill's ever-brilliant pen a volume which must rank as one of his greatest achievements as an historian and a writer.

本句中 decision 和 volume 之后都有一个 which 引导的定语从句,而且均为限制性定语从句,但在译法上也可不同。原因是 which were made to shape them 中的 which 的先行词是 decision,而句中的 them 又指 evens,逻辑关系十分紧密。全句从语义层次上存在两个信息焦点,一个是上半句的"写成了书",一个是 volume 后的定语从句,说明这本书的"价值",故可将两个信息焦点分译出来。译文如下:

这个系列事件以及促成这一系列事件的各种决定,通过丘吉尔先生不朽的神来之笔,蔚然成书。对于是历史学家和作家的丘吉尔来说,这一卷无疑是他最伟大的杰作之一。

一般来说,解释性的从句都可分译。

例2：In recalling those scenes which have given me the greatest happiness, I find that most of them are scenes which were discovered, as they were, by chance, which I had not heard of, or else had heard of and forgotten, or which I had not expected to see.

本句中 scenes 后的 which 均为补充说明 scenes 的具体情况，故均可分译。请看译文：

在回忆那些曾经使我感到最幸福的场合时，我觉得这些场合往往可以说是出乎意料偶然发现的；或者是从未听说的；或者是听说过而又忘记了的；或者是未曾预料到会看得着的种种场合。

(四) 综合译

原文句子很长，同时综合几件事情，每一件事情又都牵涉各自的有关细节。对于这种长句，可先译出其中几个主干部分，然后再补充其各自的细节。采取综合归纳的方法进行翻译，即为综合译。例如：

Such students will have acquired a set of engineering tools consisting essentially of mathematics and one or more computer languages and the language of engineering graphics, and the ability to use the English language to express themselves in both forms, and will also have studied a number of basic engineering sciences, including mechanics, materials and processes, and thermal fluids.

句中的 the ability 和 basic engineering sciences 与 tools 并列，说明学生应具有的能力和知识。consisting essentially of 后列举的三个方面都是说明 tools 的；而 including 后的四个方面都是说明 basic engineering sciences 的。因此本句翻译时，要首先译出学生应具有的能力和知识的三个方面，然后再译这三个方面的补充说明，以使译文主次关系清楚，内在逻辑联系一目了然。这是采取归纳综合的方法进行翻译所应产生的效果。全句可译为：

这样的学生将能获得一套工程技术手段，掌握英语表达能力并学完一定门数的基础工程学科；所谓工程技术手段主要是指数学，一种以上的计算机语言以及工程制图语言；所谓基础工程学科包括力学、材料学、工艺学以及热流体知识等。

三、否定句译法

英语中表示否定意义的手段很多，但大体可归为两大类：明否定和暗否定。明否定指句子中有否定词 not，或其他具有否定意义的词，如：never、hardly、scarcely、seldom 等副词，也可以用 none、no、nobody、nothing、nowhere 等代/副词，以及否定并列连词 neither nor 等。明否定按否定的范围，又可分为词否定和句否定。词否定用表示否定意义的前缀构成,如此 dishonest、incorrect、irregular、unimpeachable 等,或者在被否定词前面用 no 或 not。句否定是在谓语动词部分用 not 或用其他否定词构成。

(一)明否定

在明否定的句子中,通常的译法是将"不""没"等置于被否定的部分之前。

例1:I have not/never/hardly/scarcely/seldom/rarely spoken to George's sister.

译文:我不曾/从不/几乎不/决不/很少/不常同乔治的妹妹讲话。

例2:He wants a girlfriend, but he doesn't want to get married.

译文:他想找个女朋友,但不想结婚。

例3:You didn't understand what I said.

译文:你没听懂我的话。

例4:He wanted to make coffee but there was no hot water.

译文:他想冲咖啡,但是没有热水。

翻译明否定的句子时应注意以下三个问题。

1. 否定程度

英语中有些单词所表达的否定意义语气较强,十分肯定,如 never、not、no、none 等;而有些则语气较弱,在否定程度上留有某种余地,如 seldom、scarcely、hardly、little、few、barely 等。前者可称为完全否定,后者则称为准否定。汉译时完全否定结构按前述译法即可,而准否定结构则要在否定词前加上"几乎""差不多""很""极"等语汇,以使否定强度下降。

例1:Self-reliance is not how you feel or how good you are; rather, is whether you have the courage to take definite act into get things moving in your life.

译文:自力更生不是指你感觉怎样,也不是指你多么好;而是指你是否有勇气采取一定的行动使你生活中的事情有所进展。

例2:It is not likely to stop short-range missiles with fight time of just a few minutes.

译文:它(空间防御系统)不可能截住飞行时间只有几分钟的短程导弹。

例3:Finally, they agreed not knowingly to accept funds resulting from tax evasion or from crime.

译文:最后,他们同意不接纳明知来自偷税漏税和犯罪所得的资金。(not 用来限定 knowingly,表示"不故意地"。)

以上为完全否定。以下为准否定句。

例4：Few people lived to be 100 and fewer still live to be 110.

译文：很少有人活到100岁，而活到110岁的人就更少了。

例5：The firmament so fair and sea were hardly separable in that all-pervading azure.

译文：在那漫漫的蔚蓝色中，海空简直交融在一起。

例6：It was a fine morning—so fine that you would scarcely have believed that, the few months of an English summer had yet flown by.

译文：这是一个天气晴朗的早晨——如此晴朗，使你几乎不能相信英格兰的夏季的那几个月份已经过去。

例7：I know little or nothing of the matter.

译文：我对这件事差不多一无所知。

2. 否定转移

主句谓语动词（主要是believe、except、fancy、imagine、reckon、suppose、think）之前有not，实际的否定意义在于否定that引导的宾语从句的谓语部分。翻译时一般将"不"置于宾语从句的谓语动词之前。

例1：George doesn't believe that she did it.

译文：乔治相信她没有做那件事。

例2：I don't think that you need worry about it.

译文：我认为你不必为此事烦恼。

当然，上述两句按顺译法，不改变"不"的位置也未尝不可，即译成：乔治不相信她做了那事。/我不认为你该为此事烦恼。应注意主句谓语动词如果是say、tell等与not连用时不存在上述否定转移现象，按顺译法译出即可。

例3：He did not say that Mary was pretty.

译文：他没说过玛丽漂亮。

英语中的否定转移，有时还将谓语动词前的not转移成对主语的否定。翻译时应判断清楚。

例4：All are not thieves that dogs bark at.

译文：狗对之狂吠的并非都是强盗。

有时还转向否定状语。

例5：He is not happy on account of his riches, but on account of his good health.

译文：他幸福，并非因为他的财富，而是因为他的健康。

例6：I don't come because I had nothing to do.

译文:并非因为我无所事事我才来。

3. 明为否定实为肯定

英语中常有句子里有 not,但句子的意思却是肯定的。这种现象主要出现在双重否定句和 not...until 句式中。

例1:These investigations are not done for nothing.

译文:这些调查不是白做的。

例1采用了直译法,保持了英汉两种语言在语言形式上的等值。

例2:It is not possible but that our teacher will attend the discussion.

译文:我们老师一定会参加讨论会。

例3:No task is too difficult but that we can accomplish.

译文:不管任务怎样困难,我们都能完成。

例2、例3两句采用了意义等值的译法,译成了汉语的肯定句式。

例4:Precise and fully up-to-date information about tuition fees can be obtained only from the university themselves and it may not be until quite late in one academic year that the fees for the next academic year become known.

译文:关于收取学费的准确的、最新的情况,只能从各大学那里才能得到,而且要到一学年快要结束时,才能得知下一年度的收费标准。

例5:His absence remained unnoticed until morning.

译文:直到早上才发觉他缺席了。

例4、例5两句中的 not...until 译成了"直到……才"。但如果主句谓语动词是可延续性动词时仍译为否定形式为好。

例6:Until that instant I had not thought of her, but thus I was led in the dark to the best possible means of saving my life.

译文:直到那一刻,我一直没有想到过她(船)。但我就这样在黑暗中被引到了最有可能拯救我生命的工具边。

例7:Until you told me I had no idea of it.

译文:在你告诉我之前,我对此一无所知。

(二)暗否定

英语中常常利用某些词语搭配、反语或修辞手段表现否定意义。翻译这类用非否定形式表达否定意义的句子时,一是切勿望文生义,未能通过上下文的语境,判断出其深层意思是否定的;二是一定要把这种否定的强烈程度译出来。

例1:This engine is too old for us to use any longer.

译文:这台发动机太老,我们不能再用了。

例2:It is far from me to do anything to hurt you.

译文:我绝不故意做任何事情使你伤心。

(far from 与地点搭配意为"离……很远",但与名词、形容词和人搭配则由具体意义引申为抽象的否定意义。)

例3:He is completely in the dark about their quarrel.

译文:他对他们的争吵一无所知。

(in the dark 此处为抽象意义"不知道"。)

例4:It is rather late in the day to raise objections, now that the transfer order has been issued.

译文:现在调令已经来了,你不同意未免为时太晚了。

(late in the day 为习惯用语,意思是"为时太晚",day 此处已失去原意。)

例5:The story takes a lot of believing.

译文:那个报道难以置信。

例6:He would be the last man to say such things.

译文:他绝不会说这种话。

(the last 表示强烈的否定意义"最不可能的,怎么也不会是"。)

例7:He is more a scholar than a teacher.

译文:与其说他是位教师,倒不如说他是位学者。

(more…than 用于同类不同性质的比较时,意为"是……而不是""与其说是……倒不如说是"。)

以上为部分表示暗否定的词语搭配。

例8:Much I care. (=I don't care much.)

译文:我才不在乎(那么多)呢!

例9:You are telling me. (=I don't need you to tell me that.)

译文:不用你来指教。

以上几例均为字面意义的肯定而言外之意则是否定。这种类型的暗否定多用以起到"强调"或"反语讽刺"的作用。

英语中还常常通过修辞手段表达暗含的否定。

例10:Am I your servant? (=I am not your servant.)

译文:我不是你的用人。(或译:我是你的用人吗?)

例11:Can anyone doubt the wisdom of this action? (=Surely no one can doubt the wisdom of this action.)

例12：Has he time enough?（=He hasn't enough time.）

译文：他没有那么多时间。（或译：他有那么多时间吗?）

例13：Who knows it?（=No one knows it.）

译文：谁知道啊?

以上几例都是表示一种"反问"，用肯定式的一般/特殊疑问句表示强烈的否定意义，译法多为保留疑问句形式，有时也可译为陈述句。

除修辞疑问句外还有修辞条件句也可用来表示暗否定。

例14：I'll be damned if I do it.

译文：我决不做这种事情。

例15：I am damned if I agree with you.

译文：我决不会同意你的意见。

例16：When I want your opinion, I'll ask for you.

译文：请你不要插嘴。

四、倒装句译法

英语的正常语序（自然语序）与汉语的语序基本一致。它的倒装结构的特点就是改变其正常的按主语、谓语、宾语顺序排列的位置，或改变状语的位置。英语的倒装结构可分为全部倒装和部分倒装两种。采用倒装结构的原因有两个：第一，为了达到某种修辞效果而采用修辞性倒装（这与汉语的修辞倒装基本一致）；第二，为满足某些英语句子结构的语法要求而做结构性倒装（这是英语所特有的）。

（一）修辞性倒装

修辞性倒装通常是为了强调句子的某个成分，倒装之后使句子更加流畅，更加生动。这类倒装有以下几种，翻译时均应运用各种手段突出被强调的部分。

1. 平衡倒装

当句子没有宾语而主语又比较长时，常可把状语提到句首，同时把谓语动词提到主语前，形成全部倒装，从而使句子保持平衡。翻译时可将倒装句还原为正常语序，再行译出。

例1：Further to the north and east, rain and gentle spring snow were falling over parts of Finland and Sweden. From there, as well as from points south and west, from Norway and Denmark, came the same disturbing signals.

译文：再往东往北，在芬兰和瑞典的一些地区，下着雨和不大的春雪。从那里，从南面和西面的一些地方，从挪威和丹麦，都传来了同样的干扰信号。

例2：From every hill slope came the trickle of running water, the music of unseen fountains.

译文：每一面山坡上都传来了潺潺的流水声，这是看不见的泉水发出来的音乐。

例3：And amid all this bursting, rending, throbbing of awakening life, under the blazing sun and through the soft-sighing breezes, like wayfarers to death, staggered the two men, the woman, and the huskies.

译文：而在这一切生命的复苏的暴发、碎裂、悸动之间，在灿烂的阳光下，穿过一阵阵轻轻叹息着的微风，像走向死亡的旅客那样，两个男人、一个女人和那几只赫斯基狗蹒跚地走着。

例4：Thus began by far the gravest crisis in the troubled 32-year history of commercial atomic power.

译文：于是，在多灾多难的32年商业原子能的历史上最为严重的危机就这样开始了。

2. 宾语倒装

有时为了更好地承接上下文，或者强调宾语，而把宾语放在句首。在翻译这类句子时，一般情况下可以按原文顺序将宾语放在句首。

例1：After a hasty conference it was decided that all the other cars should proceed. This they did and the mourners, stepping out of the car seriously, gathered in groups around the Adams plot and stood conversing in whispers, waiting for Gorger.

译文：经过一阵仓促的协商后，决定所有其他车辆按原计划继续前进，直开墓地。事情照办了。送葬者神情严肃地跨出汽车，一群群地站在亚当斯墓地的周围，低声交谈着，等候着戈杰。

例2：He promised to produced two novels a year. This he did.

译文：他答应每年写两部长篇小说，这点他做到了。

3. 宾语从句倒装

有时，为了加强句子的表现力，宾语从句也可以移到句首。在译成中文时，基本上可以按原句子顺序翻译。

例1：What one man can imagine, another man can do.

译文：只要一个人能想象出来，另一个人就能做出来。

例2：Everything her husband told her she passed right on to me.

译文：她丈夫给她讲的事情，她马上全都给我讲了。

例3：He's a manipulator, and he's sure to make money. Whether he can get into upper class I don't know.

译文：他是个善于操纵的人，他肯定会赚钱。至于他能不能进入上层社会我就不知道了。

例4：What they do, they do with all their will and might.

译文：他们干什么都全力以赴。

例5：Whether they like it or not, I don't care.

译文：他们喜不喜欢，我可不管。

4. 全部倒装与部分倒装

有时，为了更好地与上句连接，或者为了强调表语，可以将表语及系动词移到句首，形成倒装。这种句子一般可以有两种译法：第一，按原句顺序；第二，把主语放在句首。在翻译中，究竟采用哪一种句式，关键在于译出来的汉语句子是否通畅，是否简洁。然后，再考虑上下文的关联性。如果句子不适合按原文顺序译出，就把主语移回到句首，再译出，并加一些语气词修饰表语以加强语气。

例1：Animal sensors that detect light, sound, smell, touch and temperature are well known, less well known are sensors that detect changes in the Earth's magnetic field.

译文：众所周知，动物具有觉察光、声、味、触、温度的感觉器官，但它们觉察地球磁场变化的感觉器官却鲜为人知。

（或译：众所周知的是动物具有觉察光、声、味、触、温度的感觉器官，而鲜为人知的是它们觉察地球磁场变化的感觉器官。）

例2：More obvious still is the ever-growing influence on mankind of radio broadcasting and television.

译文：更加明显的仍是广播和电视对人类越来越大的影响。

例3：Great was the excitement as procession after procession poured its eager masses into the town.

译文：一队又一队的热心群众来到镇上，情绪十分激昂。

例4：Much more important are some of its compounds.

译文：更为重要的是它的一些化合物。

例5：Lying on the floor was a boy aged about seventeen.

译文：躺在地板上的是一个17岁的男孩。

有时出于修辞上的考虑可以只把表语移到主语前面形成部分倒装,在翻译时,应将原句还原到正常语序再译出。

例6:Very grateful we are for your help.

译文:对你们的帮助我们非常感谢。

例7:A very reliable person he is,to be sure.

译文:没问题,他是个非常可靠的人。

例8:He was born poor and poor he remained all his life.

译文:他出身很穷,过了一辈子的贫苦生活。

(二)结构性倒装

结构性倒装通常是为了适应英语语法的某些规则,或适应约定俗成的用法。由于这类倒装是英语独有的,翻译时要按汉语的习惯和要求译出。

英语的疑问句一般都是倒装句。而汉语的疑问句不需要倒装,而是用"哪""什么""吗"等语气助词表示疑问。因此,在翻译这类句子时,只要遵从汉语习惯就可以了。另外,英语以"what""how"开头的感叹句有时要全部倒装,有时要部分倒装,有时利用疑问倒装加感叹号(!)构成感叹句。无论是上述哪种倒装,都可按汉语感叹句译出。

1. 假设倒装

在虚拟语气的条件从句中,如果省略连词"if"就要把were、should、had 等词移到主语之前而形成部分倒装。在译成汉语时需要将省略了的"如果(if)"补上。

例1:Had she wanted company,she would have taken Bill's advice and called at her sister's,who would have been delighted to have someone to share her solitude.

译文:如果她想有个伴儿,她就会听比尔的话,到她姐姐家去,她姐姐一定很高兴有人分担她的孤寂。

例2:Were I not engaged in my present work,I would be quite willing to do what you ask me to.

译文:如果我没有手头的工作要做,我会很愿意做你要我做的事的。

例3:Should anyone call,tell him to wait for me here.

译文:要是有人找我,让他在这里等我。

例4:Had it not been for the leadership of the Party,we should not have succeeded.

译文:如果不是党的领导,我们就不会胜利。

例5:Had he planted the tree near the road,strangers would have stolen the fruit.

译文:如果他要是把那棵树栽在路边,路人早就盗取果实了。

2. 让步倒装

让步从句的倒装有两种形式:第一,形容词或副词+as+句子其他成分;第二,动词+名词或代词+其他成分。翻译时应按汉语习惯先译从句再译主句。

例1:Tortuous as the road of struggle is, the prospects for the revolutionary people are bright.

译文:尽管斗争的道路是曲折的,革命人民的前途却是光明的。

例2:Young as he is, it is but natural that he should commit such a mistake.

译文:他因为年轻,犯这种错误也是很正常的事。

3. 比较倒装

表示比较的"the more…, the more…"句型可全部倒装,又可部分倒装。另外,以连词"that"引导的比较状语从句中也可用倒装语序。而汉语在表达比较时,无须倒装。

例1:The harder you throw the object, the higher it will go.

译文:抛物体时劲儿越大,物体就升得越高。

例2:The higher a mountain is, the more people like to climb it; the more dangerous the mountain is, the more they wish to conquer it.

译文:山越高,人就越爱爬;山越危险,人就越想征服它。

例3:The more things a man is interested in, the more opportunities of happiness he has, since if he loses one thing he can fall back upon another.

译文:一个人所感兴趣的事物越多,获得幸福的机会也就越多,因为他对某一件事物失去了兴趣,又可以从另外一件事物上获得兴趣。

4. 祝愿倒装

祝愿倒装是一种约定俗成的句式,英语中最常见的祝愿倒装句式有"long live…"(……万岁!)和"may…!"(祝……!)。

例1:Long live the great unity of the people of the world!

译文:全世界人民大团结万岁!

例2:Long live the People's Republic of China!

译文:中华人民共和国万岁!

例3:May your country become prosperous and strong!

译文:祝贵国繁荣富强!

5. 否定倒装

当句子由 never、little、only、not only、hardly、scarcely 等否定性副词或条件副词引起,其句子常用倒装结构,这是英语语法所要求的。但选用此句式的本身也是一种修辞手段,起强调作用。在译成中文时,其句子结构常需做一些改变,将主语提前并加上一些适当的字来加强语气。

例1:Never again would a ship sail so ill-prepared for an accident that sent more than 1,500 people in terror to their deaths.

译文:再也不会有这样一条船对事故竟如此毫无防备,以致发生事故将1,500多名惊慌失措的旅客全部送上死路。

例2:Under no circumstance will we be the first to use nuclear weapons.

译文:我们在任何情况下决不首先使用核武器。

例3:Not until quite recently did I have any idea what a guided missile was like.

译文:直到最近我才对导弹是什么样子略有了解。

6. here 引起的倒装

当句子由 here 引起,谓语是 be 时,句子采用倒装结构,翻译这类句子时,可按原文的顺序译出,here 的原意也应译出。

例1:Here, gathered from the ideas of experts across the country, are some proven ways to increase your learning ability.

译文:这里(下面)列举了一些根据国内专家之见收集的、已经证实能提高你学习能力的几种方法。

例2:Here is China's largest tropical forest.

译文:这里是中国最大的热带森林。

例3:Here is what you are looking for.

译文:你找的东西在这里。

例4:Here are some of the letters you've written to me.

译文:这是你写给我的几封信。

7. there/now 引起的倒装

以 there 或 now 开头的句子,当谓语动词是 be、exist、come、go 等表示现在状态的动词时,句子通常要采用倒装结构。在译成中文时应注意两点:第一,由于 there 和 now 在这类句子中用以引起注意、加强语气,而没有实际意义,所以不必译出;第二,在整句翻译时,应按汉语习惯将主语提前。

例1:There exist neither perfect insulators nor perfect conductors.

译文:没有理想的绝缘体,也没有理想的导体。

例2:There stands a forest of oaks by the river.

译文:河边屹立着一片橡树林。

例3:There stands a little church on the hill.

译文:山上矗立着一座小教堂。

8. then 引起的倒装

当句子由 then 引起,谓语是 come、follow 等词时,句子往往采用倒装结构。由于 then 表示的是一种时间上的承接,所以此词的原意(然后、接着、于是)也应译出。整个句子可按原句顺序翻译。

例1:Then came night dark,dismal,silent night.

译文:然后,夜幕降临了,这是黑暗、凄凉、沉寂的一夜。

例2:First came the PLA men,then came the people's militia.

译文:人民解放军走在前面,后面是民兵。

例3:The elephants were followed by the camels and then came the horses.

译文:大象后面跟着骆驼,然后是马群。

9. so 引起的倒装

由 so 引起的表示前面所说情况也适用于另一人(或东西)的句子(肯定句)时,采用倒装结构。在译这些句子时,so 译成"也……",并应将主语提前。

例1:Society has changed and so have the people in it.

译文:社会变了,人也跟着变了。

例2:You say he works hard;so he does,and so do you.

译文:你说他很努力。对,他确实很努力,你也一样。

例3:He went into a right turn and I followed. He went the other way;so did I.

译文:他来个向右转,我也随之向右转。他向另一个方向而去,我也照着干。

例4:He is happy and so is everybody in the kindergarten.

译文:他很幸福,幼儿园里的其他人也很幸福。

10. neither 和 nor 引起的倒装

当句子由 neither 或 nor 引起,表示前面所说情况也适用于另一人(或东西)时,句子采用倒装结构。译成汉语时,应将主语提前,并将 neither 或 nor 译成"……也不……"。

例1:Many of its major capital investments had scarcely touched the lives of the urban and rural poor, nor had they created much employment.

译文：它的重要基建投资项目中，很多项几乎没有触及城乡贫民的生活，它们也没有创造出很多就业机会。

例2：It is not likely to stop short-range missiles with fight time of just a few minutes. Neither would it prevent cruise missiles nor bombers, whose fights are within the Earth's atmosphere, from hitting their targets.

译文：它不可能截住飞行时间只有几分钟的短程导弹。它也不能阻止巡航导弹或轰炸机击中它们的目标，因为这些导弹或轰炸机都在地球大气层中飞行。

例3：The first one wasn't good and neither was the second.

译文：第一个不好，第二个也不好。

11. 插入语倒装

直接引语中间或有表示"某人说"这类意思的插入语，特别是谓语较短时，常用倒装结构。译成汉语时，无须倒装。

例："Trying to learn new information in one piece is difficult," says Li Ming, "By dividing new material into meaningful pieces, you make learning easier."

译文："要想一次性学习新知识是不容易的，"李明说，"但把新知识分成有意义的片段，你学起来就容易了。"

第三节　强调、被动、省略、排比结构的译法

一、强调结构译法

英语的强调结构主要有两种：一种是 it+be+强调部分+that/who/which+其他成分；另一种是利用作语气助词的 do 构成。前者可用来突出强调除谓语动词以外的句子成分；而后者用于强调谓语动词。

（一）it+be+强调部分+that/who/which+其他成分的强调结构

这种强调结构可以用来强调英语中的主语、宾语、状语等。在汉语中这种强调多靠句子结构的调整和声调来表示，因此，翻译时要注意汉语的表达。

例1：It is then that the cock first crows, not this time to announce the dawn, but like a cheerful watchman speeding the course of night.

译文：那时雄鸡最先啼鸣，可这不是报晓，而是像欢乐的更夫在催黑夜快走。

例2：Although it is we who are really moving, the stars all seen to circle round a point exactly above our North Pole if we live north of the equator.

译文：如果住在北半球，我们似乎觉得，群星是围绕北极极点上方的某一点转动的。其实，真正转动的是我们。

(二) 由 do+动词原形构成的强调结构

英语的强调结构还可以由助动词加动词原形构成，用以强调动词。助动词 do 可以以它的其他形式：does、did 出现。在译成中文时可将其译成"真正""实在""的确"等词。

例1：Good learners, when they do not understand, automatically reread until they do understand the material.

译文：善学者在看不懂时，会自觉地重读，直到确实看懂为止。

例2：Even if there was an international aid scheme and polices did change radically, processed food and medicine would only provide a temporary solution.

译文：即使有国际援助计划，政策上也确有根本改变，加工过的食品及药品也只能解决一时的问题。

例3：Since monkeys and chimpanzees do have hands, it is possible to see how well they can use tools.

译文：猴子和黑猩猩有手，因此，就有可能看到它们使用工具的能力如何。

例4："I dare not go to the police," he said quietly. "If I do go, they will have to send me home."

译文："我不敢去找警察，"他平静地说道，"如果我真去的话，他们一定会把我送回国。"

例5：The way things are going, it looks like Ford did have a better idea.

译文：根据形势的发展趋势来看，福特确实是出了个较好的主意。

二、被动结构译法

在英语里，如果谓语表示的是一个动作，那么，根据主语与谓语的两种不同的关系，可分为主动语态和被动语态两种语态，即当主语为动作的执行者时，谓语的形式为主动语态；当主语为动作的承受者时，谓语的形式为被动语态。这一分法与汉语的主、被动分法基本一致。英语的被动意义可以有以下两种表现形式：第一，形式被动，意义被动；第二，形式主动，意义被动。另外，还有一种形式上为被动，意义上主动的句子结构，应与被动结构区分开来。英语中的被动句用得非常多，而汉语里相对较少。在翻译这类句子时，如果采用被动形式比较明了，可以采用被动句式。但是，大多数情况下，都宜于且能够用多种方式灵活地译成汉语。

(一)形式被动,意义也被动的被动结构

这是常见的被动结构,包括两种类型:第一,助动词 be+及物动词的过去分词;第二,动词 get+及物动词的过去分词。英语的被动句是靠动词的曲折变化实现的;汉语是分析性语言,没有词形变化,因此,汉语的动词也没有被动态,汉语表示被动意义的标志词有"被""受""挨""给""叫""被……所"等。翻译时,可以利用这些标志词,也可以用逆译或增补主语等变通译法。

1. 由助动词 be+及物动词的过去分词构成的被动结构

在这种结构的被动句子中,如果有动作的执行者,一般可以用正常译法或逆译法译出,如果不涉及动作的执行者,可用无主语的译法译出。这一部分包括:限定动词的被动态、情态动词的被动态、非限定动词的被动态、成语的被动态。

(1)be+过去分词构成限定动词的被动态

例1:Over the years, they successfully withstood every challenge to this system by their own government who, in turn, had been frequently urged by foreign governments to reveal information about the financial affairs of certain account holders.

译文:有许多年,他们成功地顶住了政府对这一系统的每一次指责;而政府也曾不断地受到外国政府的敦促,要求披露某些账户持有者财务方面的情况。

例2:These heroes are respected by everybody in the country.

译文:这些英雄人物受到全国人民的尊敬。

例3:Any students wishing to following a program involving a major departure from an approved curriculum must obtain permission from his or her faculty counselor during the junior year in order to assure that such substitutions are well thought out and not carelessly chosen.

译文:任何学生如想攻读某课程而它又与原来核准的课程不甚搭界,都必须在三年级时获得其指导教师的许可,以确保这种更换是经过充分考虑的而不是随意挑选的。

(2)情态动词+be+过去分词

这类被动结构是含有 should、must、can 等情态动词的被动语态。在译成中文时,应将所含情态动词本身的意义译出。

例1:Here the comma mustn't be left out.

译文:这个逗号这里不能省略。

例2:Granted that many animals seem to be highly sensitive to various signals associated with earthquakes, the basic question remains of how this behavior can be put to use in earthquake prediction.

译文:就算许多动物对于与地震相关的各种信号具有高度的敏感性,根本的问题在于怎样才能在地震预报中对此加以运用。

例3:The overseas visitors maybe excused for showing surprise at the number of references to weather that the English make to each other in the course of a single day.

译文:在一天之中,英国人之间提到天气的次数之多,使外国游客感到惊奇,这是可以谅解的。

(3)非限定动词的被动态

这一类的被动语态是指动词的不定式和动名词的被动态。

这两种被动态各有一般形式和完成体形式两种,如:to be done、to have been done、being done、having been done。在译成中文时,应注意不定式或动名词所含有的时间动作发生的时间是否与谓语动词动作发生的时间一致。

例1:One would require more resources to be spent on keeping warm, but because of the differences in their cultures it is hard to say that one standard of living is higher than the other.

译文:其中一个家庭会需要更多的燃料用来取暖。但是,因为他们的文化有差异,所以很难说一家生活水平比另一家高。

例2:Even now we cannot say it is a need in the same sense as food, clothing and shelter. Yet if the vast majority of a country has one, it comes to be accepted as a need.

译文:即使是现在,我们也不能说它(电视机)是具有和衣、食、住同样意义的必需品。然而,如果某个国家的大多数人都有一台电视机,它就被认为是必需品了。

例3:The book is said to have been translated into many languages.

译文:这本书据说已译成好几种语言。

例4:It is agreed that the action being taken is correct.

译文:大家一致同意正在采取的行动是正确的。

(4)英语成语的被动结构

英语中有一些固定的搭配,所表示的意义是固定的,而不是由它的组成词本身意义叠加,这就是我们所说的成语。它可以由"动词+介词""动词+副词""动词+副词+介词""动词+宾语+介词"等构成。

在翻译这类句子时要注意:首先辨认出这些英语以及成语所固有的意义,然后用正确的汉语表达出来。

例1：When building space on the ground becomes scarce, use must be made of the space in the air. (make use of)

译文：平地上的建筑空地越来越少时，就必须充分利用空间。

例2：Traffic jams have to be done away with for cars to move more rapidly. (do away with)

译文：车辆堵塞必须解决，使车辆跑得快些。

例3：It was obvious that the matter had never been paid attention to. (pay attention to)

译文：显然，这件事从来没有得到过重视。

例4：In the large cities of Europe old houses are being torn down to make room for office and apartment buildings.

译文：在欧洲的大城市里，古老的住宅正被拆除，腾出地方以建造办公大楼和公寓大楼。

2. 动词 get+及物动词的过去分词构成的被动结构

与助动词 be+过去分词构成被动语态相比，动词 get+过去分词构成的被动语态用得不太广泛。它常用于口语体和非正式语体，表示突然发生，未曾料到的事件或事故，或者用于表示"最后""终于"出现某种事态或事故。能与 get 搭配构成被动态的过去分词很有限，常见的有：burnt、caught、drowned、engaged、married、hurt、killed、injured 等词。其译法同助动词 be+过去分词构成的被动语态基本一致。

例1：Perhaps the most important difference today is that so many women work, even after they get married.

译文：今天，最显著的不同之处或许是，就业妇女很多，即使结了婚，仍然坚持工作。

例2：The girl got caught in a storm on her way home last night and now she is running a fever.

译文：这个女孩昨晚回家时淋了雨，现在正发着烧。

例3：Bill got thrown out of college for failing his exams.

译文：比尔因考试不及格而被勒令退学。

例4：More and more people in New York are getting attacked in the underground these days.

译文：近来几天，越来越多的纽约人在地铁遭到侵袭。

(二)it+被动态+that 分句构成的被动结构

当人们想有意避免说出动作执行者的时候,往往会采用"it+被动态+that 分句"的结构。翻译时既可以增补"大家""有人"等来表示动作或行为的执行者,也可以用"众所周知""据说""据报道"等不提及执行者的结构。这类被动句在英语中有很多,形成结构相同的套语,如:it is said(有人说,据说)、it is thought(大家认为)、it is agreed(大家同意)、it is believed(据信)等。

例 1:It is claimed that living on an island separated from the rest of Europe has much to do with it.

译文:据说这与该民族居住孤岛,与欧洲大陆隔离很有关系。

例 2:Whatever the reasons it maybe fairly stated that the Englishman has developed many attitudes and habits which distinguish him from other nationalities.

译文:不管是什么原因,人们完全可以这样说,英国人已形成许多不同于其他民族的观念和习惯。

(三)形式主动而意义被动的被动结构

除了上述被称为被动语态的被动结构外,英语中还有一些以主动语态出现而表示被动意义的句子。另外还有一些英语句子,它们以主动语态出现并且表示的也是主动意义,但是在译成汉语时却要用被动句。译成汉语时,应特别注意不同的表达方式。

1. 主语+动词+补语构成的被动结构

主语+动词+补语这一结构通常不涉及主动、被动问题。因为这一句型的谓语一般只表示状态,不表示动作。但是,当这一结构中的补语是某些介词词组或某些表示被动意义的形容词时,这种句型也能表示被动意义。常见的表被动的介词词组有 under arrest(在拘留中)、under consideration(在考虑中)、on trial(被试用)、in sight(被看见)、on sale(出售);常见的形容词主要是以后缀-able 或-ible 结尾的形容词,如 acceptable(可接受的)、available(可得到的)、eatable(可吃的)等。另外,在这一句型中,动词是某些表示感觉的状态动词,如 taste(吃起来)、smell(闻起来)、sound(听起来),以及表示度量的状态动词,如 measure(有……长),weight(有……重)等也含有被动意义。在译成汉语时,应按汉语的习惯或用主动态或用被动态译出。

例 1:This method was found on trial to be practicable.

译文:经过试验发现这种方法是可行的。

例2:Being such a big and obvious target, the Bank has often come under fire.

译文:因为该银行是一个如此庞大而明显的目标,它常常受到攻击和非难。

例3:How does this proposal sound to you?

译文:你觉得这个提议怎样?

例4:It sounds quite all right.

译文:听上去挺不错的。

2. 主语+不及物动词构成的被动结构

不及物动词是没有被动态的,但是,一些不及物动词可以表示被动意义。这类动词有:read(读起来)、sell(有销路)、lock(锁住、锁得上)、catch(被抓住)。翻译时,一般采用主动态。

例1:Mind your hat, it'll blow into the river.

译文:当心你的帽子吹到河里去。

例2:His foot caught on a tree stub.

译文:他的脚被树根绊了一下。

例3:Her letters always read as if she copied them from books.

译文:她的信读起来像是从书上抄下来的。

3. 主语+及物动词+宾语构成的被动结构

有时,及物动词加宾语可以以主动语态结构来表示被动的意义,这涉及少数几个及物动词,如:undergo、suffer 等。

例1:He suffered cruel oppression and exploitation by landlords in the old society.

译文:他在旧社会受到地主的残酷压迫和剥削。

例2:During the Anti-Japanese War, the Chinese army suffered heavy casualties.

译文:在抗日战争期间,中国军队遭受了巨大的损失。

4. 非限定动词结构以主动形式表示被动意义

非限定动词在一定结构中也可以用主动形式表示被动意义。例如:不定式结构作名词修饰语;不定式结构作主语补足语;need、want 等动词后面接动名词;介词worth 后接动名词都可以表示被动意义。翻译时,一般要用主动句。

例1:Is there a house to let?

译文:有房子要出租吗?

例2:In this matter he seems to be in no way to blame.

译文:在这件事情上,看来他没有责任。

例3:It is worthwhile discussing the question again.

译文:这问题值得再讨论一下。

例4:My Goodness! There are so many things to wash!

译文:天啊!这么多的东西要洗!

(四)形式被动而意义主动的结构

某些英语句子,也是以 be 的一种形式+及物动词的过去分词构成的。但是这一结构中的过去分词不是被动态的组成部分,而是作形容词用,充当表语。这一结构中,谓语动词除了 be 和 get 外可以用 become、feel、look、seem、remain 等其他系动词,而且因为这一结构中的过去分词具有形容词的功能,所以可以用 very 等副词修饰,也有比较级形式。这些在被动语态里是不存在的。译成中文时,应注意与被动语态区分开来。

例1:Years ago, he became accustomed to taking a walk every day.

译文:多年前,他养成了每天散步的习惯。

例2:He was more likely to be tired from writing than from traveling.

译文:使他感到疲惫的不是旅游而是写作。

例3:What is good, I suppose, is that many people are concerned about TV's influence and that we have the power to change what we don't like.

译文:我想,有利的方面是许多人对电视的影响感到关切,而且我们有能力改变我们不喜欢的东西。

例4:It is impossible to be detached from reality.

译文:超脱现实是不可能的。

三、省略结构译法

省略是一种避免重复、突出新信息并使上下文紧密连接的语法句段。英语中可以省略的成分有主语、谓语或谓语的一部分、宾语、主语和谓语(或谓语的一部分);另外还有冠词省略和不定式省略等。由于冠词是虚词,不涉及信息的传递,因此可不予考虑。汉语和英语一样,某些成分也可以省略,所以在翻译这类结构的句子时,只要不影响信息的传递,符合汉语的表达习惯,译文中能省略的就省略。

(一)主语的省略

英语的主语在一定的语境下可以省略。一般情况下,这类句子的主语在汉语中也可以省略。

例1:Hope to hear from you soon.

译文:(我)盼你早点来信。

例2:Must be very hot in Hainan Province.

译文:海南省(天气)可能很热。

例3:Haven't seen you for ages!

译文:(我)好久不见(你)了!

(二)谓语或谓语的一部分的省略

英语中经常省掉的是谓语动词或复合谓语的一部分,而这一部分在汉语里是不能省略的,所以在译成中文时,应将所缺部分补上,或用变通的译法译出。如果谓语部分很长,也可省略。

例1:They argue that if they do not develop laser weapons,someone else will.

译文:他们振振有词地说,如果他们不研究激光武器,其他人也会研制的。

例2:Drinking alcohol is not frowned upon in Britain though getting drunk is.

译文:在英国喝烈性酒,别人是不会对你皱眉头的,但是喝醉了别人可会不高兴。

(三)宾语和宾语从句的省略

在一定的语境下,特别是对话中,英语的宾语可以省略。译成中文时,一般也可以省略。

例1:This mango is ripe. I know from its color.

译文:这个杧果熟了。从颜色上就可以看出。

例2:I wonder whether England won the cup. Have you heard?

译文:不知道英格兰是不是得到了奖杯。你听说了吗?

例3:Do you know how I feel now? You can never imagine!

译文:你知道我现在是什么样的感觉吗? 你永远也猜不出!

(四)主语和谓语(或谓语的一部分)的省略

有时,主语和谓语(或谓语的一部分)可以省略,只剩下表语、宾语、状语或其他成分。一般可以用省略句译出。

例1:What a pity you can't go to the concert!

译文:真遗憾你不能去听音乐会。

例2:Anything wrong with you? Your look is pale.

译文:你不舒服吗? 你的脸色很难看。

例3:Better go and see the doctor again.

译文：最好再去看看病。

(五) 不定式的省略

有时为了避免重复，句中的不定式可以省略。译成汉语时，一般要将动词意义译出，或用变通法译出。

例1：You'd better give a performance if comrades should ask you to.

译文：如果同志们要求你表演一个节目，你最好表演一个。

例2：He has hurt his girlfriend though he didn't mean to.

译文：尽管他不是有意地要伤害他的女友，他还是伤害了她。

例3：He says he will come as soon as he has got a chance to.

译文：他说一有机会就来。

(六) 承接省略

在承前句或提出问题，或回答所提出的问题时，英语中常用省略句。译成汉语时，一般要将此部分补充出来。

例1：All of this radioactive matter must be stored in a safe place. But where?

译文：所有这些带有放射性的物质都必须贮藏在安全的地方。但是放在哪里呢？

例2：But is it worth the risks? Maybe.

译文：但是否值得冒此风险呢？也许是值得的。

四、排比结构译法

英语的排比句是一种常用的结构上的修辞格。它的格式是用并列的句子或词组，把两个或更多的事物进行比较，借以突出它们的共同点或不同点。在翻译这类句子时，应尽量保持其原句的风格以达到原句的修辞效果。

例1：One encyclopedia tells us that intelligence is related to the ability to learn, to speed with things are learned, to how well and how long idea are remembered, to the ability to understand those ideas and use them in problem-solving, and to creativity.

译文：有一本百科全书上说，智能涉及学东西的能力和速度，涉及记忆概念的优劣程度及记忆时间的长短，涉及理解这些概念，并用概念解决问题的能力，还涉及创造能力。

例2：George Adams was late coming into this world, he was late being fed with diet, he was late learning to speak, he was late for school habitually from the first day he attended kindergarten, and with very rare exceptions he was late for every appointment of any importance that was ever included in his busy schedule.

译文：乔治·亚当斯来到人世晚，被喂食晚，学说话晚，从他第一天上幼儿园起就一直迟到，在他繁忙的日程上安排的约会，不管其重要性如何，他赴约都晚，准时的时候几乎没有。

例3：They can take short-cuts, make choices, search for and try out different solutions, and change their methods of operation.

译文：它们（人工智能）会走捷径、进行选择、搜寻和试验不同的答案，并改变操作方法等。

例4：Their powers of conversation were considerable. They could describe an entertainment with accuracy, relate an anecdote with humor, and laugh at their acquaintance with spirit.

译文：他们健谈的本领真是吓人，描述起宴会来纤毫入微，讲起故事来风趣横生，讥笑起朋友来也是有声有色。

例5：No one can be perfectly free till all are free; no one can be perfectly moral till all are moral; no one can be perfectly happy till all are happy.

译文：没有一个人能得到完全自由，除非所有的人都得到自由；没有一个人能变得完全高尚，除非所有的人都变得高尚；没有一个人能得到完全幸福，除非所有的人都得到幸福。

第六章
跨文化视角下英汉词汇、句子、语篇的翻译方法

第一节　词汇的翻译方法
第二节　句子的翻译方法
第三节　语篇的翻译方法

英汉翻译技巧是英汉翻译研究的一个重要内容,但目前还没有哪个技巧是完全行之有效的。本节仅介绍目前较为常见的英汉词汇、句子、语篇层面的翻译方法,以期为英汉翻译者的翻译活动提供些许参照。具体采用哪种方法,还需要根据具体情况而定。

第一节　词汇的翻译方法

一、直译法

作为一种非常重要的翻译策略,直译多用于科技资料翻译、外语教学(便于学生了解两种语言结构的差异)以及文学翻译等领域。直译的优势在于能够更为直观地传递原文意义,展示原文的异国情调,再现原文的语言和表达风格。

例1:US uses carrot-and-stick policy for Myanmar.

译文:美国对缅甸采取胡萝卜加大棒式的外交政策。

"胡萝卜加大棒"源自一个古老的故事,即若要使驴子前进,要么在它前面放一个胡萝卜引诱它走,要么用棒子在后面赶着它。这是一种奖惩并用、恩威并施的手段,旨在诱发所希望发生的行为。

例2:时间是一条河,一条留在人们记忆里的河,一条生命的河。(古华《芙蓉镇》)

译文:Time is a river, a river of life, flowing through men's memories.

例3:可能有这样一些共产党人,他们是不曾被拿枪的敌人征服过的,他们在这些敌人面前不愧英雄的称号;但是经不起人们用糖衣裹着的炮弹的攻击,他们在糖弹面前要打败仗。(《毛泽东选集》)

译文:There may be some Communists, who were not conquered by enemies with guns and were worthy of the name of heroes for standing up to these enemies, but who cannot withstand sugar-coated bullets; they will be defeated by sugar-coated bullets.

例4:子曰:"为政以德,譬如北辰,居其所而众星共之。"(孔子《论语》)

译文:The Master said, He who rules by moral force(te) is like the pole-star, which remains in its place while all the lesser stars do homage to it.〔亚瑟·威利(Arther Waley)译〕

例5:孩子们呵着冻得通红,像紫芽姜一般的小手,七八个一齐来塑雪罗汉。(鲁迅《雪》)

第六章 跨文化视角下英汉词汇、句子、语篇的翻译方法

译文:Seven or eight children, who have gathered to build a snow Buddha, are breathing on their little red fingers, frozen like crimson shoots of ginger.

例6:录音机接受了女主人的指令,"叭"地一声,不唱了。(王蒙《春之声》)

译文:On its owner's command, the tape-recorder stopped its song with a click. [杜博尼(Bonnie S. MeDougall)译]

例7:狐狸走开时自言自语地说:"得了,这有什么! 这葡萄是酸的。"

译文:The fox muttered as he retreated:"Well, what does it matter! The grapes are sour."

例8:真相还来不及穿上裤子,谎言已经走遍了半个世界。

译文:A lie goes halfway around the world before truth has time to get its trousers on.

例9:泪眼问花花不语,乱红飞过秋千去。(欧阳修《蝶恋花》)

译文:My tearful eyes ask flowers but they fail to bring
An answer, I seered blossoms fall beyond the swing. (许渊冲译)

例10:敬爱的周总理啊,人民想念您,祖国需要您,我们的党不能没有您!

译文:Oh, our beloved Premier Zhou, our people miss you very much, our motherland is in need of you, and our Party cannot afford to have your departure.

例11:童年啊,你的整个经历,毫无疑问,像航行在春水涨满的河流里的一只小船。(孙犁《铁木前传》)

译文:Ah, childhood, from beginning to end beyond any doubt you are like a small boat navigating the swollen waters of a river in spring. [沙博理(Sidney Shapiro)译]

二、意译法

作为一种不同于直译的翻译策略,意译旨在再现原文的意义及其传递的信息,而不是追求逐字逐句的形式对等。意译主要在源语与目的语之间存在巨大文化差异时应用,其特点是以目的语为导向,使用规范的目的语语言来再现原文的意思。意译注重译文的自然流畅,不强求保留原文的结构及修辞手法。世界各国和各民族在语言、文化、经济制度、社会习俗和生态环境等诸多方面存在着巨大的差异,这使得意译在翻译过程中成为一种不可或缺的策略。

例1:He is past his Jesus year, but has yet to hit his Elvis year.

译文:他已过了33岁,但还不到42岁。

Jesus year 在这里是指耶稣被钉死在十字架上时的年纪,即33岁;而 Elvis 是指

猫王 Elvis Presley,他年仅 42 岁就英年早逝了,所以 Elvis year 在这里是指 42 岁。由于中国文化中没有 Elvis year 和 Jesus year 这类的概念以及相应的表达方式,所以采用意译策略成为唯一的选择。

例2:陈姨太平日总是仗着别人的威势,现在看见克明一走,便好像失了靠山似的,连一句话也不说了。(巴金《家》)

译文:Mistress Chen was a woman with no courage of her own. She relied entirely on other people's power. Keming's departure left her without support, and she was afraid to open her mouth. (沙博理译)

例3:两旁是绿油油的田野,偶然也有土馒头一样的荒坟。(茅盾《子夜》)

译文:On either side of the road stretched vividly green fields, dotted here and there with grave-mounds. (许孟雄译)

例4:写好信发出,他总担心这信像支火箭,到落地时,火已熄了,对方收到的只是一段枯炭。(钱钟书《围城》)

译文:Once he had written and sent a letter off, he would be forever worrying about it, afraid that when it, like a flaring arrow, reached its destination, it would be nothing but dead ashes by the time she received it. [珍妮·凯利(Jeanne Kelly)和茅国权(Nathan K. Mao)译]

例5:你别看我耳朵聋,可我的心并不聋啊!

译文:Although my ears are dull of hearing, my mind is not dull of apprehension.

例6:我娘家姓赵,我小名叫二曼,出嫁了,把名字也嫁掉了,人家叫我阿洪家的。(黎汝青《海岛女民兵》)

My family name is Zhao and my pet name is Erman. When I was married to Ah Hong my name was gone, and I've been called Ah Hong's wife ever since.

例7:那船便将大不安载给了未庄,不到正午,全村的人心就很动摇。(鲁迅《阿Q正传》)

译文:This incident caused great uneasiness in Weizhuang, and before midday the hearts of all the villagers were beating faster. (杨宪益、戴乃迭译)

例8:风乍起,吹皱一池春水。(冯延巳《谒金门》)

译文:The breeze begins to blow, and it ruffles a pool of spring water below. (许渊冲译)

例9:但李诗宛如姑射仙子,有一种落花流水之趣,令人可爱。(沈复《浮生六记》)

译文:But Li Po's poems have the wayward charm of a nymph. His lines come naturally like dropping petals and flowing waters, and are so much lovelier for their spontaneity.（林语堂译）

例10：无论是忙是闲，因为那歌，从她身上总迸出采菊东篱下的悠闲恬淡。

译文:At work or at leisure, her songs always create an aura of an idyllic life she enjoys, unruffled, carefree and in different to fame and gain.

三、音译法

将原文的发音直接转换成译入语中相同或相近的语音，这种方法叫作"音译法"。音译法多用于下列词语的翻译。

1. 翻译专有名词

例如：

Britain 不列颠

Diana 戴安娜

Marseillaise 马塞曲

William 威廉

2. 翻译外来商品

例如：

Coca-Cola 可口可乐

Giant 捷安特

Sprite 雪碧

3. 翻译新词

例如：

club 俱乐部

humor 幽默

morphine 吗啡

四、增词法与减词法

（一）增词法

所谓增词法，是指在原文基础上增加必要的词、词组、分句或完整的句子，以使译文在语义、语法、语言形式上符合译文习惯，在文化背景、词语连贯上与原文一致，使文字更加清楚。通常来说，增词可用于下面几种情况。

▶ 跨文化交际视角下英语翻译研究与实践

1. 因语法需要而增词

例1：Flowers and trees are all over the school campus.

译文：朵朵鲜花、棵棵树木长满了校园。

译文中的"朵朵""棵棵"表示复数概念，这里是根据语法需要而增加的词。

例2：Look before you leap.

译文：三思而后行。

这里的"三思"表示经过多次思考后，再做决定。

例3：The professor had taught the girl to write paper and the girl loved her.

译文：原来教授教会了女孩写论文，所以女孩喜欢她。

该例译文增加了表示过去的时间状语"原来"。

例4：Their host carved, poured, served, cut bread, talked, laughed, proposed health.

译文：主人又是切（肉）啊，又是倒酒啊，又是上菜啊，又是切面包啊，说啊、笑啊、敬酒啊，忙个不停。

该例译文增加了七个"啊"字，表示主人热情好客、忙个不停的场景。

例5：Apart from a brief interlude of peace, the war lasted nine years.

译文：除了一段短暂的和平，那场战争持续了九年。

该例在译文中增加了量词"段"。

例6：The Americans and the Russians have undergone a series of secret consultations.

译文：美俄双方已进行了一系列的秘密磋商。

该例增加了"双方"一词，使语言更加流畅，更符合汉语的表达习惯。

例7：There are tears for his love; joy for his fortune; honor for his valor; death for his ambition.

译文：用眼泪回报他的爱；用欢乐庆贺他的幸运；用荣誉赞美他的勇猛；用死亡遏制他的野心。

该例的原文均省略了"there is(are)"，而译者为了使句子意义更完整，语言更通顺，增加了"用"这一谓语动词。

2. 为意义表达清晰而增词

例1：He was about to become, for lack of anyone or anything better, a very influential intellectual—the wrong man at a wrong place with the wrong idea.

译文：因为找不到比他更好的人，也没有更好的办法，于是，他就要成为一个很有影响的知识分子了，这真是在错误的地方任用错误的人去实行错误的主张。

译文在原文名词词组"the wrong man at a wrong place with the wrong idea"之前增加了动词"在""任用"和"实行",使整个句子更连贯。

例2:The sky is clear blue now. The sun has flung diamonds down on meadow,bank and woods.

译文:此时已是万里蓝天,太阳把颗颗光彩夺目的钻石洒向草原,洒向河岸,洒向树林。

该例在译文中增加了形容词"光彩夺目的",用来修饰钻石。

例3:She is not born for wifing and mothering.

译文:她这个人天生不是做贤妻良母的料。

该例在译文中增加了名词"料"。

例4:His wife thinks that this furniture is too expensive and, moreover looks very ugly.

译文:他妻子认为,这件家具价格昂贵而且外表难看。

例5:Both sides are willing to hold face-to-face talks in order to ease tension.

译文:双方都愿意举行面对面的会谈以缓和紧张局势。

(二)减词法

所谓减词法,是指将原文中需要而译文中不需要的词去掉。减词法一般可以用于以下几种情况。

1. 因语法需要而减词

例1:We live and learn.

译文:活到老,学到老。

该例译文省略了人称代词"we"。

例2:There is a western film in town this week. Have you seen it?

译文:本周城里在上映一部西部片,你看了吗?

该例译文省略了原文中的代词"it"。

例3:He put his hands into his pockets and then shrugged his shoulders.

译文:他把双手放在口袋里,然后耸了耸肩。

该例译文省略了代词"his"。

例4:Early to bed and early to rise is the way to be healthy and wise.

译文:早睡早起使人健康聪明。

该例译文两次省略并列连词"and"。

例5:We knew spring was coming as we had seen a robin.

译文：我们看见了一只知更鸟，知道春天快要到了。

该译文省略了表示原因的连接词"as"。

例6：If winter comes, can spring be far behind?

译文：冬天来了，春天还会远吗？

该例译文省略了表示条件的连接词"if"。

例7：Change one's mind the moment when one sees the new.

译文：见异思迁。

该例译文省略了表示时间的连接词"when"。

例8：He left without saying a word.

译文：他一句话都没说就走了。

当不定冠词表示数量"一"时，译文不可以省略。

2. 因修辞需要而减词

例：Temperatures range from 50℃ in the daytime to -10℃ at night and often it does not rain for a whole year or longer.

译文：昼夜温差很大，白天最高气温高达50℃，夜晚最低则低至-10℃，而且常常一年到头不下雨。

在本例中，"for a whole year or longer"直接译为"一年到头"即可。

第二节 句子的翻译方法

一、从句的翻译

（一）名词性从句

所谓名词性从句，顾名思义就是名词成分用从句来代替，如主语从句、表语从句、宾语从句。

1. 主语从句

主语部分由从句代替。通常从句部分是疑问分句或陈述分句，如果是疑问分句，语序是陈述语序，此时翻译成汉语可按原文的正常顺序。

例1：Whatever form is used by the majority of educated speakers or writers is correct.

虽然这句话的主语表面上看起来是一个特殊疑问句，但在翻译时我们可按陈述语气来对待。应译为"大多数受过教育的人说话和写作所使用的语言形式是正

第六章　跨文化视角下英汉词汇、句子、语篇的翻译方法

确的"。

例2：Where she spends her time is none of your business.

where 引导的从句翻译时可以直接译出。应译为"她去哪消磨时间不关你的事"。

由 it 作形式主语的主语从句，主语从句是否需要提前译，要视情况而定。

例3：It has been estimated that the weight of all the insects destroyed by spiders in Britain in one year would be greater than the total weight of all the human beings in the country.

这句话真正的主语从句过长，所以不提前译，先译 it 作形式主语的部分，it 也没有强调，故无须译出。参考译文为"据估计，在英国，一年中蜘蛛所消灭的害虫的重量要比所有英国人加在一起的体重还要重"。

例4：It is curious to consider the diversity of men's talents, and the causes of their failure or success.

这句话真正的主语从句比较短，所以可以提前翻译。文中没有明确的主语，故 it 需要译出，但没有具体所指，所以可以泛泛地翻译。参考译文为"人各有天分，各人成败的原因也不同。人们对这些问题的思考都透着一分好奇"。

例5：It is more important that each kind of wine should be served at whatever the right temperature was for it.

此句主语从句不提前翻译，it 需要译出。参考译文为"这一点对酒来说更显得重要。每个品种的酒，都应该以合适的温度饮用或储存"。

例6：It is impossible to make more than the wildest guess at how many they kill, but they are hungry creatures, not content with only three meals a day.

此句主语从句提前翻译，it 不需要译出。参考译文为"它们一年中消灭了多少昆虫，我们简直无法猜测，它们是吃不饱的动物，不满足一日三餐"。

2. 宾语从句

由 what、that、how 引导的宾语从句在翻译时不需要改变句序，也就是通常所说的顺译法。

例1：While assembling a new national security team, President George W. Bush is confronting what could become the biggest challenge of his second term.

what 作为疑问词在这不用译出。参考译文为"在组织新的国防班子的时候，小布什总统碰到了他连任以来最棘手的问题"。

例2：No one will deny that what we have been able to do in the past five years is especially striking in view of the crisis which we inherited from the previous government.

译文:没有人能够否认由于前任政府遗留下来的危机,我们在过去5年所能够做的现在已经进行不下去了。

例3:The sagas of these people explain that some of them came from Indonesia about 2000 years ago.

译文:当地人的传说告诉了人们,其中有一部分是约在2000年前从印度尼西亚迁来的。

例4:Other experiments showed that her knees and shoulders had a similar sensitivity.

译文:其他实验表明,她的膝盖和双肩有类似的感觉能力。

例5:I was speaking to her about my aunt, and mentioned that my aunt had been very sad ever since Mary died, and said to her, "Of course, you know how important Mary was to her."

译文:我在对她说我姑妈的情况时提到,我姑妈自从玛丽死后一直非常伤心,所以我对她说:"当然,玛丽对她来说是多么重要。"

3. 表语从句

表语从句的翻译比较简单,一般按照原文的顺序翻译即可。

例1:The result would be that the representation of sensations and memories would be confined to smallish, discrete areas in the left hemisphere, while exactly the same input to a corresponding area of the right side would form a sprawling even impressionistic, pattern of activity.

此句句型复杂,但主体是一个表语从句。

译文:其结果往往是,感知和记忆的表现总是限于左半脑中的较小且离散的区域,而进入右脑的相应区域的完全相同的输入则总是形成一种散开的甚至印象式的活动模式。

例2:The fact, however, remains that, though seemingly a big military power, she is far from invulnerable in her air defence.

译文:然而,现实情况仍旧是,虽然她貌似一个军事强国,她的空防却远不是无懈可击的。

例3:Perhaps the most commonly voiced objection to volunteer participation during the undergraduate years is that it consumes time and energy that the students might otherwise devote to "academic" pursuits.

虽然这句话的主语较长,但仍按原文的顺序来翻译。参考译文为"反对在大学期间参加志愿者服务的最普遍的看法是认为社会服务占去了学生的时间和精力,否则,学生会利用这些时间去做学术研究"。

例4:What we should like to know is whether life originated as the result of some amazing accident or succession of coincidences, or whether it is the normal event for inanimate matter to produce life in due course, when the physical environment is suitable.

这句话的表语从句部分成分复杂,需要注意翻译的顺序。

译文:我们想知道的是生命究竟是起源于某个惊人的事件,或是一系列的巧合呢?还是当自然环境适合,无生命的物质经过相当一段时间就自然而然地产生了生命呢?

例5:The blunt truth of the matter is that human beings are not designed for tasks which require relentless vigilance;for the sophisticated human brain these are boring.

译文:此事说明了一个真切的道理:人类并不是生来就适合做不间断的高度警觉的工作,对于复杂的大脑来说,这些工作太乏味了。

4. 同位语从句

所谓同位语从句,是对句中的名词或代词做出进一步的解释。

例:Furthermore, it is obvious that the strength of a country's economy is directly bound up with the efficiency of its agriculture and industry, and that this in turn rests upon the efforts of scientists and technologists of all kinds.

译文:再者,显而易见的是一个国家的经济实力与其工农业生产效率密切相关,而效率的提高则又有赖于各种科技人员的努力。

(二)定语从句

定语从句也被称为形容词从句,在句中作定语,修饰一个名词或代词,在句法结构上属于次要成分,但由于使用范围很广,因此十分重要。英语中的定语从句主要分为两类:限制性定语从句和非限制性定语从句。汉语中没有类似英语中定语从句的结构,在翻译过程中,要灵活处理、善于变通。灵活处理和善于变通的度也就关乎原文和译文结构调整的量。无论采用何种办法,都要遵循译入语的表达习惯,不断增强译文的可读性。

1. 限制性定语从句

限制性定语从句对所修饰的先行词有限制的作用,两者之间的关系非常紧密,定语从句与先行词之间不用逗号分隔。一般说来,这类句子多采用提前定语从句的方法来翻译。

第一,前置法。前置法是定语从句的常用翻译方法之一,是指在翻译过程中将定语从句调整到中心语的前面,形成汉语中前置定语的结构。前置法通常把原句翻译成"……的……"的偏正结构。

例1:You are the only person that can help me.

译文:你是唯一能帮助我的人。

例2:The question that worries us is how long the water can last.

译文:我们都担心的问题是这些水能维持多久。

例3:Last night I saw a very good movie which was about a lovely Samoyed dog.

译文:昨晚我看了一部关于一只可爱的萨摩耶犬的电影。

例4:A child whose parents are dead is called an orphan.

译文:双亲都死了的孩子叫作孤儿。

一般说来,使用前置法翻译的定语从句具备这样的特点:其定语结构比较简单,字数较少。如果定语从句结构比较复杂,尤其出现较多的修饰成分时,多采用重复后置法来翻译,这样做是为了避免译文冗长杂糅,也符合汉语的表达习惯。

第二,重复后置法。重复后置法是针对那些字数较多、结构较复杂的定语从句的一种有效的翻译方法。所谓重复后置法是指先重复翻译先行词,然后将定语从句译成并列的后置分句,不调整到中心语前面。

例5:A province is composed of cities that are composed of towns.

译文:省是由城市组成的,而城市又是由集镇组成的。

例6:Small wonder then that more scientists are visiting the region to acquire new knowledge which will help us to have a better understanding of the earth as a whole.

译文:难怪现在越来越多的科学家前往该地区以获得新知识,这些知识将有助于我们更好地了解整个世界。

例7:HR Department is an important part of a company that is responsible for the company's personnel management.

译文:人力资源部是公司的重要部门,它负责公司的人事管理。

例8:It is our teacher received the good news that announced the championship of our team.

译文:是我们老师收到了好消息,说我们队赢了。(后置分句省略了先行词)

第三,融合法。融合法是另一种翻译定语从句的方法,是指把主句和从句融合成为一个新的句子。具体来讲,是把英语中的主句处理为汉语中的主语部分,把英语中的定语从句处理为汉语中的谓语部分,构成一个新的汉语句子。这种方法尤其适用于 there be 句型中的定语从句的翻译。

例 1:There is nothing that does not contain contradiction.

译文:没有什么事物是不包含矛盾的。

例 2:There is a boy on the phone who wants to speak to you.

译文:电话里有个男孩要和你说话。

例 3:There are many people who want to see the panda from China.

译文:许多人想看这只来自中国的熊猫。

例 4:The boy who was crying as if his heart would break said that he was very hungry.

译文:那个男孩哭得似乎心都碎了,说他实在是饿极了。

2. 非限制性定语从句

非限制性定语从句与主句的联系相对没有那么紧密,多起解释或补充说明的作用。翻译这类定语从句,也需根据实际情况,采用前置法或重复后置法。

与限制性定语从句有些不同的是,由于非限制性定语从句中主从相对较为独立,因此有时可以采用重复后置法把主句和从句译成两个独立句。

例 1:The Fleher Bridge in Germany, which was opened to traffic at the end of 1979, is a classic example of a cable-stayed bridge.

译文:德国 1979 年底建成通车的佛莱尔大桥是悬索拉桥的典型。

例 2:He liked his younger sister, who was warm and pleasant, but he did not like his elder brother, who was aloof and arrogant.

译文:他喜欢热情活泼的妹妹,而不喜欢冷漠高傲的哥哥。

例 3:The disease AIDS is not the same thing as the AIDS virus HIV, which can lead to the disease.

译文:艾滋病与艾滋病毒不是一回事。艾滋病毒可导致艾滋病。

例 4:Chairman had talked to the CFO Mary, who assured him that the financial problem could be well solved.

译文:董事长和财务总监玛丽谈过话。玛丽向他保证,财务问题会圆满解决。

(三) 状语从句

状语从句的种类有很多,按意义可分为时间状语从句、地点状语从句、原因状语从句、目的状语从句、结果状语从句、条件状语从句、让步状语从句等。不同的类型的从句翻译时也各有特点。

1. 时间状语从句

例1：When I became aware of my imminent mortality, my attitudes changed.

这句话篇幅简短，那么我们可以把状语从句部分译为状语成分。

译文：当我得知自己大限将至以后，我的态度就变了。

例2：As land developed, rain water and rivers dissolved salts and other substances from rocks and carried them to the oceans, making the ocean salty.

译文：在陆地形成时，雨水和河水溶解了岩石中的盐和其他物质并把它们带入海洋，使海水变咸。

2. 原因状语从句

例1：The policies open to developing countries are more limited than for industrialized nations because the poorer economies respond less to changing conditions and administrative control.

这句话包含原因状语从句，既然表原因，就要有类似的关联词。

译文：由于贫穷国家的经济对形势变化的适应能力差一些，政府对这种经济的控制作用也小一些，所以发展中国家所能采取的政策比起工业化国家来就更有局限性。

例2：Besides learning the prescribed textbooks, you are supposed to read more books on your subject in order that you may expand your scope of knowledge.

译文：为了扩大知识面，你们除了学好规定的教材之外，还应该阅读一些与专业相关的书籍。

例3：He says computer manufacturers used to be more worried about electromagnetic interference, so they often put blocks of material inside to absorb stray signals.

译文：他说过去的计算机生产商往往更担心电磁干扰，所以他们常常内置一层材料来吸收杂散信号。

3. 让步状语从句

让步状语从句翻译时最显著的特点就是关联词"虽然、但是、即使"。

例1：Although humans are the most intelligent creature on earth, anything humans can do, nature has already done better and in far, far less space.

译文：虽然人类是地球上最聪明的生物，人能创造一切，但大自然更富于创造性，早已创造出比人类创造的更好更小巧的东西。

4. 条件状语从句

例1：You jump on the bandwagon when you decide to support a candidate because public opinion studies show he is likely to win.

译文:"如果民意调查显示某个候选人很可能会取胜,因此你决定支持他,你就跳上了他的宣传车。

5. 目的状语从句

例1：We do not read history simply for pleasure, but in order that we may discover the laws of political growth and change.

目的状语从句的关联词常用"为了、以免"。

译文：我们阅读历史书籍不仅仅是为了兴趣,而且是为了发现政治发展与变革的规律。

例2：In plucking wild flowers, he always refrained from taking many from one locality, lest the should injure the future growth.

译文：他采野花的时候避免从一个地方采集很多,以免影响花的生长。

二、时态的翻译

众所周知,英语有多个时态,其中一般现在时、现在进行时、现在完成时、一般过去时、过去进行时、过去完成时、一般将来时比较常用。在翻译当中,这些时态的翻译也各有特点。

（一）一般时态（现在、过去）

这两种时态翻译比较简单,一般是按照原文顺序,也无特别明显的标志词。

例1：Farmers and nomadic hunters alike enjoyed gathering around the fire, especially on wintry nights, to hear the tales of the storyteller.

译文：农民们和游猎者都尤其喜欢在寒冬的夜晚,围坐在火堆周围,倾听讲故事的人讲述一个又一个故事。

例2：Although food cooked at home is far more healthful than meals eaten at restaurants, Americans are dining out more than ever, the U. S. Agriculture Department said Tuesday.

译文：据美国农业部星期二称尽管在家煮烧的食物远比餐馆里所用之餐有益于健康,美国人外出用餐仍更频繁。

（二）进行时态（现在、过去）

这两种时态强调"正在",所以在翻译时要注意是否有与此有关的词语。

例1：The gap of income between the wealthiest and the poorest families in the USA is widening though the national economy began to pick up in the 1990s.

译文：尽管20世纪90年代全国经济复苏，美国家庭最富有者和最贫穷者收入之间的差距仍正在继续扩大。

(三)完成时态(现在、过去)

完成时态强调"已经"，在译文中要有所体现。

例1：There has been plenty of publicity about "sudden-wealth syndrome" (also known as "affluenza")—evidence mainly of the fact that comparatively indigent journalists like to write about the new rich having a bad time, despite their fast cars and swanky houses.

译文：关于"暴富综合征"(亦称"富裕病"已经有不少的宣传——其证据主要基于这样一种事实：经济上较为贫困的新闻工作者们愿意写一些关于新贵们日子不好过的消息，尽管他们拥有跑车和豪宅。"

三、被动语态的翻译

英语中被动语态的使用范围很广。在某些文体，如科技、经贸、法律等文体的句子中使用被动句式几乎成为一种惯例。英语常用被动句的原因可以概括为：施事的原因(施事未知而难以言明，施事从上下文中可以不言自明，施事不如受事重要，或受事需要强调)、句法的要求(英语重形合，注重句法结构和表达形式)、修辞的考虑(被动句表达方式灵活多变，避免句型单调，取得较好的修辞效果)、文体的需要(某些文体倾向于使用被动句，如科技、法律、经贸等)。英语常用结构被动式，少用意义被动式。而汉语则多用意义被动式，少用结构被动式。

与英语相比，汉语中被动句的使用要少见得多。但在汉语句子中，大多数被动意义不用"被字式"，即不用如英语中的结构被动式，而用意义被动式。例如"该方案制定好了"就应译为"The proposal has been made"。汉语句子为意义被动式，而英语译文则为结构被动式。在英译汉中，把英语被动句译成汉语主动句还是译成汉语被动句，取决于哪一种结构更符合汉语的表达习惯。

(一)被动句翻译成主动句

(1)英语的被动句可以翻译成汉语的主动句，在这种情况下，可以保留原主语。

例1：Many basins were formed by the subsidence of the earth's crust.

译文：许多盆地都是因地壳陷落而形成的。

例2：He was choked with anger.

译文：他气得说不出话来。

(2)有些英语的被动句可以译成汉语的无主句。

例1：That person was never remembered again.

译文：后来再也没有谁想起那个人。

例2：The economic reforms must be carried through to the end.

译文：必须把经济改革进行到底。

(二)被动句翻译成被动句

英语的被动句也可以翻译成汉语的被动句，但汉语中常借用以下一些字来表示被动"被""紧""遭(受)""为""由""挨"等。

例1：That doctor was beaten by a patient.

译文：那个医生被一个病人打了。

例2：My pens hidden in the drawer have been taken up by others.

译文：我藏在抽屉里的笔都被别人拿走了。

例3：This distinguished guest was given a warm welcome.

译文：这位贵宾受到了热烈欢迎。

例4：That girl was so moved by the boy's words and accepted his proposal.

译文：那个女孩为男孩的话深深感动，接受了他的求婚。

例5：The lake is fed by several small streams.

译文：这湖是由几条小溪的水汇聚而成的。

例6：Mary was severely criticized by her teacher for her laziness.

译文：由于懒惰，玛丽挨了老师的狠批。

(三)it 作为形式主语的句子翻译

有一类以 it 作为形式主语的英语句子，在译文中常要改成主动形式：

It is hoped that…希望……

It is reported that…据报……

It is said that…据说……

It may he said without fear of exaggeration that…可以毫不夸张地说……

It must be admitted that…必须承认……

It must be pointed out that…必须指出……

It will be seen from this that…由此可见……

It is asserted that…有人主张……

It is believed that…有人相信(认为)……

It is generally considered that…大家认为……

It is well known that…大家知道……(众所周知……)

It will be said that…有人会说……

It was told that…有人曾经说……

(四)借助合适状语充当句子主语

有些被动语态的句子如果有合适的状语,可以借用来充当汉译后句子的主语。

例1:Many agricultural workers have been trained in the county.

译文:这个县已经培养了许多农业技术员。

例2:A photo was hung on the wall.

译文:墙上挂了一张照片。

第三节 语篇的翻译方法

一、段内衔接

由于英汉语言之间的差异性,所以译者不能对原文段落中的句子进行死译,否则会造成文章的逻辑线索或脉络不清晰,译文犹如断线残珠,四下散落。每一个连贯的语篇都有其内在的逻辑结构。因此,译者在翻译时也需要对语篇脉络进行分析,将语篇中的概念连接整合,进而使译文能够逻辑清晰、顺序明确。在具体的语篇翻译过程中,译者可以选择不同的技巧处理其内部的衔接和整合。

(一)替代与重复的译法

英语段落一般依靠词语的替代来进行句子与句子之间的呼应,即使用代词、同义词、近义词以及代替句型等来替换前文出现过的词语。而在汉语句子中,句与句之间的呼应往往由重复的词语来完成。因此,在英译汉时,译者应对原文中替代的部分采用重复的手法来翻译,即通过重复实现译文的段内衔接。

例:Wrought iron is almost pure iron. It is not frequently found in the school shop because of its high cost. It forges well, can easily be bent hot or cold, and can be welded.

译文:熟铁几乎就是纯铁。熟铁在校办工厂里不太常见,因为价格很贵。熟铁好锻,很容易热弯和冷弯,还能够焊接。

在该例的原文中,代词"it"替代了"wrought iron",实现了句子之间的衔接。在译文中,译者通过重复的手法来进行句子之间的衔接,即重复使用"熟铁"这一词语。

(二)连接性词语或词组的译法

在对篇章结构梳理的过程中,译者会发现很多连接性词语或词组。对具有连接作用的词语和词组的分析可以更好地理顺文章脉络,所以掌握这些词语和词组的译法非常有必要。英语中包含大量的连接词或词组。

(1)表示举例或特指的 for example、for instance、in particular、specially 等。

(2)表示转折的 but、however、nevertheless 等。

(3)表示频率的 often、frequently、day after day 等。

(4)表示方向的 forwards、backwards、in front of、behind 等。

英语通过这些连接词或词组的使用来实现段内或段落之间的衔接与连贯。对于这些词的译法并没有统一的标准,有时会出现一词多译的现象,翻译时译者要根据上下文以及译入语的表达习惯进行灵活翻译。

例:I woke up the next morning, thinking about those words-immensely proud to realize that not only had I written so much at one time, but I'd written words that I never knew were in the world. Moreover, with a little effort, I also could remember what many of these words meant. I reviewed the words whose meaning didn't remember. Funny thing, from the dictionary first page right now, that "aardvark" springs to my mind. The dictionary had a picture of it, a long-tailed, long-eared, burrowing African mammal, which lives off termites caught by sticking out its tongue as an anteater does for ants.

译文:第二天早晨醒来时,我还在想那些单词。我自豪地发现不仅自己一下子写了这么多,而且以前我从来不知道世界上存在着这些词。并且,稍加努力,我也能记住许多单词的意思。随后,我复习了那些我忘记的生词。有趣的是,就在此刻,字典第一页上的一个单词 aardvark(土豚)跃入了我的脑中。字典上有它的插图,是一种生长在非洲的长尾、长耳的穴居哺乳动物,以食白蚁为生,像大食蚁兽一样伸出舌头捕食蚂蚁。

(三)省略部分的译法

省略现象在英汉语言中都很常见。通常情况下,英语按语法形式进行省略,如省略名词、动词、表语、主谓一致时的主语或谓语等。而汉语往往按上下文的意义进行省略,包括省略主语、谓语、动词、关联词、中心语和领属词等。

相对于英语而言,汉语的省略现象非常普遍,且其省略标准也很复杂,不易掌握。汉语中的一些省略现象实际上并不能算是省略,如果将其"省略"的部分补上,语句反而会显得别扭,但是在汉译英时一般要将这些省略部分补上。由于英语属于重形合的语言,而汉语属于重意合的语言,所以从英汉对比的角度来看,英译汉时,许多英语原文中省略的部分在相应汉语译文中不能省略。

例:A man may usually be known by the books he reads as well as…by the company he keeps;for there is a companionship of books as well as…of men;and one should always live in the best company,whether it be…of book or…of men.

译文:看一个人读些什么书就可以知道他的为人,就像看他同什么人交往就可以知道他的为人一样,因为有人以人为伴,也有人以书为伴。无论是书友还是朋友,我们都应该以最好的为伴。

该例原文中共有四处省略现象。第一处省略了谓语"be known",第二处省略了名词短语"a companionship",第三处和第四处省略了名词短语"the best company"。总的来说,这些省略均是语法层面的省略。汉语译文中将这些省略部分都补充了出来,使译文读起来更通顺、流畅。

二、段际连贯

语言片段以语篇意向为主线所形成的语义上、逻辑上的连贯性称作"段际连贯"。同段内衔接一样,段际连贯也可以通过替代、重复、连接词的使用、省略等手段来实现,也可以通过一定的时空、逻辑关系的贯通来实现。因此,译者在翻译的过程中,必须把每个词、每句话都放在语篇语境中去考虑,正确推断上下文的逻辑关系,领会作者的意图,适当遣词,从而保证译文的意思清晰、明了。

例1:

When I first started to look into the origins of the symbol, I asked a Turk about the history of their flag…

As an explanation, however, this is at odds with astronomical data…

The rejection of this hypothesis on astronomical grounds is strongly supported by historical information that…

Going back in time, the next set of three hypotheses involves the fall of Constantinople on 29 May 1453…

The astronomical explanation associating the star and crescent with the fall of

第六章 跨文化视角下英汉词汇、句子、语篇的翻译方法

Constantinople must all be wrong. But there is also strong evidence for the use of the symbol throughout the Middle East at least as far back as the founding of Islam. For example…

译文：

我在开始研究星月图案起源的时候就曾问过一个土耳其的学生，他们国旗上星月图案的由来……

但是，这位学生的说法和天文资料的记载不太一样。据天文资料记载……从这一资料的记载可以断定，这位土耳其学生的说法不成立……

从历史来看，人们对星月图案还有三种说法，并均与1453年5月29日君士坦丁堡的陷落有关……

将星月图案的出现与君士坦丁堡的陷落联系在一起就是牵强附会。有确凿的证据表示：星月图案在整个中东地区的出现至少能追溯到伊斯兰教诞生之前。例如……

该例原文中使用了替代的手法来实现各段之间的衔接，如用"the symbol"替代"the star and crescent"，用"this、this hypothesis"替代"the origins of the symbol"。其译文主要是靠重复的手段实现文章的连贯。

需要指出的是，翻译时为了使译文条理更清晰，易于译入语读者理解，译者需要改变原文的结构形式，对原文的段落进行适度的拆分与合并。

例2：

He was a little man, barely five feet tall, with a narrow chest and one shoulder higher than the other, and he was thin almost to emaciation. He had a crooked nose, but a fine brow and his colour was fresh. His eyes, though small, were blue, lively and penetrating. He was natty in his dress. He wore a small blond wig, a black tie, and a shirt with ruffles round the throat and wrists; a coat breeches and waistcoat of fine cloth, gray silk stockings and shoes with silver buckles. He carried his three-cornered hat under his arm and in his hand a gold-headed cane. He walked everyday, rain or fine, for exactly one hour, but if the weather was threatening, his servant walked behind him with a big umbrella.

译文：

他个头短小，长不过五尺，瘦骨伶仃，身板细窄，且一肩高一肩低。他长着一副鹰钩鼻子，眉目还算清秀，气色也还好，一双蓝眼睛不大，却迥然有神。他头戴金色发套，衣着非常整洁：皱边的白衬衣配一条黑色领带，质地讲究的马甲外配笔挺的

套装,脚着深色丝袜和带银扣的皮鞋。他腋下夹着三角帽,手上挂根金头拐杖,天天散步一小时,风雨无阻。当然落雨下雪时自有仆人亦步亦趋,为他撑伞。

在翻译该语段时,如果译者不能对原文重新进行分段整合,那么译文的条理就会非常混乱,会阻碍读者对原文的理解。基于此,译者对原文进行了适当的分段处理,将"他"的外貌描写作为一段,将"他"的行为描写作为另一段,这样就可以使译文的层次更分明,条理更清楚。

三、语域一致

语域即语言因使用的场合、交际关系、目的等的不同而产生的语言变体,其主要涉及口头语与书面语、正式用语与非正式用语、礼貌用语与非礼貌用语等方面。

语域是篇章翻译中不可或缺的一个内容,一篇好的译文既要将原文的意义准确、完整地译出来,又要恰当地再现原文的语域特点。例如,给不同的人写信,语气就不相同,所以写信人与收信人的亲疏关系就可以从信的字里行间透露出来。因此,译者在翻译过程中应该了解与把握这种语域区别,以便准确地再现原文的意图。

例1:

Dear Peter,

Sorry to trouble you, but I've got a bit of a problem with that necklace I lost. They've found it but don't want to send it back—they expect me to come and pick it if I please! I've written to their head office in London, but do you think there would be any chance of your picking it up for me next time you're in Brighton on business? If you can do it, phone me in advance so that I can authorize them to give it to you. You'd think it was the Crown Jewels, the way they're carrying on!

Best wishes, Mary

译文:

亲爱的彼得:

麻烦你一件事,我遗失的项链出了个小问题。他们已经找到,但不愿寄给我——让我自己去取,竟有这事!我已经写信到伦敦总店,但不知你下次到布莱顿出差时是否可以帮我代取一下?如可行,提前给我个电话,我好授权让他们交给你。他们煞有介事,你准以为是凤冠霞帔呢!

安好,玛丽

该信函使用了非正式的格式,语气平易亲切,句法口语化,简单易懂。由此可

第六章 跨文化视角下英汉词汇、句子、语篇的翻译方法

见,这封信是写给朋友的。因而,译文中也使用了口语化的语言,以实现原文的表达效果。

如果原文是正式的公函,那么在翻译时就要使用正式的语言表达方式。

例2:

Dear Sirs,

You will be interested to hear that we have recently developed a new kind of bicycle, which is selling very strongly on the home market.

Because of its success in this country, we thought there might be sales potential abroad, and we would welcome your advice as to whether, in your opinion, there is a market in your district.

If you agree, we shall be glad to supply you with our samples for you to show to customers. You will find enclosed an order form in case you wish to make an immediate order.

We look forward to hearing from you soon.

Yours faithfully

译文:

敬启者:

相信您会有兴趣了解我们近期开发的新型自行车,这种新型自行车目前在国内市场上极为畅销。

由于国内市场的成功,我们认为它在国外市场亦具有销售潜力。我们想要知道您认为此项产品在贵区域是否会有良好的销路。

如果贵公司同意,我们很高兴提供样品,以便于您向顾客展示。若是您愿意立即订购,请利用随函所附的订购单。

期盼您的快速回音。

敬上

这是一篇正式的商务公函,所以译文也采用了正式的措辞方式,以准确传达原文的语气。

通过上面的分析可以得知,在具体的语篇翻译实践过程中,译者既要强调英汉两种语言在句式和篇章结构等方面的差异,又要注意对文章中字、词、句的翻译,从整体上把握语篇的连贯性和语域等问题。这样两手兼顾,才能翻译出符合译入语语言习惯的译文。

第七章
跨文化视角下英汉语篇文体翻译

第一节　文学文体
第二节　应用文体
第三节　公文文体

第一节　文学文体

一、文学文体概述

一般来讲,文学语言是指文学作品的语言。文学是社会意识形态之一,是一种艺术表现。它能够用语言塑造形象以反映社会生活、表达作者的思想感情,是借助形象表现客观世界的语言艺术。文学作品不同于一般语言的地方就是文学语言是塑造文学形象、表达作品主题的工具。语言是交际的工具,具有说明事物、交流思想、表达感情、传递信息等功能。文学语言具有语言作为社会交际工具的一般性质与作用。从这一点上说,文学语言具有语言学的普遍特征。但是,作为文学创作的工具,文学语言可以通过形象的作用表达层次丰富的意义,产生艺术的美感。文学语言的这种特殊性质决定了它也属于美学的范畴。文学语言作为社会交际工具所表达的意义往往流于字面,溢于言表,是全民语言所共有的语义,可以凭借社会文化环境、按照逻辑推理的方法加以了解,但是属于艺术范畴的文学语言所表达的意义则可能藏于字里行间,蕴于语言深层。一部作品的特有意义,往往不能按约定俗成的规则加以了解,需要通过对作家个人风格和作品特殊语境的探讨才能把握。

二、文学文体特点

(一)前景化与语言形式

文学语言与非文学语言的差别,在很大程度上取决于语言的音位结构、语法结构和语义结构在某些方面突出的或者说是前景化的用法。

(二)本义的语言与比喻的语言

我们以 tree(树)为例。其本义是指一种有(树)干、枝杈、(树)皮和叶子的高大植物。但在 a family tree(家谱)中,tree 指的就不是"有(树)干、枝杈、(树)皮和叶子的高大植物",而是指动物(包括人类)的家族谱系。这种意义是 tree 的比喻义。

tree 指植物形体的本义与指动物家族谱系的比喻义有一定的相似特征,从图形来看,家族谱系图与树的形体看起来很相似:二者都是一种有机生长的过程,所以我们使用同一个词(tree)来指这两种不同的事物。文学语言习惯运用词的这种比喻意义,常见的比喻手法有明喻、暗喻、提喻、转喻等。

三、文学文体翻译注意事项

在文学文体的翻译中,汉语有别于英语的一个特点是它多用短句、短语,少用关联词语,重意合,译者必须发掘自己的形象思维能力,注重形容词的翻译技巧。需要叙事时,动词就显得很重要,而在描写时,形容词就变得很关键。

(一) 概述

英语句子以主句的主干,即主语、谓语、宾语为中心,能够叠加多种形式的从属成分,如短语、从句等,形成明显的形式结构。汉语形式结构就不那么明显,它主要靠小句的串接、意义的连贯来组句,这在文学文体中尤为突出。因此,英译汉时就会经历一种从形合结构向意合结构转化的趋势。这种趋势常体现在两个方面:一是把英语句子拆开,成为两个、三个句子,二是把英语从属成分译为汉语小句,成为小句串接的意合结构。

例1:It seemed inconceivable that the pilot could have survived the crash.

译文:飞行员在飞机坠毁之后,竟然还能活着,这看来是不可思议的。(从句变小句)

例2:A man of less courage would not have dared to work inside enemy headquarters.

译文:如果换一个勇气不足的人,也不敢在敌人的大本营工作。(名词短语变小句)

例3:They were perilously close to the edge of the precipice.

译文:他们离悬崖边很近,情况十分危险。(副词变小句)

例4:When they had been married a year, they had a fine son with dark curls and golden skin.

译文:夫妻俩结婚一载,生下一个漂亮的儿子。他有着一头乌黑卷曲的美发,皮肤金光透亮。(介词短语变小句)

例5:I spent the next hour chasing, squawking chickens all over the yard.

译文:我赶了一个小时的鸡,那些鸡满院子乱飞乱叫。(分词短语变小句)

(二) 时间序列

在翻译含有叙述动作、事件的句子时,汉语的一个原则就是按自然时间顺序将小句排列成句,这样比较符合汉语的习惯,使行文层次清晰,叙述流畅。

例1:One of the gunman's first victims was an elderly man who was struck by the truck and shot in the head as he attempted to get up.

译文:在最先受害的人中有一位老人。他被卡车撞倒在地,正要站起来,歹徒朝他头部开了一枪。

例 2:James Brindley started his self-made career in 1733 by working at mill wheels, at the age of 17, having been born poor in village.

译文:詹姆斯·布林德雷出身于一个贫苦的农村家庭。1773 年他才 17 岁,就着手改良磨坊的车轮,从而开始了他那自我奋斗的生涯。(先"出生"后"做事")

(三)叙事和描写的分立

例 1:Lulled by the gentle motion and soothed by the rippling music of the waves, the babies soon fell asleep.

译文:船儿轻轻摇荡,波声潺潺悦耳,孩子们不久就睡着了。

例 2:There was a troubled frown on his weather-beaten face, which had been disfigured by scars from a highway accident in which Rosalie's parents had been killed.

译文:他心事重重,双眉紧锁,饱经风霜的脸上疤痕累累,显得很难看。这伤疤是一次车祸留下的,罗莎丽小姐的双亲就死于那次事故。

(四)形象化语言及形象思维

有时将英语的形象化语言直接译出来会违背汉语的形象定式,这时就需要转换形象,甚至需要牺牲形象。

例 1:I should rather say not! In that connection hope is as dead as a door-nail.

译文:我看没有希望!在这方面,希望已如石沉大海。

例 2:You are always shoving it down my throat that you're the one with the job, but it's not so wonderful. I'm working far harder than you.

译文:你总是强迫我相信你工作干得非常出色,其实却没什么了不起。我干活比你勤快得多。

(五)形容词的翻译

两个或两个以上的形容词作定语或表语,翻译时要照顾到汉语的习惯,既要准确,又要顺畅。

例 1:To have parents, as you have…kind, rich, affectionate parents, who give you everything you ask for…

译文:像你这样父母双全才好呢!他们又慈爱、又有钱、又疼你。你要什么就有什么……(加连词)

例2：That altered,frightened,fat face,told his secret enough.

译文：他的胖脸蛋吓得走了样子，一看就知道他在想什么了。（分开）

例3：I looked up from the exercise books of my young pupils, which I was just correcting, into the lined, kind face of a little lay sister.

译文：我放下正在批改的那些小学生作业本，抬头一看，原来是个打杂的修女，她个子矮小、满脸皱纹、和蔼可亲。

例4：Dawn met him well along the way. It was a pleasant uneventful ride.

译文：在东方欲晓的时候，他早已走了一大段路了。这次旅行是愉快的，没有碰到意外事件。

第二节　应用文体

一、应用文体概述

应用英语不是一种统一的文体类别，它的体式最为驳杂。举凡公函、书信、通知、请柬、启事、通告、海报、广告、单据、契约、合同以及迎送辞、协议书、备忘录、商品说明书等都属于应用文之列。

二、应用文体特点

（一）信息性

各类应用文都有一定的写作目的，所以有别于文学创作，主要内容都是为了传递信息，功能性强。广告、证明等都具备目的明确、信息性强的特点。

（二）语言简练

应用文的内容针对性强，与实际生活息息相关，具有"实用"的特点，因此，应用文的语言简练，直截了当，条理也很清楚。对于公函、海报等这一类型的应用文，文章结构应该紧凑，内容简洁明了，没有不必要的细节和无价值的信息。

（三）规范性

很多应用文都有自己固定的写作模式，无论在选词还是在布局上都有一套约定俗成的写作模式。规范的格式是其文体特征中不可分割的组成部分，也是体现应用文主体功能的手段。

三、应用文体翻译注意事项

(一)特殊文体的措辞

各种文体都有一些各自常用的词语,这既包括专业术语,也包括专业术语以外的一些体现文体特色的词语。由于应用文的特殊文体形式,译者如不了解其背景知识和专业知识,在翻译中不能把握一些规范用语,那么就阻碍了语言接受者的理解。这就要求译者熟悉相关措辞,准确理解文体信息。

近些年,申请出国留学的学生越来越多,在翻译他们的申请信时,进入中学学习应译为 to enter school,进行大学以上学历的学习应译为 to be enrolled in,中学毕业应译为 to finish school,大学毕业应译为 to graduate。证书翻译中,"颁发"用 to be awarded 一词,"特发此证"可用 to be granted 一词。

在翻译非正式邀请信时,最值得注意的是措辞问题。此类信件通常是写给亲朋好友的,所用的语言往往不很正式,非常口语化,在翻译时就要体现出来。如"您能……吗"常用 Would you…,"真希望您能来"译为 We do wish you would becoming 或 We do hope you will becoming。

感谢信是社交书信中常见的一种形式,翻译时措辞要真诚,语气要谦恭有礼。如"希望能有机会报答您的美意"可译为 I hope that I may have the opportunity someday to return your kindness。

在翻译祝贺信或贺卡时,措辞要亲切热情,字里行间充满美好而真诚的祝福。如"深深地祝愿您生日快乐,长寿绵绵"可译为 A very very happy birthday and many many returns of this happy day to you。"祝福你们天长地久,美满幸福"可译为 Wishing you along and happy and prosperous life together。

(二)特殊文体的句式结构

不同的文体,其句式也有不同之处。译者应采用已有的句式,遵循特殊写作规范,创作出地道的翻译。

贺卡常用的句式:

(1) This is to wish you…愿你…… ;

(2) With kindest regards to…"谨向你们致以……";

(3) Kindly pass my wishes to…"请把我的祝福转达给……"。

证明书常用格式有:

(1) This is to certify that…"兹证明……";

（2）It is hereby certified that…"特此证明……";

（3）This is a letter of intention to indicate that…"本信意在证明……"。

例如下面这份学位证明：

李明，男，生于1995年9月，北京人，在2014年至2018年期间完成物理系所有规定课程，成绩合格，特于2018年6月向其颁发毕业证书。

这份证明翻译成英文时就可套用 This is to certify that…awarded this certificate 这样的框形结构：

This is to certify that Li Ming, male, born in September 1995, native of Beijing, having in the years 2014 to 2018 satisfied the requirements of Physics Department, was in June, 2018 awarded this certificate.

在社交书信中，邀请信或请柬是比较重要的一种，一般有正式和非正式两种，正式请柬格式严谨，有固定程式，一般用第三人称书写。中英文邀请信有相似的措辞方式和句式结构，但格式差别很大。英文格式为分段式，邀请人、被邀请人、目的、活动内容、时间、地点等组成要素各占一行，使人一目了然。

例1：Dr. and Mrs. Tomas Robert request the pleasure of Mr. and Mrs. Rojam Clark's company at dinner on Thursday, September the twentieth at eight o'clock to meet Mr. John Oven 100 North Avenue.

译文：为了欢迎约翰·欧文先生，托马斯·罗伯特博士暨夫人荣幸地邀请罗杰·克拉克先生暨夫人出席于9月20日星期四晚8点在北大街100号举行的晚餐。

那么，对于正式的邀请信，受邀请者接受邀请或因其他原因不能赴约，也要用同样的写作格式答复。

例2：Owing to Mr. Clark's absence from town on business, Mrs. Frank Clark regrets that she is unable to accept Dr. and Mrs. Tomas Robert's kind invitation on Thursday, September the twentieth.

译文：兹因克拉克先生因公出差，弗兰克·克拉克夫人歉告她无法接受托马斯·罗伯特博士暨夫人定于9月20日星期四赴约的盛情邀请。

（三）根据文体要求删减与改写

删减和改写在应用文的翻译中常常是必须借助的手段，否则可能会对实现译文预期目的不利。由于这类语篇的特殊功能及该语篇类型的语言和结构形式明显受特定文化制约的特点，译者在翻译时应根据译文预期目的或功能，使用符合译语文化观念和语言结构模式的表达方式，使译文语言对接受者发挥良好的影响力。

这就要求译者在必要时使用删减和改写等手段进行翻译处理。

在中文的求职申请信中，除了申请的职位和个人信息外，求职人往往还会写"本人为人诚实可靠，而且工作踏实。我相信我一定能够胜任这个工作"等主观评价的句子。在英文求职信中，一般只是对个人教育背景、工作经历和能力的客观描述，不掺杂主观评价。这时，中文求职申请书中的主观评价在翻译成英文时就可以删减掉，以符合译入语的习惯表达模式。

再如这样一封中文留学申请信：

我叫王明，生于1992年，现年31岁。我于2010年被××大学外国语言文学系录取并开始了我那难忘的大学生活。在四年学习期间，我一直是班长，而且所学各科成绩均好。2014年从××大学毕业后，我从事过不少工作，如翻译、编辑、教师等，但我发现我对语言教学越来越感兴趣。我现已通过由教育部举办的一项考试，由此取得了前往贵国学习的政府资助。

我希望进入贵校学习教学法这门课程。

我在××大学各门学科的成绩单和三位教授分别写的推荐信将由该大学直接寄给你们。

我希望录取信能及时寄来。

在中文申请信中，申请人在信的开头会罗列很多个人信息和情况，而把申请目的放在信件结尾处，这样的信件翻译成英文，就要进行适当的删减与改写，把内容重新调整、删减，以符合英文申请信的表达习惯。在英文申请信中，内容的顺序为最主要目的、相关信息、其他信息（可省略）。

英文申请信内容如下：

I wish to enter your university to take courses in Teaching Methods.

I was born in 1992. In 2010 I was enrolled in the department of Foreign Languages and Literature of ×× University. During my four academic years, I made good grades on all courses. After my graduation from ×× University in 2014, I found my interests tending more and more towards language teaching. Now I have passed an examination sponsored by the Ministry of Education for governmental scholarship which will enable me to further my academic study in your country.

A transcript record of all the courses I completed at ×× University and three letters of recommendation will be sent to you directly by the University.

I wish a letter of admission would be issued to me in due time.

比较汉英两个文本不难发现，申请目的"我希望进入贵校学习教学法这门课程"被编辑到英文信件的开头,而中文信件里"现年31岁""一直是班长""从事过不少工作,如翻译、编辑、教师等"这些与申请目的无关且不符合译入语读者欣赏习惯的描述则在英文信件中被删除,以提高译文的可读性。

总之,对于应用文这种实用性强、特点突出的文体,翻译时只有把握了其特有的文体特征,掌握了它的词语搭配和句法以及根据不同交际目的、场合和对象组句谋篇的技能,做到句子衔接、语意连贯、文体适切,才能达到语言的交际目的。

第三节 公文文体

一、公文文体概述

随着社会和经济的发展,各种形式的公文成了传达贯彻方针政策和有关指令、沟通上下级机关、发布法规和规章、沟通机关之间的横向联系、教育干部和群众以及印证有关事实不可缺少的方式。随着社会的发展以及国际交往的频繁,公文文体的翻译也得到了越来越多的重视。

公文是党政机关、企事业单位、法定团体等组织在公务活动中为行使职权、实施管理而撰写的具有法定效用和规范体式的文件,包括各种公告、宣言、规定、法令、通告、启事及各种法律文书。所谓公文的文体,是指该公文的语文体式。

公文是政府内部,企业、机构之间交流正式信息的一种正式文体,公文的功能在于能够跨越时空的限制,有效地传递公务活动所需的信息,其本质属性就是它的现实执行性,亦即它的现行效用。

二、公文文体特点

首先,为了使公文发布者的立场、观点,或者规定得到准确表达,为了使公文执行者和接受者不对公文的理解产生歧义,公文文体的用词一般清晰、准确,力求避免模棱两可的公文,不能像文学作品那样,含蓄隐晦、深藏不露,更不能含糊不清、意向不明。它要求清楚、明白,无论赞成或反对什么、提倡或禁止什么、肯定或否定什么,都要非常确切地表述和说明,使人心领神会,一目了然。

其次,由于公文的正式性和严肃性,公文文体一般使用正式的书面语体,用词正式,避免使用俚语、俗语。而且为了使公文简洁、明确,公文文体的行文一般比较严谨,句式紧凑,避免使用不必要的修饰语、华丽而不易懂的辞藻以及过多的插入语。

最后,为了使公文能够有条不紊地、准确地被执行,使执行者一看公文就清楚地知道该做什么事以及怎么做,标准化、规范化的公文格式是不可少的。因此,公文文体一般具有规范的文体、结构、格式。

三、公文文体翻译注意事项

首先尽量做到用词正式,句式紧凑,意思表达准确、无歧义。同时,由于表达某些特殊感情的要求,内容中会有一些词汇反复出现,这些词语词形十分具体和固定,词的意思也十分固定,常常被用于一定的工作范围之内,可能仅被一部分人所熟知,被称为公文专用词语。由于公文所涉及的专业广泛,不同专业都有专业术语,译者在翻译公文的时候要注意理解其中的公文专用词语和专业术语,必要时要向专业人士请教。

其次,各种公文都有其固定的格式和体例,为了充分地理解公文的含义,译者在翻译的时候要注意了解其格式和体例,并在译文中保留原公文的格式和体例,以反映其原貌。公文翻译要保持用词的一致性,即一个词不论在文中出现多少次,都必须使用相同的翻译,否则容易造成混乱和误解。

最后,英语公文文体经常喜欢使用结构复杂的长句,译者在翻译的时候要注意反复阅读,耐心分析句子结构,理出文章的脉络和层次,正确理解原文。

第八章
跨文化视角下英汉修辞格的翻译方法

第一节　修辞格的概述
第二节　常见修辞格的翻译运用

第一节　修辞格的概述

一、修辞格的含义

在英语中修辞是指 The art of using words in speaking or writing so as to persuade or influence others，即在演讲或写作中为说服或影响别人而使用的词的艺术。

在古代西方，演讲人为了吸引听众而讲究用词艺术，以提高演讲的效果，这种演讲的传统自古传今。在诗学及修辞学中，西方人明确提出了比喻等修辞手段和风格的概念。

二、修辞格的发展

西方的古代哲学家、语言学家，尤其是近现代的哲学家、语言学家都从各自的研究领域或方向对语言的修辞给予了一定的阐述，或将其意思隐含在其表述中。例如，英国哲学家奥斯汀（Austin）创立的言语行为理论中有一条是言外行为，它是指以言行事，即表明说话是为了达到影响他人或约束自己的目的；美国哲学家格莱斯（Grice）创立的合作原则中有一条准则是关联准则，它要求说话人语言要贴切；美国语言学家派克（K. L. Pike）从语调的意义出发将说话人在词义之外对话语所加的态度和感情看作修饰句子或短语的词汇意义等。国内的一些学者也从不同的角度对修辞的特性进行了阐述，如修辞是言语行为，言语行为的目的是交流，交流是为了信息和情感的互动，互动就是在平等的基础上的沟通，沟通就要对话。吕熙先生将修辞浓缩为语言的准确、鲜明、精炼、生动、深刻等。

中文"修辞格"这个术语可以追溯到1923年，当年唐钺先生著的《修辞格》出版发行。1932年，陈望道在其《修辞学发凡》一书中将此术语广泛使用，并使之推广。

三、修辞格的特点

（一）从结构上看分为四种

（1）描述体，即描述对象体。所谓描述体是对对象体表示形象的修辞体，对象体是被描述的对象。

（2）换代体，即换代本事体。所谓换代体是一种从正面、侧面、反面临时换代本事体的修辞体，本事体是固有的、隐而未说的、与换代体在内容上相同的修辞体。

(3)引导体,即引导随从体。所谓引导体是指两个或两个以上的修辞语句的先行语句,随从体是引导体的随从,受引导体的引导和支配。换句话说,引导体怎么引导,随从体就怎么随从。

(4)变形体,即变形原形体。所谓变形体是通过增加或减少等手段,对原形体给以结构形式的变化,不是变得面目全非,而是对原形体给以全部、部分形式的保留。原形体是指原有语句结构未经任何改变的修辞体。

以上四点将辞格的基本特征、特点、内容全部涵盖在内,比较全面地反映了修辞格的各种结构形式。

(二)从特性上看分为三种

(1)具有动人的表达效果;
(2)具有特定的结构模式;
(3)具有稳定性、发展性。

综览中外语言修辞特点,其共同点为化平淡为新奇,化呆板为鲜活,化枯燥为生动,化冗杂为洗练,化晦涩为明快,化一般为艺术,激发联想,唤起美感,娱人耳目,增强表现力、说服力和感染力,做到语言形式与表现内容完美、和谐地统一。

第二节 常见修辞格的翻译运用

一、比喻

比喻分为明喻(simile)、暗喻(metaphor)和借喻(metonymy)。它由三个要素组成:本体,指被比的事物;喻体,指用来做比的事物;喻词,指连接本体与喻体的词。明喻就是两者之间存在着明显的比喻,用"像、好像、仿佛、像……一样"等字眼来表示。暗喻就是两者之间的关系不太明显,看不出是在打比方,而实际上是在打比方,常用"是、就是、等于"等词来表示。借喻是用喻体来代替本体,本体和喻词都不出现。

英语修辞中的称谓与汉语的略有不同,不能完全一对一地对照着使用,英语的 simile 与汉语的明喻基本相同,都是用某一事物或情境去比喻另一事物或情境。在英语的 simile 构成中,三个要素也是缺一不可的,即本体(subject 或 tenor)、喻体(reference 或 vehicle)、喻词(indicator of resemblance)。英语的喻词用 as、like、as…as…等。比如,as gay as a lark 像百灵鸟一样快活,as sudden as an April shower 像四月的阵雨一样突然,as crazy as a bedbug 像臭虫一样疯狂,as brave as a lion 像狮子一样勇敢,as gentle as a lamb 像羔羊一样温顺,as proud as a peacock 像孔雀一样骄傲。

但英语里的 metaphor 兼有汉语中的暗喻和借喻的特点,即均用甲物来比喻乙物,表达方式为:甲是乙。比如,a rat leaving a sinking ship 不能共患难的人,a rat in a hole 瓮中之鳖,a black sheep 害群之马,a snake in the grass 潜伏的危险,a bull in a china shop 莽撞闯祸的人,make a duck's egg 得零分,wake a sleeping wolf 自找麻烦,hold a wolf by the ears 骑虎难下,keep the wolf from the door 免于饥饿(勉强度日),rain cats and dogs 倾盆大雨。

例1:I was shaking all over,trembling like a leaf.

译文:我像风中的落叶一样浑身发抖。(明喻)

例2:She is shedding crocodile tears.

译文:她在假慈悲。(借喻)

除以上三种主要的比喻形式外,汉语里还有一些英语里没有的其他比喻形式,如较喻、互喻、引喻、反喻、迂喻等,这些比喻形式是在原有的三种比喻的基础上稍加变更而来的。

二、比拟

比拟分为拟人与拟物两种。拟人是将人以外的事物当作人去写的手法;而拟物则相反,是将人作为物或把一种事物当作另一种事物去写的手法。

英语中的拟人与汉语中的拟人相同,都是将事物赋予人的动作、言行、思想及情感,但英语中的拟物是通过象征来表现的。

例1:田里现在还只有干裂的泥块,这一带现在是桑树的势力。

译文:The unplanted fields as yet were only cracked clods of dry earth;the mulberry trees reigned supreme here this time of the year.(拟人)

例2:The crocodile in the river thought hard and finally he had an idea.

译文:河里的那条鳄鱼冥思苦想,最后终于想出了个主意来。(拟人)

例3:Mark my words,the first woman who fishes for him,hooks him.

译文:瞧着吧,不管什么女人钓他,他都会上钩。(拟物)

三、借代

顾名思义,借代就是借那些与人或事物有密切联系的事物来代人或事物的一种修辞手法。由于借代在代表某类人和事物时具有独特的、明显的或典型的特征,故提到这类人或事物时,人们就很自然地联想到它所指代的另一类人或事物。英语中表示借代修辞的方法通常通过换喻或借喻法来表现。

例:He was promoted from the grey-collar to the white-collar in the shortest time last month.

译文:他仅用了一个月时间从灰领晋升到白领。

句中用"grey-collar"指代从事服务业的职员,通称灰领;"white-collar"指脑力劳动者,通称白领。

四、夸张

夸张是指对事物的全部或部分进行过分的、言过其实的描述,这样做是为了突出或夸大某事物以吸引对方或炫耀自己。当然,夸张不只是一味地夸大,也有相反的情况,即对某事进行缩小的描述。英语的夸张与汉语的夸张意义相同,都是突出事物的本质以给人留下深刻印象。

例:叶子和花仿佛在牛乳中洗过一样。(朱自清《荷塘月色》)

译文:The lotus leaves and flowers seem to be washed in milk.

用"牛乳"来夸张,叶子和花不是在一般的水中洗过,而是在牛乳中洗过,以此来增强读者对月色下荷塘里的叶子和花的感受与印象。

五、对比

对比是指通过语言将客观事物中相互对立的矛盾体、对立面再现的过程。恰到好处地运用对比的修辞手法能增强文章的色彩,在对比中突出事物的特征、本质。英语中的对比也是将两个正反方面或一个事物相互对立的方面放到一起描述的过程,要求在运用此修辞时应遵循对立、对仗等特征。

例1:United we stand,divided we fall.

译文:合则存,分则亡。

"united"与"divided"相对比,"stand"与"fall"相对比。

例2:Work has a bitter root but sweet fruit.

译文:工作有苦也有甜。

"bitter"与"sweet"相对应,"root"与"fruit"相对应。

六、反语

反语就是用意义完全相反的词语表达原本想表达的意思。此修辞格在中英两种语言文化中意义相同。人们通常正话反说,或反话正说,不过英语的反语比汉语的含义更广些。这是因为英语里除人们常用的语言反语(verbal irony)外,还包括戏剧反语(dramatic irony)和情景反语(situational irony),它们是戏剧表演上的反语修辞,已超出人们所谈的修辞格范围。例如,鲁迅先生是运用反语的大师,在其散文《藤野先生》里开门见山地在第一自然段就把清朝政府派往日本的那些富家浪荡子弟的丑态运用反语形象地勾画了出来,让人一看便知道此语不是赞美之词,而是讽刺之语,它是通过反话正说的手法表达出来的。全段如下:

例:东京也无非是这样。上野的樱花烂漫的时节,望去确也像绯红的轻云,但花下也缺不了成群结队的"清国留学生"的速成班,头顶上盘着大辫子,顶得学生制帽的顶上高高耸起,形成一座富士山。也有解散辫子,盘得平的,除下帽来,油光可鉴,宛如小姑娘的发髻一般,还要将脖子扭几扭。实在标致极了。

译文:Tokyo was not so extraordinary after all. When cherry blossom shimmered in Ueno, from the distance it actually resembled light, pink clouds, but under the flowers you would always find groups of short-term "students from Ching Empire", their long queues coiled on top of their heads upraising the crowns of their student caps to look like Mount Fujiyama. Others had undone their queues and arranged their hair flat on their heads, so that when their caps were removed it glistened for all the world like the lustrous locks of young ladies; and they would toss their heads too. It was really a charming sight.

英语中的反语运用,需要读者根据上下语境来进一步解读。

以下是举例说明。

A:The boy has broken another glass.

B:A fine thing.

A:这男孩又打碎了一个杯子。

B:打得好呀!

这段对话中,B 是故意用反话来回应 A 的。事实上,B 并不是听到 A 说男孩打碎杯子而真的高兴,B 只是说气话,这种气话是通过反语正说的方式来表达的。

七、双关

双关是指一个词语或一句话涉及两个方面的意思,一个是表面词语的意思,另一个是其隐含的意思。运用双关修辞格的人往往是以其隐含意思来展示其想表达的意思及意图,即言在此而意在彼,运用得当会使语言生动有趣。英汉语中的双关都可分为谐音双关和语义双关两种。谐音双关是将词义不同的谐音词组合在一起的修辞手法。语义双关是指根据一词多义的特点而构成的双关。

例1：On Sunday they pray for you and on Monday they prey on you.

这句英语用了"pray（祷告）"和"prey（榨取、掠夺）"两个词谐音双关。但译成中文时如何译，是译成表面意思，还是译成隐含意思呢？两者是有很大区别的，语义感是不同的。

第一种译法是从词的表面意思上翻译，即"周日（今天）他们为你祷告，周一（明天）他们就向你索取"。

第二种译法我们取其义翻译，即"他们满嘴的仁义道德，背地里却男盗女娼"。从语感上看，第一种译法显然不如第二种译法强烈，第二种译法给读者的感觉更深刻、逼真，直截了当地揭开了伪善者的面纱，向人们揭露了他们的真面目。因此，双关语的翻译常使译者头痛终日，仍难求一解。有时可借用原文的词语，有时要变通处理，或增添译注，或改用其他等值的双关。

例2：Flying planes can be dangerous.

译文1：正在飞行的飞机是危险的。

译文2：驾驶飞机是危险的。

例3：They called John a teacher.

译文1：他们为约翰叫了一位老师。

译文2：他们称约翰是一位老师。

八、婉曲

婉曲也称委婉，是以拐弯抹角的方式来暗示说话人原本的意思，而不是直接说出事情或人物的本质。不同的人在使用委婉方式时想要达到的效果是有差异的，有的人想借此增加语言的力量，有的人是为了不伤及他人或对方而采用委婉方式，这样对方可在一定程度上接受其观点。汉语的婉曲可分为婉言和曲语。英语中的委婉语通常是说话人不以令人尴尬的语言或粗鲁的语言，而是以含蓄的、温和的语言表达其原意。

例1：His mother passed away last night.

译文：他母亲昨晚去世了。

短语"pass away"就是"die"的委婉语。说话人在此不是用"die"直接表达，而是以间接的、委婉的、让对方能够接受的语言来表述这一事实。

例2：Millions of heroes have laid down their lives for the liberation of mankind.

译文:无数英雄志士为了人类的解放事业献出了生命。

短语"lay down one's life"表示牺牲某人的生命,为人类的解放而献身,比直接说死好听得多、委婉得多。

九、拈连

拈连指说话者将适用于某人的词语顺势用在另一人身上。它分为全式拈连和略式拈连。这种修辞格在汉语文学作品中广泛运用,与英语 zeugma(轭式搭配)相同。英语轭式搭配是用一个形容词来修饰两个名词,或一个动词支配两个名词,把原本相互不关联的词语联在一起以表示一个更深刻的含义,增强语言的感染力。

例如:He caught a cold and a bus.

在此句中,感冒与公共汽车本是不相干的两个方面,但用"catch"这个词将它们串联起来,以幽默的笔触勾勒出他是个弱不禁风的人,费了好大的劲才赶上了公共汽车,但由此得了一场病。如果此句以中文的拈连法翻译,即"他赶上了公共汽车,所以也就赶上了一场感冒"。用"赶上"将两件事连在一起,而第二个"赶上"则是信手拈来的,表现出作者的匠心及诙谐的笔调。不过,我们注意到,英语搭配的特点是,动词后有两个名词,而且都搭配得顺畅,构成一种自然组合,但并非所有的组合都是这样的。例如,"weeping eyes and hearts"不能直译为"流泪的眼和心",这时,采用并列成排比的译法比较合适,即"一双双流泪的眼睛,一颗颗哭泣的心灵"。

十、对偶

对偶指将意义相关、结构相同、上下字数相等的部分对称地排列在一起以表示一个完整的意思。中文里的对偶要求出句与对句要平仄相对、词性相对,上半句与下半句必须各自独立,然后形成一对平仄律,让读者读起来十分悦耳。按类型分,对偶可分为正对、反对和串对。从结构上看,它又可分为严对与宽对。英语的对偶与汉语的对偶在组词时很相似,即上下对应、字数相同、意义相对,表示一种对比或对照的关系。

例1:You are going;I am staying.

译文:你离去,我留下。

英语"you"与"I"对应,"going"与"staying"对应。字数相同,意义相反,排列对称,译成汉语时也译成对偶句。

例2:Man proposes,God disposes.

译文:谋事在人,成事在天。

"Man"与"God"对应,"propose"与"dispose"对应,字数相等。

十一、排比

排比是指将两个或两个以上的结构相同、字数大体相等、意义相近的语句用于表达相似或相关内容。排比由小到大可分为词的排比、短语的排比、句子的排比。英语的排比与汉语的排比修辞相同,其目的是给人以整齐划一的美感。

例:Thus we hate what threatens our person, our liberty, our privacy, our income, our popularity, our vanity and our dreams, and plans for ourselves.

译文:我们的身体、我们的自由、我们的隐私、我们的收入、我们的声望、我们的虚荣、我们的梦想以及为自身所做的各种安排,凡此种种受到威胁,我们就会产生仇恨。

在这个英语句子里,作者共用了八个排比词语,由此使这段内容更为明晰、强烈,语言更富有气势。翻译应体现出排比句。

十二、层递

层递是指结构相似的短语、句子、段落依轻重或大小递增或递减来展现事物的过程。它是由表及里、层层深入的过程,具有紧密的逻辑关系。

例:这是家庭的毁灭,道德的沦丧,国家的崩溃。

译文:It was the ruin of the family, the uprooting of moral, the destruction of the nation.

这句的递进关系是由小到大的进程关系,先小家后大家,层次分明,论述明确,印象效果深刻。

十三、反复

反复是指词语或句子的重复,其功能在于加强语气,突出内容,引起人们的关注,在诗、小说、散文等体裁中广泛使用。英语的 repetition 与汉语的反复相同。

例1:But what if she should die? She won't. She's all right. But what if she should die? She can't die. But what if she should die? Hey, what about that? What if she should die?

译文:可是她如果死了怎么办?她不会的,她没问题。可是她如果死了怎么办?她不能死。可是她如果死了怎么办?嘿,你想怎么样?她要是死了怎么办?(海明威《永别了,武器》)

作者在这一小段里多次重复一句话,通过这数次重复,一方面表现了主人公在其妻子分娩时痛苦的情景下焦虑的心情,另一方面通过反复地展现内心独白给读者,以唤起读者的同情,增强感人的效果。

汉语中的重复部分在译成英语时也不都是重复翻译,而是根据具体情况做适当的调整。

例2:欲说还休,欲说还休。你可能就是要制造这种藕断丝连的效果。

译文:You wanted to say it, but you did not. You wanted to say it, but you never did! It seems you just wanted to create a broken relationship that is not totally broken.

十四、移就

移就是将应该修饰一事物的词移到修饰本不该修饰的另一事物上。其特点是移来修饰事物的形容词通常是修饰人的,从而增强语言的艺术效果。

例1:I threw a nervous glance at my son.

译文:我紧张地看了一眼儿子。

这里的移就体现在形容词"nervous",它本来是修饰人的,现在用来修饰"glance"。它们之间的组合搭配不是常规的,因而这种词语的搭配是一种暂时的语言迁就,是为了达到某种效果而使用的。

例2:He passed many anxious hours in the train.

译文:他在火车上度过了许多令其焦虑不安的时间。

"anxious"通常修饰人,表示人的焦虑心情,现在用来修饰"hour",显然这是作者独特的写法。

第九章
跨文化视角下英汉习俗文化对比与翻译

第一节　英汉称谓文化对比与翻译
第二节　英汉习语文化对比与翻译
第三节　英汉节日文化对比与翻译
第四节　英汉数字文化对比与翻译
第五节　英汉色彩文化对比与翻译

第一节 英汉称谓文化对比与翻译

一、英汉称谓文化对比

(一)英汉亲属称谓文化对比

1. 称谓系统差异

在称谓系统方面,英汉语言有着明显的不同。英语亲属称谓较为简单、笼统,汉语亲属称谓系统则较为详细、复杂。就类型而言,英语亲属称谓系统属于类分式,汉语亲属称谓系统属于叙述式。

英语亲属称谓系统简单而粗疏,所以属于类分式称谓系统。类分式称谓系统是以辈分来对家庭成员进行分类的,其血缘关系如表9-1所示。

表9-1 以辈分对家庭成员的分类

父母辈	兄弟姐妹辈	子女辈	祖父母辈	孙子孙女辈
父亲、母亲及他们的兄弟姐妹和堂、表兄弟姐妹	自己及自己的亲、堂、表兄弟姐妹	自己的女儿及他们的堂、表兄弟姐妹	自己的祖父母及他们的兄弟姐妹和堂表兄弟姐妹	自己的孙子、孙女及他们的堂、表兄弟姐妹

由上表可知,父母、兄弟姐妹、子女、祖父母、孙子孙女辈都有具体的称谓,其他亲属就没有较精确的称谓。例如,在父母辈中,父亲用 father,母亲用 mother,对父母的兄弟姐妹的子女则统一用 cousin。另外,英语中亲属称谓的同辈之间一般没有长幼之分,如 brother 既可以表示"哥哥",又能表示"弟弟",uncle 既可以指"伯伯",又能指"叔叔",等等。可见,英语亲属称谓系统不会标明亲属是父系还是母系,也不区分是父系还是母系,而是仅用辈分来区分亲缘关系。所以,英语中只有13个亲属称谓名词及一些少量的修饰词(如 great、grand、step、half、first、second、in-law 等)可以使用。

汉语亲属称谓详细而具体,属于叙述式系统。汉语叙述式称谓制度的结构系统是以几千年来传承的"九族五服制"为基础的,既包括由血缘关系产生的亲属系统,也包括由婚姻关系产生的姻亲配偶系统。因此,汉语中的亲属称谓不但详细,而且复杂,严格区分了直系亲属和旁系亲属、父系亲属和母系亲属,同时标明了长幼尊卑。

2. 长幼辈分差异

英语称谓中的长幼辈分通常都非常简单。英语亲属称谓语仅有表示祖孙三代的词语与汉语相对应,即 grandfather、grandmother、father、mother、son、daughter、grandson、granddaughter。而在表达曾祖、高祖或曾孙、玄孙等称谓时,就要用形容词 great,或将 great 与 grand 重叠使用,如 great grand father(曾祖)。一般来说,英语中亲属称谓的长幼之分都很模糊,不采用汉语中的数字排行称谓。

相较而言,中国的亲属称谓是非常精确的,会因辈分的不同而有所不同。就目前来说,中国现代亲属称谓中的 23 个核心称谓是母、父、夫、妻、子、女、兄、弟、姐、妹、嫂、媳、祖、孙、伯、叔、姑、舅、姨、侄、甥、岳、婿,并且它们都是分辈分的。另外,中国人长辈与晚辈之间的称呼也是有讲究的,长辈能直呼晚辈的名字,而晚辈不可以直呼长辈的名字。

此外,即便属于同辈的亲属,彼此之间的称谓也会因长幼之分而不同。例如,古代妻子称丈夫的哥哥为"兄公"或"公",称丈夫的弟弟为"叔",称丈夫的姐姐为"女公",称丈夫的妹妹为"女叔"。在现代,孩子在称呼父亲的哥哥时要用"伯",称父亲的弟弟时则要用"叔"。对于兄弟姐妹、兄嫂弟媳之间的称呼,就需要借助数字来表示排行,如大哥、二弟、三姐、四妹、大嫂等。

3. 宗族观念差异

英汉称谓会体现一定的宗族观念,具体表现为英语称谓中的宗族观念较弱,汉语称谓中的宗族观念较重。

西方人追求个性自由,倡导个人主义,所以他们的宗族观念不太明显。这一特点在英语亲属称谓中体现得尤为明显。英语中的 uncle、aunt、cousin 不能表示长幼顺序,这种模糊的表达说明西方人对宗族关系看得没有中国人那么重。

汉语中有很强的宗族观念,并且这种观念常与姓氏相联系。例如,伯叔与姑母属于父系亲属,舅舅与姨母则属于母系亲属,所以伯叔的子女称谓要冠以"堂",表示其同称谓者"我"属同一宗族且姓氏相同,姑母的子女和舅舅与姨母的子女则冠以"表",表示其同称谓者"我"姓氏不同,不同属一个宗族。可见,汉语亲属称谓能明显体现出称谓者与被称谓者之间的关系,而英语中的 uncle、aunt、cousin 等则不能表明这种关系。

4. 血亲姻亲差异

英汉称谓对血亲姻亲关系的反映程度有所不同。英语称谓文化在血缘和婚姻亲属称谓之间并没有非常显著的区别,如英语中父亲的兄弟、母亲的兄弟均可用 uncle 一词来表示。

由于汉语文化深受封建社会的影响,中国人非常注重血缘亲属关系。例如,叔叔(血缘亲属称谓)、哥哥(血缘亲属称谓)、妹妹(血缘亲属称谓)、姑父(姻缘亲属称谓)、姐夫(姻缘亲属称谓)、弟媳(姻缘亲属称谓)等。

5. 尊称方式不同

西方人向来追求自由和平等,所以西方家庭的亲属关系都是地位平等的,并且相互之间的交流非常随意。因此,英语中的亲属称谓常和名字连在一起,如 Uncle Mike(迈克舅舅)、Aunt Annie(安妮婶婶)等。

相反,中国人一直推崇尊重长辈的传统美德,体现在亲属称谓中就是中国人常使用尊称来表示敬意。例如,中国人称呼具有亲属关系的长辈时使用尊称,称呼不具有亲属关系的长辈时则采用姓氏加亲属称谓的方式来尊称,如李叔叔、张伯伯等。

(二)英汉社交称谓文化对比

1. 英汉普通称谓差异

所谓普通称谓,是指那些不分年龄、职业、身份,在社会交往中使用频率很高,但数量不多的通称。

(1)在英语中,常见的普通称谓有 Mr.、Mrs.、Miss、Ms.、Sir、Madam 和 Lady。

Mr. 是对男性的称谓,可以与姓氏或姓名连用。它是对无职称者或不了解其职称者的称呼,语气正式,表现出的人际关系不是很密切。

Mrs. 是对已婚妇女的称谓,通常要与其丈夫的姓氏或婚礼后的姓名连用。Miss 是对未婚女子的称谓,它要与姓氏连用,语气正式,表现出的社会关系一般。Ms. 是一个对女性的敬称词,由 Mrs. 和 Miss 两个词合成而来。Ms. 的产生与西方女性不喜欢公开婚姻状况有很大的关系。因此,对于婚姻状况不明的女性可以用 Ms.。

Sir(先生、阁下)和 Madam(夫人、女士、太太、小姐)是一组对应的敬称语,通常泛指男性、女性的社会人士,一般不与姓氏连用,且较为正式,表达的人际关系不亲密。

Lady 也是一个对女性使用的称谓语,较为文雅,意为"贵妇""淑女"。

(2)汉语中常见的社交称谓有如下几种。

阿姨是对母辈女性的称谓。在先生、太太、女士前面加上"姓氏",可直接对其称谓。大爷、伯伯、大叔、大妈等是一种泛亲属称谓,是经亲属称谓语转换而来的。

2. 英汉头衔称谓差异

英汉语中都有将头衔作为职业、职务和职称等称谓的现象。英语中的头衔称谓适用范围有限,仅限于教授、医生、博士,以及一些皇室、政界、军事界、宗教界,目的是表达对这些人的尊敬。这些称谓不仅可以单独使用,还可以与姓氏连在一起使用。例如,Doctor Davis、Professor White、President Bush、Father Bright 等。

与英语相比,汉语中的头衔称谓更加复杂。在汉语中,大部分职业、职务和职称等无论大小或显赫程度,都可作为称谓语单独使用,或与姓名一起使用,如省长、市长、赵主任、孙会计、周教授、护士、教练等。在汉语中,用头衔称谓来明确显示有或大或小头衔的人是对对方的尊重,否则就有不敬之意。

3. 英汉拟亲属称谓差异

拟亲属称谓是亲属称谓语的变体,经亲属称谓语泛化而成。拟亲属称谓的目的是表达对对方的尊敬。在英语中,很少采用拟亲属称谓。相反,拟亲属称谓方式在中国就很常见。

在汉语中,经常看到有人称呼与自己父母年龄相当或比自己父母年龄大的人为大爷、奶奶、大伯、大妈、大娘、伯母、叔叔、阿姨等。这些称谓通常会由一些核心词构成,如爷、奶、伯、妈、娘、母、叔、婶、姨等。其中,"爷"用于敬称祖父辈且年纪与祖父相当的男性,如大爷、李大爷、张爷爷。"奶奶"用于敬称祖母辈且年纪与祖母相当的已婚女性,如奶奶、老奶奶、刘奶奶。"伯"用于敬称父亲辈且年纪比父亲大的男性,如伯伯、王伯伯。"娘"用于敬称母亲辈且年纪与母亲相当的已婚女性,如大娘、赵大娘。"伯母"用于敬称母亲辈且年纪与母亲相当的已婚女性。"叔"用于敬称父亲辈且年纪比父亲小的男性,如叔叔、李叔叔。"婶"用于敬称母亲辈且年纪比母亲小的已婚女性,如大婶(儿)、李婶(儿)。

此外,同辈人之间也有拟兄弟姐妹的称呼。例如,对非亲属关系的同辈成年男子可称"大哥""老兄""兄弟""老弟",对非亲属关系的同辈成年女子可称"大嫂""大姐""小妹"。

近年来,都市男女青年中还流行"哥儿们""姐儿们"的称呼,语言活泼,显示出双方密切的关系,但在翻译这些称呼时要格外小心。例如,将"这是我姐儿们"翻译成"this is my sister"就很不妥,因为这样对方会误以为两人是亲姐妹关系。对此,正确的翻译方法应该是"this is my close friend"。

二、英汉称谓的互译

(一)亲属称谓文化翻译

1. 祖父母辈称谓翻译

在翻译英汉语言中祖父母辈称谓时,可以直接进行翻译。

请看下面译例：

例1：Where did you live with your grandfather?

译文：你以前和你的外公住在哪里呢?

例2：黛玉方进入房时,只见两个人搀着一位鬓发如银的老母迎上来,黛玉便知是她外祖母。(曹雪芹《红楼梦》)

译文：As Daiyu entered, a silver-haired old lady supported by two maids advanced to her. She knew that this must be her grandmother.

2. 父母辈称谓翻译

对英汉语言中父母辈称谓可以直接进行翻译。请看下面译例：

例1：She knows his uncle through this experience.

译文：她从这次经历中了解了他的叔叔。

例2：当下贾母一一指与黛玉："这是你大舅母;这是你二舅母……"(曹雪芹《红楼梦》)

译文："This" she said, "is your elder uncle's wife. This is your second uncle's wife …"

3. 兄弟辈称谓翻译

请看下面译例：

例1：His cousin is preparing for the TOEFL examination.

译文：他的堂兄正在准备托福考试。

例2：黛玉虽不识,也曾听母亲说过,大舅贾赦之子贾琏,娶的就是二舅母王氏之内侄女,自幼假充男儿教养的,学名王熙凤。黛玉忙赔笑见礼,以"嫂"呼之。(曹雪芹《红楼梦》)

译文：Though Daiyu had never met her, she knew from her mother that Jia Lian, the son of her first uncle Jia She, had married the niece of the Lady Wang, her second uncle's wife. She had been educated like a boy and given the school-room name Xifeng. Daiyu lost no time in greeting her with a smile as "cousin."

4. 子女辈称谓翻译

在翻译英汉语言中子女辈称谓时,可以采用直译法。请看下面译例：

例1：My nephew is a naughty boy.

译文：我侄子是一个淘气的孩子。

例2：一日到了都中,进入神京,雨村先整了衣冠,带了小童,拿着宗侄的名帖,至荣府的门前投了。彼时贾政已看了妹丈之书,即忙请人相会。(曹雪芹《红楼

梦》）

译文：In due course they reached the capital and entered the city. Yucun spruced himself up and went with hi spaces to the gate of Rong Mansion, where he handed in his visiting card on which he had styled himself Jia Zheng's "nephew."

5. 孙子孙女辈称翻译

英汉语言中的孙子孙女辈称谓也能采用直译的方法进行翻译。请看下面译例：

例：逢年过节，孙子、外孙、孙女儿、外孙女儿们都来看望她，好不热闹！

译文：During festivals, grandsons and granddaughters come to see her. How lively it is!

（二）社交称谓文化翻译

1. 对等翻译

翻译英汉语言中社交称谓时最常用的方法就是对等翻译。

例1：1938年初秋，一个薄雾弥漫的日子，我和黄阿姨以及她的丈夫来到了伦敦，是他们把我从老家南昌千里迢迢带到英国来的。

译文：It was a foggy day in the autumn of 1938, when I arrived in London with Aunt Huang and her husband who had brought me to England all the way from my hometown Nanchang.

例2：方博士是我世侄，我自小看他长大，知道他爱说笑话。今天天气很热，所以他有意讲些幽默的话。（钱钟书《围城》）

译文：Dr. Fang is the son of an old friend of mine. I watched him grow up and I know how much he enjoys telling jokes. It is very hot today, so he has intentionally made his lecture humorous.

2. 改写翻译

有时，英汉语言中的社交称谓可能是不对应的或不对等的，所以译者就要进行一定的改写，以便可以让更多的目的语读者理解和接受。例如：

例1：刘东方的妹妹是汪处厚的拜门学生，也不时到师母家来谈谈。（钱钟书《围城》）

译文：Liu Tung fang's sister, a former student of Wang Chuhou, also dropped in sometimes to see her, calling her "teacher's wife."

第二节　英汉习语文化对比与翻译

习语是某一语言在长期使用过程中所形成的独特、固定的表达方式,在语言方面呈现出通俗、精辟、寓意深刻等特点。作为语言中的精华,习语不但孕育着多姿多彩的文化内容,而且反映出不同民族独有的文化特色。本节先对英汉习语文化进行对比,然后对其互译进行分析。

一、英汉习语文化对比

(一)英汉习语结构形式对比

从结构形式方面来看,英汉习语存在诸多不同。

1. 英语习语的结构形式

就英语习语而言,其结构形式的灵活性特点比较明显,可松可紧、可长可短。

例1:What one loses on the swings one gets back on the roundabouts.

译文:失之东隅,收之桑榆。

例2:Hair by hair you will pull out the horse's tail.

译文:矢志不移,定能成功。

例3:One boy is a boy,two boys half a boy,three boys no boy.

译文:一个和尚有水吃,两个和尚挑水吃,三个和尚没水吃。

2. 汉语习语的结构形式

就汉语习语的结构形式来看,整体呈现出用词简练、结构紧凑的特点,并且大多为词组性短语。从习语的字数来看,多为两个字、三个字或四个字的结构形式。当然,也有少部分字数较多的对偶性短句,例如:踏破铁鞋无觅处,得来全不费工夫;螳螂捕蝉,黄雀在后。但是,这类汉语习语实属凤毛麟角。

(二)英汉习语对应程度对比

整体而言,英汉习语在对应程度方面存在对应、半对应和不对应的情况。下面就对这几种情况进行具体分析。

1. 英汉习语的对应性

虽然以英语为母语的国家和中国在思维方式、生活习惯、认知能力等方面存在着诸多差异,但是二者赖以生存的外部条件,包括地理状况、季节更迭、气候变化等,仍存在着各种共性。这种共同的认知反映在语言层面便可通过习语表达出来,英语和汉语都是如此,英语中有许多习语在字面意义、喻体形象和比喻意义方面与汉语习语存在一致性。这些习语在两种语言中不仅具有相同的语义,在表达方式与结构上也高度相似,并且这种对应关系从字面意义上便一目了然,这些习语被称为"相互对应的习语"。

例1:pour oil on the flame

译文:火上浇油

例2:throw cold water on

译文:泼冷水

例3:draw a cake to satisfy one's hunger

译文:画饼充饥

例4:A beggar's purse is bottomless.

译文:乞丐的钱袋是无底洞。

例5:A bird is known by its note and a man by his talk.

译文:闻其歌知其鸟,听其言知其人。

例6:Think with the wise, but talk with the vulgar.

译文:同智者一起考虑,与俗人一起交谈。

例7:A burden of one's choice is not felt.

译文:爱挑的担子不嫌重。

2. 英汉习语的半对应性

英汉两种语言属于不同的语系,是不同民族的母语,而不同环境下的人们在生活经历和对外部世界的看法上不可能完全一致。语言是客观事物在人们头脑中的具体反映,由于客观外部环境的不同,人们对外部世界的认知也会引起习语的部分不对应。英语习语和汉语习语都是在其文化的发展过程中,经过长期的社会实践所提炼出来的短语和短句,是文化中的精华。因此,在具体的习语表达形式上也会呈现各自特有的文化内涵。

英汉习语与其民族的文化历史渊源密切相关,并在社会、历史、心理、民俗等各类现象中得以反映。英汉习语的意义兼顾字面意义和文化意义。在理解习语的同时,我们要对其意象加以转换,用合适的目的语阐释其内涵。这些不完全对应的习语被人们称为"半对应的英汉习语"。

例1:after one's own heart 正中下怀

例2:as plentiful as blackberries 多如牛毛

例3:as silent as the graves 守口如瓶

例4：castle in the air 空中楼阁

例5：between the devil and the deep sea 进退维谷

例6：hit someone below the belt/stab someone in the back 暗箭伤人

3. 英汉习语的非对应性

由于英汉两个民族之间的差异，有的事物或现象你有我无，反之亦然。在语言词汇或表达习惯上难免会出现各种各样的偏差。在英语习语中，存在大量与汉语习惯用法和汉文化特征大相径庭的习语，即"非对应的习语"。例如：

例1：to drain a pond to catch all the fish 竭泽而渔

例2：to stir up the grass and alert the snake 打草惊蛇

例3：to be as easy as 易如反掌

二、英汉习语文化互译

（一）保留形象释义法

保留形象释义法就是在对英汉习语进行互译时，保留原文中的人物、事件等的原有形象，为了方便译入语读者的理解，对这些原有形象进行进一步解释的方法。

（二）变换形象意译法

变换形象意译法是指在翻译习语时，为了使译入语读者完全理解原文意思，采用不再保留原文中人物等原有形象的方法进行变换形象意译。

例：这都是汪太太生出来的事，"解铃还须系铃人"，我明天去找她。（钱钟书《围城》）

译文：Mrs. Wang is the one who started it all. "Whoever ties the bell around the tiger's neck must untie it." I am going to see her tomorrow.

在对本例中"解铃还须系铃人"这一习语进行翻译时，采用了变换形象意译的方法。

（三）舍弃形象意译法

舍弃形象意译法就是将原文中的人物等形象完全舍弃掉，纯粹采用意译法进行翻译。

例：姐姐通今博古，色色都知道，怎么连这一出戏的名字也不知道，就说了这一串子，这叫作"负荆请罪"。（曹雪芹《红楼梦》）

译文：Why, cousin, surely you're sufficiently well versed in ancient and modern literature to know the title of that opera. Why do you have to describe it? It's called

Abject Apologies.

在对本例中的《负荆请罪》进行翻译时,舍弃其原有形象进行了意译。

(四)转换形象套译法

由于汉英两种语言的差异及不同的民族文化背景,习语在翻译时需要转换为译入语读者所熟悉的形象。这些习语在内容和形式上都相符合,即对某一具体问题的思维方式和结果以及具体的表达形式有不谋而合的情况,两者不但有相同的隐义,而且有大体相同的形象和比喻。因此,可以使用套译以达到语义对等的效果。

例1:beard the lion in his den

译文:虎口拔牙/太岁头上动土

例2:spend money like water

译文:挥金如土

例3:While there is life, there is hope.

译文:留得青山在,不怕没柴烧。

例4:Fools rush in where angles fear to tread.

译文:初生牛犊不怕虎。

第三节 英汉节日文化对比与翻译

一、英汉节日文化对比

中西方的节日文化有着较大差异,这里主要从节日起源、节日活动及重要节日方面对它们进行比较研究。

(一)节日起源对比

中西方节日的起源存在一定的差异,西方节日以宗教为主,中国节日以时令为主,具体如下。

1. 西方节日以宗教为主

尽管西方节日与节气有一定关系,但其更多地具有浓厚的宗教色彩。例如,1月的主显节、2月的圣瓦伦丁节(也称"情人节")、4月的复活节、5月的耶稣升天节、8月的圣母升天节、9月的圣母圣诞节、11月的万圣节、12月的圣诞节等,这些节日都与一些宗教传说有关。

西方也有一些宗教节日是经过世俗的一系列活动逐渐形成的。例如,"感恩节"(Thanksgiving Day)最初是清教徒移民北美大陆后庆祝丰收的日子,之后感恩节被华盛顿、林肯等规定为"感谢上帝恩惠"的节日,所以"感恩节"具有了浓厚的宗教色彩。

2. 中国节日以时令为主

中国节日多与时令节气有关。一年中的节日有元旦、立春、人日、上元、正月晦、中和节、二月社日、寒食、清明、上巳、端午、朝节、三伏节、立秋、七夕、中元、中秋、重九、小春、下元、冬至、腊日、交年节、岁除等,其中多数节日都为时令性节日。我国之所以有很多时令性节日,与我们的农业文明是分不开的。

(二)重要节日对比

无论西方国家还是中国,都有很多传统节日。下面对其中几个重要节日习俗进行对比,包括西方的圣诞节与中国的春节、西方的万圣节与中国的清明节、西方的愚人节与中国的中秋节。

1. 圣诞节与春节

圣诞节和春节分别是西方和中国的两个重要节日,它们的共同之处是都突显了家庭大团圆而营造的欢乐、祥和的氛围。西方传统的圣诞节具有浓厚的宗教色彩,而中国的春节通常会伴随着各种节日活动,举家同庆新年的快乐。下面分别论述西方圣诞节和中国春节的节日习俗。

(1)圣诞节

对西方人而言,圣诞节是一年中最重要的节日。在美国,从平安夜(Christmas Eve)开始,直到1月6日的"主显节"(Epiphany),这段时间称为"圣诞节节期"(Christmastide)。在英国,按照当地的习俗,圣诞节后会连续欢宴12日,这段时间统称为"圣诞季节"。人们在这期间一般不劳动,直到1月7日的圣迪斯塔夫节(St. Distaff's Day)才开始从娱乐的节日气氛中走出来。西方很多国家都特别重视这个节日,并把它和新年连在一起,庆祝活动的热闹与隆重程度大大超过了新年,成为一个全民的节日。与中国人过春节一样,西方人在庆祝圣诞节时也注重家人的团圆,人们围坐在圣诞树下,全家共享节日美餐,吃火鸡,并齐唱圣诞歌,以祈求幸福。

(2)春节

春节是辞旧迎新的节日。一些春节的习俗活动一进入腊月就开始了,有民谣可反映春节期间的准备和忙碌:"腊月二十一,不许穿脏衣;腊月二十三,脏土往外搬;腊月二十五,扫房掸尘土;腊月二十七,里外全都洗;腊月二十八,家具擦一擦;

腊月二十九,杂物全没有。"从腊月二十三的祭灶"过小年"开始,家家户户开始打扫房屋庭院,并谓之"扫尘"。因"尘"与"陈"谐音,新春扫尘寓意"除尘(陈)布新",也就是要把一切穷运、晦气统统扫出门。这一习俗寄托着人们破旧立新的愿望和辞旧迎新的祈求。此外,还有张贴春联、张挂红彤彤的灯笼的习俗。

春节也是与家人团聚的时刻,这是中华民族长期以来不变的传统习惯,在外的游子都争取在大年夜之前赶回家与家人团聚,吃团圆饭。团圆饭又叫"年夜饭",即全家人聚齐进餐,济济一堂,有吉祥和谐的寓意。

中国人在吃团圆饭时对讲话是特别有讲究的,要多说吉利话,如"好""发""多""余"等,忌讳说晦气的话,如"没了""少了"等。鱼是团圆饭中必不可少的一道菜,预示着年年有"余"(鱼),另外,除夕之夜北方人会吃"饺子",南方人则吃年糕,预示一年比一年高。

除夕之夜,全家老少会围坐在一起聊天、看电视,旧称"守岁",共同迎接新年的到来。此外,在春节期间,中国人不仅重视与在世亲友间的团聚,还很注重与祖先的团聚。因此,每逢除夕,人们都到墓地举行一些祭祀活动,寓意请祖先回家过年,与家人团圆。

从初一到正月十五,人们都会沉浸在过年的欢乐气氛中,并伴随一系列习俗活动,如分发压岁钱、拜年、走亲访友等,共同祝愿亲戚朋友在新的一年里吉祥如意。此外,不同地区庆祝新年的活动也会有所差异,如逛花市、耍龙灯、赏灯会、舞狮子等习俗。

2. 万圣节与清明节

(1)万圣节

万圣节源于古代凯尔特民族的新年节庆,也是祭祀亡魂的时刻,在避免恶灵干扰的同时,以食物祭拜祖灵及善灵以祈平安度过寒冬。在庆祝万圣节时,西方人会举行一系列的庆祝活动。

万圣节前夜,人们会尽情地装扮自己,尽情地作怪,无须在意他人异样的眼光。孩子们会穿上化装服,戴上面具,到处搞恶作剧。有的孩子还会挨家挨户去"乞讨",当主人打开门时,孩子们就高喊:trick or treat(捉弄或款待)。如果主人回答treat,并给孩子一些糖果、水果等,孩子们会开心地离开;如果主人拒绝招待的话,那就会被这些孩子捉弄,他们会在主人家的玻璃窗上到处乱画。

另外,很多公共场合会做各种装饰,如各种鬼怪、稻草人、南瓜灯等,家家户户举办化装舞会,并摆上各种水果及食物供鬼魂食用,避免其伤害人类及其他动物。最热闹的习俗活动要数万圣节大游行,人们随意地在游行中拍照,尽情地享受特别而美好的一天,实现人与自然的和谐共处。

(2)清明节

中国的清明节有重要的纪念意义,可以传达对逝者的缅怀与悼念之情。每逢清明,人们都要回乡祭祖,清明扫墓、追祭先人,这一习俗由来已久。人们会进行简单的祭祀活动,如清除杂草、添加新土、准备祭品等,用以传达对先人的怀念与敬仰,这也是对生命的崇尚与热爱。除了扫墓,清明节还有插柳、戴柳的习俗,起初人们是为了纪念"教民稼穑"的农事祖师神农氏,而后由于柳的旺盛生命力和强大的环境适应能力,逐渐被赋予了长寿的寓意,人们通过清明插柳来寄予希望长寿、趋吉避凶的愿望。

二、英汉节日的互译

(一)直译法

为了更好地传播中西方文化,让异国读者也能感受本民族的特色,可以采用直译法。

例1:April Fool's Day 愚人节

例2:Mother's Day 母亲节

例3:Father's Day 父亲节

例4:Thanksgiving Day 感恩节

例5:教师节 Teachers' Day

例6:元旦 New Year's Day

例7:元宵节 Lantern Festival

例8:清明节 Tomb-sweeping Day

例9:端午节 Dragon Boat Festival

例10:中秋节 Mid-Autumn Festival

例11:重阳节 Double Ninth Festival

例12:国际劳动妇女节 International Working Women's Day

例13:国际劳动节 International Labor Day

例14:国际儿童节 International Children's Day

例15:中国共产党诞生纪念日 Anniversary of the Founding of the Chinese Communist Party

(二)意译法

有时,直译也无法忠实地再现本族的民俗文化时,就可以考虑采用意译法。

例1：New Year's Day 元旦

例2：Valentine's Day 情人节

例3：Halloween 万圣节

例4：Christmas Day 圣诞节

例5：可巧这日乃是清明之日,贾琏已备下年例祭祀,带领贾环、贾琮、贾兰三人去往铁槛寺祭柩烧纸。宁府贾蓉也同宗族中几人各办祭祀前住。(曹雪芹《红楼梦》)

译文：Now the Clear and Bright Festival came round again. Jia Lian having prepared the traditional offerings, took Jia Huan, Jia Cong, Jia Lan to Iron Threshold Temple to sacrifice to the dead. Jia Rong of the Ning Mansion did the same with other young men of the clan.

例6：守岁 stay up late or all night on New Year's Eve

例7：压岁钱 money for children as a New Year gift

例8：拜年 paying a New Year call

例9：门神财神 pictures of the god of doors and wealth

例10：粽子 sticky rice dumplings

第四节　英汉数字文化对比与翻译

一、英汉数字文化对比

(一)英汉数字习语结构对比

数字习语包括数字语素(N)与其他语素(M)两部分。下面以数字个数和位置为依据,分别介绍英汉数字习语的结构类型。

1. 英语数字习语的结构类型

结合英语数字习语本身的结构特点,其结构可分为以下几种情况。

(1)包含两个数字的习语,中间以连词连接,但也有大于两个数字的,其模式可大致归纳为 E＝N1+and/or+N2。例如,six and half a dozen(半斤八两)等。

(2)和第一种情况类似,同样含有两个数字,但中间由介词来连接,其模式可大致归纳为 E＝N1+P+N2。例如,one in thousand(万里挑一)、ten to one(十有八九)等。

(3)动词和数字组合成的习语,其模式为 E＝V+N。例如,strike twelve(获得最大成功)、go fifty(平分)等。

(4)修饰词或限定词构成的数字习语,其模式可大致归纳为 E=M/D+N,这类习语一般只含有一个数字。例如,a fast one(诡计)、a deep six(海葬)等。

(5)介词之后接数字的情况,其模式可大致归纳为 E=P+N1+N2。例如,by twos and threes(三三两两地)、to the nines(完美地)等。

2. 汉语数字习语的结构类型

通常,汉语数字习语多含 0 到 9 以及十、百、千、万这几个数字。根据数字出现的频率,有以下五种类型。

(1)含一个数字的数字习语有三种模式,这类数字习语数量最多。第一种,C1①=N1+M1+M2+M3+M4…,如八面来风、一言以蔽之等。第二种,C1②=M1+M2+N1+M3,如目空一切、莫衷一是等。第三种,C1③=M1+M2+M3+N1,如表里如一等。

(2)含两个数字的数字习语有三种模式。第一种,C2①=N1+M1+N2+M2,这种数字习语很常见,其中 N1 和 N2 可以相同,如百依百顺等,也可以不同,如四面八方等。第二种,C2②=M1+N1+M2+N2,这种数字习语经常能够见到,如横七竖八、朝三暮四等。第三种,C2③=M1+M2+N1+N2,这种模式的数字习语有气象万千、略知一二等。

(3)含三个数字的数字习语模式为:C3=N1+N1+M1+N2。例如,九九归一等。

(4)含四个数字的数字习语有两种模式。第一种,C4①=N1+N1+N2+N2。例如,千千万万、三三两两等。第二种,C4②=N1+N2+N1+N3。例如,一五一十等。

(5)含五个数字的数字习语可归纳为以下模式:C5=M1+M2+N1+N2+N3+N4+N5 或者 N1+N2+N3+N4+N5+M1。例如,不管三七二十一、九九八十一难。这种类型的数字习语较为罕见。

(二)英汉数字宗教渊源对比

1. 英语数字的宗教渊源

语言中的数字受到宗教的影响很深。可以说,宗教与西方的数字使用有着深厚的历史渊源。

西方国家人们多信奉基督教,而圣经作为基督教的经典,在西方社会中具有举足轻重的作用。比如,基督教往往认为上帝是由三个互相独立的神构成的,即圣父、圣子、圣灵,因此在西方 three 就是一个吉祥的数字。人们往往把事物存在的量或其发展过程一分为三,以示吉利。又如,由于上帝正好花了七天时间创造世界万物,因此"七天"表示一周,变成了世界通用的计时方法之一。

2. 汉语数字的宗教渊源

在中国,数字的使用同样受佛家、道教等主要宗教的影响。

首先,数字的使用受道教文化的影响较多。道教的创始人是老子,老子在道教的经典著作《道德经》中曾写道:"道生一,一生二,二生三,三生万物……周而复始,生生不息。"根据老子在《道德经》中的看法,世间万物皆源于五行。世间的事件都蕴含着五行相克的哲学思想。因此,人们认为数字"一"象征着整体、团结、开始、完美。道教思想还认为数字"九"是五行中最大的阳数,代表着"天",因此人们认为数字"九"是非常吉祥的数字。

其次,中国数字的使用在一定程度上受到了佛教思想的影响。例如,"三生有幸"中的"三生"是指佛教里的前生、今生和来生。又如,"道高一尺,魔高一丈"反映了佛教对数字使用的影响。

(三)英汉数字文化内涵对比

1. 英汉基本数字的文化内涵比较

(1)英语数字"one"与汉语数字"一"

在英语中,与 one 有关的习语有很多。

例1:a quick one 匆匆饮下的酒

例2:for one 举例来说

例3:one and all 大家、所有的人

例4:one for the road 最后一杯

例5:rolled up into one 集……于一身

例6:on the one hand 一方面

例7:looking out for number one 谋求自身的利益

例8:taking care of number one 为自己的利益打算

例9:one in a million 百里挑一

例10:one of those days 倒霉的日子

例11:one of those things 命中注定的事

例12:one lie makes for many 说一谎需百谎圆

在汉语中,数字"一"是所有数字的第一个,人们将"一"视为万数之首。这种思想在道教和佛教中都可以找到渊源。从古至今,中华民族经历了数次分分合合,从一次次的分裂走向一次次的联合,每一次的联合不仅意味着一种力量的重聚,更意味着人们逐渐增强的团结心和意志力。

在现代社会中,"一"的思想在人们的生活中具有重要体现。汉语中由"一"构

成的习语数量很多。例如,一了百了、一往无前、一心一意、一叶知秋、一本万利、一如既往等成语。又如,一失足成千古恨、一唱雄鸡天下白等。

(2)英语数字"two"与汉语数字"二"

在英语文化中,每年第二个月的第二天对冥王而言十分重要,因而 two 很多时候并不是一个吉祥的数字。总体来说,英语中 two 具有褒义和贬义两重色彩。

例13:two can play at the game 这一套你会我也会

例14:two of a trade never agree 同行是冤家

例15:two's company,three's none 两人成伴,三人不欢

例16:it takes two to tango 有关双方都有责任

例17:two wrongs don't make a right 不能用别人的错误来掩盖自己的错误

例18:be of two minds 三心二意

例19:put two and two together 综合起来推断

例20:in two shakes of a lamb's tail(=as quickly as possible) 马上

例21:be in two minds about something 决定不了

例22:stick two fingers up at somebody 指对某人很生气或不尊重某人

例23:There are not two ways about it. 别无选择/毫无疑问。

在汉语中,数字"二"为偶数之首,受道教和佛教的影响,中国人自古就喜欢偶数,人们认为偶数是一种圆满的象征。偶数虽然受到中国人的喜爱,但是数字"二"在汉语中的使用却不多见,数字"二"多以其他形式出现,如"两""双"等。例如,成双成对、两面三刀、两全其美、两情相悦、两小无猜、两袖清风等。

(3)英语数字"three"与汉语数字"三"

在英语数字文化中,three 占有重要地位,西方人将 three 当作"完整"的象征,three 在英语中可以表达"起始、中间和结果"之意。西方人对 three 的看法与汉语中"三生万物"的观点具有一定的相似性。西方人认为,世界由三个物质构成,即大地、海洋和天空,人体具有三重性,即肉体、心灵和精神。英语中关于 three 的习语有很多。

例24:three-ring circus 热闹非凡

例25:three in one 三位一体

例26:a three-cornered fight 三角竞争(有三个角逐者参加)

例27:three sheets in the wind 酩酊大醉

例28:three score years and ten 一辈子,古稀之年

例29:give three cheers for 为……欢呼三声

例 30：When three know it, all know it.

译文：三人知，天下晓。

例 31：All good things go by threes.

译文：一切好事以三为标准。

例 32：This is the third time. I hope good luck lies in odd numbers.

译文：这是第三次，我希望好运气在单数。

例 33：The third time's the charm.

译文：第三次一定成功。

例 34：A wicked woman and an evil is three halfpence worse than the evil.

译文：一个坏女人和一件坏事情比，坏事情要更坏。

例 35：Three's a crowd.

译文：两人想在一起时，第三者就显得碍事。

例 36：He that was born under a three half-penny planet, shall never be worth two pence.

译文：出生在三个半便士财运行星之下的人，永远不会值两便士。

与英语中 three 的重要地位一样，汉语中的数字"三"在中国文化中也具有悠久的历史。在中国传统文化中，"三"一直是极具代表性的数字，老子认为"三生万物"。在中华文化中，"三分法"原则在很多方面都有体现。例如，道教中的"三清"指"玉清、太清、上清"；"三灵"为"天、地、人"；古代三纲五常中的"三纲"指"君臣、父子、夫妇"。汉语中有关"三"的习语数量也很多，涉及很多领域，且含义褒贬不一。例如，三令五申、三思而行、举一反三、三顾茅庐、三户亡秦、狡兔三窟等。此外，还有很多和"三"相关的习语。例如：三年橡材六年柱，九年变成栋梁树；冰冻三尺非一日之寒；无事不登三宝殿。

（4）英语数字"four"与汉语数字"四"

英语中的 four 在历史上具有很多含义，但最基本的含义为物质世界的要素表达。

例 37：the four corners of the earth 天涯海角

例 38：the four freedom：freedom of speech, freedom of worship, freedom from want, freedom from fear.

译文：四大自由：言论自由、信仰自由、免于匮乏的自由、免于恐惧的自由。

在汉语中，"四"的拼音为"si"，"死"的拼音也为"si"，因此中国人认为数字"四"代表着不吉祥，对与数字"四"相关的事物总是避之不及，这表现在生活的各个方面,在买车、住房甚至选择手机号码时都会尽量选择与"四"无关的数字。

实际上,中国古人对"四"不像现代人那样厌恶。相反,在中国传统文化中,"四"具有的都是积极意义。例如,在道教中"道、天、帝、王"为四大,佛教中认为物质的四大元素为"水、土、火、风",儒家则以"孝、悌、忠、信"为四德。除此之外,汉语在自然界及方位的表达中都经常使用"四"。在汉语中,"四"还是一个平稳的数,如四条腿的桌子、椅子具有很高的平稳性,即"四平八稳"。然而,在俗语中,数字"四"与"三"一起时通常表示贬义。例如,说三道四,七个铜钱放两处——不三不四,等等。

(5)英语数字"five"与汉语数字"五"

西方人认为 five 是不吉祥的,因此英语中 five 的构词远不及其他数字那么多。但有一点需要注意,与 five 有关的星期五 Friday 在英语中却有很多用法和意义,这主要基于宗教原因。西方人多信仰基督教,耶稣在星期五被钉死在十字架上,因此人们认为星期五是耶稣的受难日。英语中关于 Friday 的习语也有很多。例如:

例 39:Friday face 神色不佳之人

例 40:pal Friday 极受信赖的女秘书

例 41:girl Friday 得力助手(尤指女秘书)

例 42:man Friday 男忠仆

例 43:Good Friday 耶稣受难日,复活节前的星期五

汉语数字"五"在中国的文化传统中占有重要地位,具有深远影响。中国古代,以"金、木、水、火、土"为自然界的五大元素,称为"五行"。"五行"相克相存,即五行之中金克木、木克土、土克水、水克火、火克金、金生水、水生木、木生火、火生土、土生金。数字"五"在"一"至"九"中居正中间,"五"为奇数和阳数。五行相克体现了汉民族的价值观,这是辩证思维的体现。五行学说对我国的哲学具有一定的影响。汉语中与"五"相关的说法有很多。例如:

五德:温、良、恭、俭、让

五谷:黍、稷、麦、菽、稻

五味:酸、甜、苦、辣、咸

五色:青、赤、白、黑、黄

五音:宫、商、角、徵、羽

五度:分、寸、尺、丈、引

五服:斩衰、齐衰、大功、小功、缌麻

五经:《周易》《尚书》《诗经》《礼记》《春秋》

五官:耳、眉、眼、鼻、口

五脏:心、肝、脾、肺、肾

五刃:刀、剑、矛、戟、矢

除此之外,数字"五"常与其他数字并用,如三五成群、五湖四海、三皇五帝、五花八门等。数字"五"的意义一般为褒义,但也有人因为数字"五"与"无""乌"的发音相似开始讨厌数字"五"。其实,对数字"五"的厌恶在古代早已有之。古汉语中的一句谚语就是很好的佐证:"善正月,恶五月。"自周代以来,民间一直就有"五月五日生子不举"的说法,因此"五月五日"也就成了禁忌日期。随着时代的进步,人们对数字"五"的禁忌也在逐渐减少。

(6)英语数字"six"与汉语数字"六"

在英语数字文化中,对数字 six 往往避之不及,认为任何与 six 有关的数字都有不祥的寓意。例如,"666"在基督教文化中是撒旦的代名词;耶稣受难的 Friday 的字母数为 six;肯尼迪被暗杀的日子为 11 月 22 日,这几个日期的数字之和正好为 six。由此可见,six 在英语文化中具有贬义的内涵。这一点从以下习语中也能体现:

例 44:six penny 不值钱的

例 45:six of best 一顿毒打

例 46:six and two three 不相上下

例 47:hit for six 彻底打败,完全击败

例 48:at sixes and sevens 乱七八糟;糊涂的;迷茫的

例 49:six of one and half a dozen of the other 半斤八两;两者没什么不同

例 50:six to one 六对一(表示很有把握),十有八九;相差悬殊

例 51:six of the best 以藤鞭击六下(学校的一种惩罚手段)

例 52:the six-foot way 铁路(两条铁轨之间的距离为 six feet)

与英语中的 six 不同,汉语中数字"六"则具有很多积极、和谐的寓意,有很多关于"六"的习语。例如,六六大顺、六六双全、六合之内等。俗语中有"眼观六路,耳听八方",其中"六路"即六合,指前、后、左、右、上、下,或指天地四方。《周礼》中有"六仪",指古代的六种礼节。

再看下面的说法:

六亲:父、母、妻、子、兄、弟

六行:孝、友、睦、姻、任、恤

六神:日、月、雷、风、山、泽

六畜：牛、羊、马、鸡、狗、猪

六欲：色欲、形貌欲、威仪姿态欲、言语音声欲、细滑欲、人相欲

人们在日常生活中对"六"也很喜爱。在农村，人们喜欢在农历的初六、十六、二十六等举行婚礼。中国人对数字"六"的喜欢在很多方面都有体现，如人们在选择自己的手机号码和车牌号时，对尾号或其中带有数字"六"的号码特别青睐。人们希望用这些号码为自己讨一个好运，希望自己能够一切顺利。

(7) 英语数字"seven"与汉语数字"七"

在西方文化中，seven 的文化内涵很丰富，人们讲究七种美德，并认为人生有七个时期，规定了七宗罪。同时，英语中的 seven 与 heaven，无论拼写还是读音都很接近，因此 seven 备受英美人士的喜爱。

例53：in one's seventh heaven 在无限的幸福和快乐中

例54：the seventh son of a seventh son 天赋异禀的后代；极为显要的后代

在早期的基督教文化中，seven 还是圣灵馈赠礼物的数量，是耶稣谈及十字架的次数。圣母玛利亚有七喜和七悲；上帝用七天的时间创造了世间万物，因而世人以七天为一周；耶稣说他可以原谅世人七乘七十次；主祷文分为七个部分。在圣经中也有很多和 seven 相关的表达。

例55：Seven Champions 基督教的"七守护神"

例56：Seven-Hill City "罗马"的别称

例57：Seven Sages 古希腊的"七贤"

例58：seven seas "世界"的代称

例59：seventh heaven 上帝和天使居住的"天国"；人类向往的极乐世界

根据毕达哥拉斯学派的说法，seven 是个吉祥的数字。古时候，西方人就将日、月、金星、木星、水星、火星、土星七个天体与神联系起来，对西方和世界文化具有重要影响。

除此之外，英国许多人认为人的身心状况每七年会有一次重大变化，孩子七岁时思想性格也会发生很大的改变，同时有"七岁看老"之说。

在汉语文化中，数字"七"通常被视为神秘的数字，其文化内涵也十分丰富。"七"常和时间、祸福等大事相关。"七"还被视为女子生命周期各个阶段的标志。在中国民间丧葬祭祀风俗中，人死后七天称为"头七"，此后七天一祭，祭完七七四十九天即是"断七"。在汉语文化中，"七"还经常与"八"连用。例如，七零八落、七拼八凑、乱七八糟、七手八脚等，这些说法多含贬义，比喻杂乱、无序。

此外，关于七的神秘说法还有很多，如天有"七星"，人有"七窍"，神话有"七仙

女""七夕节",古诗有"七律""七言""七绝"等。

(8)英语数字 eight 与汉语数字"八"

西方人对数字"八"有一种流行的解释,认为"8"像两个戒指上下靠在一起,竖立代表幸福,横倒是无穷大的符号,两者意义融合为"幸福绵绵无穷尽"之意。在《圣经·马太福音》中,eight 是个福音数字。其中,记载了耶稣曾经在给弟子布道时谈及的八件幸事,继创世六日及安息日而来的第八日象征复活,它宣告未来永恒时代的到来。同时,eight 意味着幸运,在上帝惩罚人类的大洪水中,只有八个人靠挪亚方舟逃生。

在汉语文化中,"八"是一个非常受欢迎的数字,因为它与"发(财)"谐音,而后者代表着财富、美好和富足。不论门牌号、房间号、手机号还是日期等,只要其中含有"八"都会被人们认为是大吉大利的。例如,"518"因与"我要发"谐音而成了众多商家竞相争夺的电话号码、车牌号码、手机号码等。日期中凡是含有"八"的,无一例外都被大家看作绝佳的良辰吉日。此外,"八"字还常用于给事物命名。例如,食品名称有"八宝粥""八珍",方位名词有"八方",家具名有"八仙桌",占卜中有"八卦"的说法,阵形有"八卦阵",文章有"八股文"等。

(9)英语数字 nine 与汉语数字"九"

在西方文化中,nine 是个神秘的数字,根据毕达哥拉斯学派的观点,"3"代表三位一体,3 个"3"则可构成一个完美的复数,因而 nine 的文化内涵也很丰富。在传统的西方文化中,nine 通常表示愉快、完美、长久、众多等。

例 60:be dressed up to the nines 打扮得很华丽

例 61:on cloud nine 得意扬扬;心情非常舒畅

例 62:crack up(flatter/honor/praise)to the nine 十全十美

例 63:a stitch in time saves nine 一针及时顶九针;小洞不补,大洞吃苦

在西方神话传说和宗教仪式中,nine 出现的频率也很高。例如,天有九重,地狱分九层。又如,北欧神话里的奥丁神在大桉树上吊了九天九夜,为人类赢得了神秘古字的奥秘。再如,挪亚方舟在洪水中漂流了九天才到达亚拉腊山顶。然而,历史上的盎格鲁-撒克逊人却将 nine 视为不吉利的数字,常用它来治病、占卜或驱除魔法。

在汉语文化中,数字"九"通常被视为"天数"。"九"和"久"谐音,因此封建帝王常借用"九"来预示统治的万世不变、地久天长。最为典型的要数故宫的建筑,共有九千九百九十九间,三个大殿内设有九龙宝座,宫门有九重,宫殿和大小城门上金黄色的门钉都是横九排、竖九排,共计九九八十一个。故宫内宫殿的台阶也都

是九级或九的倍数。天坛是皇帝祭天的场所,其圆丘、栏杆及圆丘上的石块数目都是九或九的倍数。在民俗文化中,"九"也被视为吉利的数字。例如,农历九月九日,两九相重,都是阳数,因此称为"重阳"。此外,中国传统文化中常将最高、最古、最多、最远、最深、最大的事物以"九"冠名。例如,一言九鼎、九霄云外、数九寒天、九五之尊、九死一生、三教九流、九州四海等。

(10)英语数字 ten 与汉语数字"十"

在西方文化中,ten 更多倾向褒义色彩。根据毕达哥拉斯学派的观点,ten 是头四个自然数之和(1+2+3+4=10),代表全体和完美。它是前九个数字朝一的回复,预示着万物起源于它,也将回归于它。英语中也有一些和 ten 相关的词汇。

例 64:ten to one 十之八九

例 65:the upper ten 社会精英

例 66:feel ten feet high 趾高气扬

在中国文化中,"十"是个吉祥的数字,备受人们的喜爱。早在东汉时期,经学家、文字学家许慎在《说文解字》中就将"十"的笔画进行了分解,"横为东西,竖为南北,则四方中央备矣"。"十"也常被视为完美的象征,有很多和"十"相关的词语。例如,十全十美、十分、十足、十拿九稳等。

(11)英语数字 thirteen 与汉语数字"十三"

在英语文化中,thirteen 是个令人恐惧不安、具有文化禁忌的数字,通常象征"倒霉,不吉利"。这种文化内涵有很深的历史渊源。在西方的中古时代,绞台有13 个台阶,绞环有 13 个绳圈,刽子手薪金是 13 个钱币。直到如今,高层建筑仍隐去第 13 层编号,剧场、飞机航班、火车等都无第 13 排座,公共汽车没有 13 路,甚至一些书籍都没有第 13 章。可见,西方人对 thirteen 的禁忌心理很严重,因此产生了很多和 thirteen 相关的表述。

例 67:unlucky thirteen 不吉利的 13

在圣经文化中,关于 thirteen 也有很多说法。例如,夏娃与亚当偷吃禁果之日是在 13 日;在最后的晚餐上,出卖耶稣的犹大(Judas)是餐桌上的第 13 个人。同时,耶稣受难日的星期五又正好是 13 日。因此,西方人大都认为 13 号诸事不宜,容易倒霉。在日常生活中,西方人对数字 13 的回避就像中国人回避数字 4 的心理一样。

从整体上来说,汉语中的数字"十三"不像英语中的 thirteen 那样具有文化凶义,有时甚至还具有积极的文化内涵。例如:明朝皇帝的陵墓有十三座,被统称"十三陵";清代京腔有"十三绝";北方戏曲的押韵都定为"十三辙";儒家的经典为《十三经》;清末小说家文康《儿女英雄传》中有侠女"十三妹";北京同仁堂药店有十三种最有名的中成药,号称"十三太保";中国古建筑塔多为十三层;中国佛教宗派为十三宗;行政十三级及其以上者为"高干";等等。

2. 英汉基数词与序数词的文化内涵比较

在英汉两种语言中,存在着很多有关基数词和序数词的习语表达,它们在数量和文化内涵层面存在着诸多差异。

(1)英语基数词和序数词构成的习语数量很多,其中序数词构成的习语占总量的42%,英语1—20之间的数字中只有 thirteen、fourteen、sixteen、seventeen 四个数字没有基数词的习语,其他主要集中在前面的七个数字之中,即 one、two、three、four、five、six、seven。

例1:one and only 唯一

例2:be at one 意见一致

例3:on all fours 匍匐着

例4:one or two 一两个

例5:take fives 休息一会儿

例6:seventy times seven 很大的数目

例7:at sixes and sevens 乱七八糟、杂乱无章

英语中的序数词构成的习语集中在 first、second、third、fifth 这四个数字上。

例8:take the fifth 拒绝回答

例9:second birth 精神上重生

例10:first and last 总而言之

例11:the third degree 刑讯、逼供

(2)汉语中的数字习语主要由基数词构成,序数词组成的习语很少。例如,一蹶不振、一知半解、一言一行、一时半刻、一鳞半爪等。

二、英汉数字文化互译

(一)保留数字直译法

运用保留数字的直译策略翻译英汉数字习语,不但有利于保留数字的文化意象,而且能在很大程度上弥补汉语数字习语典故在英语中语义空缺的情况,使译文更加通俗易懂。

例1:七嘴八舌

译文:with seven mouths and eight tongues

例2:十年树木,百年树人。

译文:It takes ten years to grow trees, but a hundred years to rear people.

(二)保留数字套用法

保留数字套用法是利用人类思维认知的共通性,将汉语中一小部分习语套用英语中和其相同的部分。这种翻译方法有两种情况。

(1)数字的大小可能会发生改变。

例1:半斤八两

译文:six of one and half of a dozen

例2:一个巴掌拍不响。

译文:It takes two to make a quarrel.

(2)套用还可以完全摒弃数字的文化意象,采用译入语中固有的表达来译。

例1:五十步笑百步。

译文:The pot calling the kettle black.

例2:不管三七二十一。

译文:Throwing cautions to the wind.

结合以上两种情况,对习语中数字是保留还是替换,译者应根据具体的情境和译入语语境来选择。

(三)通俗共用翻译法

通俗共用的翻译策略主要是针对英汉数字习语中内容和形式相近的同义数字而言的。这种翻译方法不仅能尽可能地传达原作内容、形式与色彩上的风格,还可以迎合译语在这些方面的要求,进而达到通俗共用的效果。

例1:in twos and threes

译文:三三两两

例2:kill two birds with one stone

译文:一举两得

(四)舍弃数字意译法

舍弃数字意译法是指保留数字习语所表达的意义,可适当摆脱形式的限制。这种翻译方法在很多情况下都适用,但可能会丢弃原文形象的表达。

例1:过五关斩六将

译文:to experience many hardships

例2:你在工商界威望很高,关系又多,真是四通八达。

译文：Your standing is very high in the world of business and you have plenty of contacts. Really, you are very well connected.

本例中"四通八达"本义是指通畅无阻、交通便利，四面八方都通达。但此处是夸张的说法，旨在表达一个人的人脉多，关系网密。运用舍弃数字意译法能够很好地传情达意，也利于英语读者把握原文真正的意思。

第五节　英汉色彩文化对比与翻译

一、英汉色彩文化对比

(一)英语 red 与汉语"红"

1. 英语中的 red

在西方文化中，red 的负面含义更加明显，主要表现在以下方面。

(1)表示负债、亏损。在西方，若账单、损益表中的净收入是负数时，人们会用红笔表示出来以突出显示。因此，red 可以表示负债、亏损。

例1：red ink 赤字

例2：red figure 赤字

例3：in the red 亏本

例4：red balance 赤字差额

(2)表示暴力、流血。红色如血，因此西方人常将 red 与流血、暴力、危险、激进联系在一起。

例5：red alert 空袭报警

例6：a red battle 血战

例7：red revenge 血腥复仇

例8：the red rules of tooth and claw 残杀和暴力统治

例9：red hot political campaign 激烈的政治运动

(3)表示放荡、淫秽。由于红色鲜艳、极其夺目，因此在西方文化中有诱惑、邪恶之美等隐喻含义。

例10：paint the town red 花天酒地地玩乐

例11：a red light district 红灯区（花街柳巷）

例12：a red waste of his youth 因放荡而浪费的青春

(4)表示愤怒、羞愧。人生气或害羞的时候会脸红，因此 red 也常指愤怒、羞愧的感情。

例 13：see red 大发脾气

例 14：become red-faced 难为情或困窘

例 15：waving a red flag 做惹别人生气的事

除此以外，red 在西方文化中有时也作为褒义词，表示尊贵、荣誉、尊敬。例如，在电影节开幕式或欢迎他国首脑的仪式上，主办方常铺红毯（red carpet）以迎接来宾。

2. 汉语中的"红"

红色是中国人最为喜爱的喜庆色，是一种被人们崇尚的颜色，通常具有积极的文化内涵。

（1）红色在中国人眼中象征着热烈、欢快、喜庆、吉祥、吉兆、财运等。在中国古代，王公贵族所居住的豪宅大院的大门多漆为红色，用以象征富贵。如今，中国人在结婚、过节、欢庆时都用红色作为装饰色调。例如，过节要贴红对联、挂红匾、剪红彩；生孩子要送红蛋；结婚要贴红喜字，用红被面、红枕头；等等。人们在本命年时，不论大人还是小孩，都要扎上红腰带，认为这样可以避凶消灾。

此外，表示兴旺和发达的词有"开门红""红光满面""红日高照""满堂红""红利""红包""分红"等；表示成功和圆满的词有"走红""演红了""红得发紫""红极一时"等。

（2）红色在中国文化中有忠诚的含义，尤其是在戏剧中，红色是具有正义、忠良意味的色彩。例如，关羽在戏剧中是红脸人物，被视为忠心耿耿的英雄。此外，中国人还常用"一片丹心""赤子""赤胆""红心"等来称赞英雄，激励自己。

（3）由于红色与血、火的色彩相同，因此红色在中国还用来代表革命，这使红色被抹上了一层政治色彩。

（4）红色在现代汉语中还象征着青春、健康和积极向上。例如，"红光满面""红润"等。

总之，中国人十分喜爱红色，在西方人眼里，红色是中国独具特色的文化象征之一。当然，红色在汉语文化中也有贬义的色彩。例如，红色可以表达某种消极情绪，如"面红耳赤""脸色通红""眼红"等。

（二）英语 yellow 与汉语"黄"

1. 英语中的 yellow

在西方文化中，yellow 作为普遍存在的颜色，其内涵存在褒、贬两个层面，其中贬义色彩更为浓厚一些。

第九章　跨文化视角下英汉习俗文化对比与翻译

(1)英语中 yellow 的贬义含义主要体现在以下几个方面。

第一,表示胆怯、懦弱。在英语中,黄色能带给人们喜悦、兴高采烈的心情,但有时也能使人情绪不稳定,常与懦弱、卑怯有关。

例 1:yellow dog 懦夫,胆小鬼

例 2:yellow-livered 胆小的

例 3:yellow streak 生性怯懦

第二,表示警告、危险。

例 4:yellow line 黄色警戒线

例 5:yellow flag 黄色检疫旗

例 6:yellow warning 黄色警告

第三,表示疾病或指秋天的落叶萧条、死亡或枯黄。

例 7:yellow blight 枯黄病

例 8:yellow leaf 枯叶

例 9:yellow fever 黄热病

第四,表示以庸俗的文字、耸人听闻的报道吸引读者的报纸或新闻。

例 10:yellow journalism 黄色新闻

例 11:yellow press 色情出版

第五,表示不值钱的、廉价的、无用的。

例 12:yellow covered（法国出版的）黄色纸张印刷或黄色封皮的廉价小说

第六,表示非法合约名称或机构名称。

例 13:yellow-dog contract 美国劳资间签订的劳方不加入工会的合约

例 14:Yellow Union 黄色工会,常待命出动破坏罢工

(2)yellow 在西方文化中的褒义内涵主要体现在以下两个方面。

第一,象征财富。

例 17:yellow boy 金币

第二,表示荣誉或竞技。

例 18:yellow jersey 环法自行车赛冠军所得奖品

例 19:yellow ribbon 士兵团结一致的战斗精神

此外,在美国,黄色还表示怀念、思慕和期待远方亲人归来的意思。例如,yellow ribbon 除表示战斗精神外,还指人们在书上、车上或其他地方挂的黄色丝带,用来表示希望正在国外处于困境的亲人早点归来。

2. 汉语中的"黄"

在中国文化中,黄色是一种特殊又矛盾的有代表性的颜色。可以说,黄色自古以来就与中国传统文化有着不解之缘。从古代到现代,人们也赋予了黄色一些极其不同的文化联想意义。具体来说,黄色的文化内涵主要有以下几个方面。

(1)象征皇权、尊贵。在中国,黄色常常象征着地位的高贵。特别是在中国封建社会中,黄色是皇权的象征,是权力的标志。又如,"黄袍"是天子穿的衣服,"黄榜"是指皇帝发出的公告。再如,在古代建筑中,只有皇宫、皇陵才可以使用黄色琉璃。由此可见,黄色是尊贵的象征。

(2)象征神灵。"黄"在传统的中国文化中还带有一层神秘色彩,象征神灵。例如,"黄道吉日"是指宜办喜事的吉日,"黄表纸"是祭祀神灵时烧的纸,"黄泉"是指阴间。

(3)象征富足。中华民族发源于黄河流域,又由于金子与成熟的谷物呈黄色,因此黄色还是富足的象征。古时大户人家常使用各种黄金器皿,佩戴各种黄金首饰,以此显示其富有或显赫的地位。

(4)象征稚嫩。由于婴儿的头发是细细的黄毛,所以黄色可以用来指幼儿,如"黄童白叟"。另外,黄色也常用来讥诮未经世事、稚嫩无知的年轻人,如"黄口小儿""黄毛丫头"等。

(5)象征色情、淫秽、下流、堕落。受 yellow back(轰动一时的廉价小说)一词的影响,黄色在现代汉语文化中具有色情淫乱的象征意义,如"黄色小说""黄色图片""黄色书刊""黄色音乐""黄色电影""黄段子"等。

(6)在中国戏剧中,黄色脸谱代表着凶猛和残暴。

(三)英语 blue 与汉语"蓝"

1. 英语中的 blue

在英语中,blue 的文化内涵主要表现在以下几个方面。

(1)blue 象征着荣誉和对美好事业的追求,被视为当选者或领导者的标志。

例1:blue book 蓝皮书(用于刊载知名人士)

例2:blue ribbon 蓝带(象征荣誉)

(2)blue 象征博大、力量、永恒,常让人联想到天空和大海等博大的事物。例如,常将苍天和大海称为 the blue。

(3)blue 用于表示反面的含义,如悲哀、空虚、阴冷、抑郁等。

例3:in the blue mood/having the blues 情绪低沉;烦闷;沮丧

例4:blue devils 蓝鬼(沮丧、忧郁的代名词)

例5：a blue Monday 倒霉的星期一

例6：blues 曲调忧伤而缓慢的布鲁斯

此外，还有一些带有 blue 的英语短语。

例7：blue chip 热门股票，蓝筹股

例8：a blue-collar worker 体力劳动者

例9：a bolt from the blue 晴天霹雳

例10：blue pencil 校对，删改

例11：be blue with cold 冻得发青

例12：into the blue 无影无踪；遥远地

2. 汉语中的"蓝"

在自然界的色彩中，蓝色给人以轻快明亮的感觉，这是因为大海、天空均为蓝色。但是，以蓝色为核心的词语构成在汉语中是十分贫乏的。无论在古代汉语还是现代汉语中，"蓝"字通常都是就事论事地使用，没有其他的引申义。

如果说象征意义，在现代，蓝色的一个比较常见的代表意义是"依据"。例如，"蓝本"原本是指书籍正式复印之前为校稿审订而印制的蓝色字体的初印本，后来专指撰著、改编等所依据的底本、原稿。又如，"蓝图"一词源自英语单词 blueprint，原指设计图纸，因其为蓝色而得名，现在也用以喻指建设所依据的设计、规划及人们对未来的宏大设想等。

此外，在中国文化中，蓝色还用来代表稳定、沉着、勇敢和素净。例如，在传统戏剧中，蓝色的脸谱代表着坚毅、勇敢。

二、英汉色彩文化互译

（一）直接翻译法

对于英汉两种语言中具有相同联想意义的色彩词，在翻译时通常可以保留原有形式进行直接翻译。

例1：red rose 红玫瑰

例2：red carpet 红地毯

例3：a dark red blouse 一件深红的罩衫

例4：yellow brass 黄铜

例5：blue-collar workers 蓝领阶层

例6：The boy flushed red with shame.

译文：这个男孩羞红了脸。

(二)变色翻译法

这种翻译方法主要用于英汉两种语言经常使用不同的色彩词来表达同一个意思的情况。具体而言,就是将源语的色彩词转换成目标语中与之相对应的色彩词,使其与读者所处的文化背景、语言习惯相符合的翻译方法。

例1:My finger was caught in crack of the door and got pinched black and blue.

译文:我的手指夹在门缝里,压得又青又紫。

本例中,英语文化习惯用"black and blue"对遍体鳞伤、伤痕累累进行描述,在汉语文化中却用"又青又紫""青一块紫一块"来表达,如此,变色翻译更为恰当。

例2:red sky 彩霞

例3:brown sugar 红糖

例4:purple wine 红葡萄酒

(三)增色翻译法

增色翻译法是指源语中并未出现色彩词,译者可以根据目的语的表达习惯增添一个或几个色彩词,使其与源语相近或相似。

例1:重要的日子/节日 red-letter day

例2:大怒 see red

例3:繁文缛节 red tape

例4:His eyes became moist.

译文:他的眼圈红了。

(四)删色翻译法

有时候,英汉两种语言中的一部分颜色词无法进行直译,也无法替换颜色词进行翻译,此时可以去掉颜色词进行意译,以便更准确地表达本意。

例1:honor roll 红榜

例2:good luck 红运

例3:a black look 怒目

例4:red ruin 火灾

第十章
跨文化视角下翻译中结构和语义的调整

第一节　词、短语调整
第二节　句、段调整

由于文化的不同,语言形式的不同,特别是思维模式的不同,同样的意念活动其表现形式有很大不同。因而翻译过程中我们不可避免地要改变原文的语言形式,甚至要改变意念的连接形式,这种改变就是结构和语义的调整。

例:Good morning!

Don't add fuel to the fire.

以上例句中,第一句自然译成了"早上好!"而非译成"好早晨!"此处在不知不觉之中使用了结构调整的技巧。第二句所言与汉语谚语"不要火上浇油!"大同小异,也在不知不觉之中使用了语义调整的技巧。这两个例子说明调整可分为以语言形式为主的结构性调整,和以语义重新分布为主的语义调整。更为常见的情况是译者需要将两个调整同时并用。本章以讨论调整的手段为主,也介绍一些必需进行调整的情况。

第一节 词、短语调整

一、词调整

词调整是结构性调整的一种,词调整的主要手段是词类转换。

例:He admire the President's stated decision to fight for the job.

译文:他对总统声明为保住其职位而决心奋斗的精神表示钦佩。

对比原文我们会发现,该例子中的原文用 admire 和 fight 做动词,译文则是用"声明""保住""决心""奋斗"做动词,真实地反映了英汉两种语言的各自特点。英语利用词尾的曲折变化和构词法对词的性质进行定位,词类转换要使用大量新形式的词以在词类上区别于原词;汉语由于没有词形变化,词类转换要简单得多。下面十种英译汉时进行词类转换的情况。

（一）名词转译动词

英语中大量由动词派生的名词和具有动作意义的名词以及有些名词往往可转译为汉语的动词。

例1:Rockets have found application of the exploration of the universe.

译文:火箭已用来探索宇宙。

例2:Our ultimate aim is the abolition of exploitation of man by man, liberation of the oppressed of the world.

译文:我们的最终目标是要消灭人剥削人的制度,要解放世界上被压迫的人们。

例 3：The policeman witnessed the collision and turnover of the truck.

译文：警察目睹了那辆卡车和其他车相撞，并翻了车。

以上各句从词源来看均是由动词派生的名词。

例 4：As the week drew to a close, the enemy route was complete.

译文：一周快结束时，敌人彻底溃退了。

例 5：A glance through his office offers a panoramic view of the Washington Monument and Lincoln Memorial.

译文：从他的办公室窗口可以一眼看到华盛顿纪念碑和林肯纪念馆。

例 6：Example is not the main thing in influencing others. It is the only thing.

译文：以身作则不是影响他人的主要方法，而是唯一的方法。

以上名词均含有动作意味。

例 7：She is a well-known singer.

例 8：Some of my classmates are good singers.

例 7 中的 singer 指的是职业"歌唱家"，所以本句译为：她是位著名的歌唱家。例 8 中的 singer 从 classmate 可知不是职业"歌唱家"，因此应译为：我的同学中有些人歌唱得很好。翻译时应注意，后缀为-er/-or 等名词，如果在句中不是指职业或身份时，往往表现出强烈的动作意味，此时宜译为汉语动词。

(二) 介转译动词

这是一种非常有趣的现象，英语的介词不仅可以表示时间、地点、空间等概念，而且还用来表示动作意味。汉译时往往译作动词。

例 1：Lu Yao, a famous Chinese writer, worked long hours on meager food, in cold caves, by dim lamps.

译文：路遥这位中国当代著名的作家，吃简陋的饭食，住寒冷的窑洞，靠微弱的灯光，长时间地写作。

例 2："Coming!" away she skimmed over the lawn, up the path, up the steps, across the verandah, and into the porch.

译文："来啦！"她转身蹦蹦跳跳地跑了，越过草地，跑上小径，跨上台阶，穿过阳台，进了门廊。

例 3：By eleven, he was between the sheets.

译文：11 点，他已经钻进了被窝。

(三)形容词转译动词

表示知觉、情欲、欲望心理状态的形容词在连系动词 be 后作表语时,往往译作动词。

例1:Doctors have said that they are not sure they can save his life.

译文:医生不确定能否救得了他的命。

例2:The fact that she was able to send a message was a hint. But I had to be cautious.

译文:她能够给我带个信儿这本身就是个暗示。但是,我必须小心谨慎。

例3:He said the meeting was informative.

译文:他说,这个会使他知道了许多事情。

例4:This program was not popular with all of the citizens.

译文:并不是所有的居民都喜欢这个计划。

例5:They were suspicious and resentful of him.

译文:他们不信任他,而且讨厌他。

例6:We are not content with our present achievement.

译文:我们并不满足于我们现有的成就。

常见的这类形容词还有:confident、certain、careful、cautious、angry、afraid、ignorant、aware、concerned、glad、delighted、sorry、ashamed、thankful、anxious、grateful 等等。以上这些形容词不仅作表语时可以考虑转译为动词,作定语时也可以考虑这样译。

例7:For the first time in memory, lunch counter customers cannot depend on free onion slices with their hamburgers.

译文:我平生第一次看到,吃快餐的人不能要求免费在汉堡包里增加几片洋葱。

例8:He was a very classless person.

译文:他是最不看重别人社会地位的人。

(四)副词转译动词

英语中一些副词汉译时根据其作用应译为动词。

例1:I must be off now.

译文:我现在该走了。

例2:Each time out was a continuation, not a repetition.

译文：每出游一次，都是上一次的继续，而不是重复。

例3：As he ran out, he forgot to have his shoes on.

译文：他跑出去的时候，忘记了穿鞋。

（五）动词转译名词

由名词派生的动词或由名词转用为动词的，在汉语中往往找不到相应的动词，这时可将其转译为汉语的名词。

例1：Formality has always characterized their relationship.

译文：他们之间的关系有一个特点是以礼相待。

例2：They argue that regimes come and go, that political issues are always transient, that the Olympic spirit is transcendent.

译文：他们说政权无非是走马灯，政治问题总是朝生夕逝的，只有奥林匹克精神才是永世长存的。

有些形式上是被动式的动词也可以译作名词。

例3：Most US spy satellites are designed to burn up in the earth's atmosphere after completing their missions.

译文：美国大部分间谍卫星，按其设计，在完成使命后返回地球时，均在大气层中焚毁。

例4：Snow was treated very shabbily by the US press and officialdom during this period, victimized for his views.

译文：在这期间，斯诺受到了美国新闻界和政界极不公平的对待，由于他的观点，他受到了迫害。

（六）形容词转译名词

一些固定的表达方式，如：the+形容词指某一类人时，都应译为名词；除此以外，形容词是否译为名词要视具体情况而定。

例1：The new treaty would be good for 10 years.

译文：这个新条约有效期10年。

例2：Steveson was eloquent and elegant—but soft.

译文：史蒂文森有口才，有风度，就是性格懦弱。

例3：The family were religious.

译文：全家人都是虔诚的教徒。

例4：They were considered insincere.

· 223 ·

译文：他们被认为是伪君子。

（七）名词转译形容词

形容词+名词作表语和作表语的 of+（由形容词派生的）名词均可以转译成形容词。

例1：The blocked were a success.

译文：封锁很成功。

例2：As he is a perfect stranger in the city, I hope you will give him the necessary help.

译文：他对这个城市完全陌生，所以我希望你能给他必要的帮助。

例3：Independent thinking is an absolute necessity in study.

译文：独立思考对学习是绝对必需的。

其他名词是否转译为形容词要视具体情况而定。

例4：The security and warmth of the destroyers' sick bay were wonderful.

译文：驱逐舰的病室很安全也很温暖，好极了。

例5：The pallor of her face indicated how she was feeling at the moment.

译文：她苍白的脸色清楚地表明了她那时的情绪。

（八）动词转译形容词

这种情况不多，但的确存在。

例1：She lived in Stone Road, which lived up to its name—it wasn't made up.

译文：她住在石子路，这条路真是路如其名，路面不平。

例2：Let me see if it works.

译文：让我瞧瞧它是不是坏了。

（九）副词转译形容词、形容词转译副词

这种副词、形容词互相转换的情况很常见。

例1：Occasionally a drizzle came down, and the intermittent flashes of lightening made us turn apprehensive glances towards Zero.

译文：偶尔下一点毛毛雨，断断续续的闪电使我们不时忧虑地朝着 Zero 地区的方向望去。

例2：This is sheer nonsense.

译文：这完全是胡说。

例3：Buckley was in a clear minority.

译文:巴克利显然属于少数。

例4:The modern world is experiencing rapid development of science and technology.

译文:当今世界科学技术正在迅速发展。

例5:More and more scientists are visiting the region to acquire new knowledge which will help us to have a better understanding of the earth as a whole.

译文:现在有越来越多的科学家前往该地区,以获得新的知识,因为这些知识将有助于我们更好地了解整个地球。

形容词转译成副词往往是由于英汉两种语言表达习惯不同造成的,如果将形容词强译成"……的",汉语译文会十分别扭。

例6:I'm sorry,but you're dialed the wrong number.

译文:对不起,您拨错了电话号码。

例7:He is the very man I want to see.

译文:他正是我想要见的人。

例8:A helicopter is free to go almost anywhere.

译文:直升机几乎可以飞到任何地方去。

(十)副词转译名词、名词转译副词

这种转换更多的是由于汉语表达习惯的要求。

例1:When he catches a glimpse of a potential antagonist, his instinct is to win him over with charm and humor.

译文:只要一发现有可能反对他的人,他就本能地要用他的魅力和风趣将那个人争取过来。

例2:The new mayor earned some appreciation by the courtesy of coming to visit the city poor.

译文:新市长有礼貌地前来访问城市贫民,获得了他们的一些好感。

例3:They have not done so well ideologically, however, as organizationally.

译文:但是他们的思想工作没有组织工作做得好。

二、短语调整

英语短语类型很多,但需要做调整的短语主要是名词短语,尤其是以名词作主导词并带有前后修饰语的时候。短语调整与词调整有相同之处,即调整的常用手段都是词类转换,但短语调整还需要考虑语义方面的调整。语义方面的调整就是分析作主导词的名词与其前后修饰语的内在联系,并在译文中将这种内在联系表现出来。如:the appearance of the book,appearance 与 book 的内在联系可能是定语的关系,译成"这本书的出现",也可能是主谓关系,译成"这本书出现时"。这种内在联系及形式有以下几种情况。

(一)动宾关系

例1:The sight of the orphan always reminds me of her parents.

译文:一见到那孤儿,我就想到她的父母。

本句的 sight 和 see 基本上同出一源,所以 sight 与 orphan 的关系可以理解为逻辑上的动宾关系。

例2:The Security Council affirms that the fulfillment of Charter principles required the establishment of just and lasting peace in the Middle East.

译文:安全理事会申明,履行联合国宪章原则需要在中东建立公正和持久的和平。

例3:The creation of synthetic protein from petroleum to make food comes first on the list of current oil company research projects in some countries.

译文:从石油中提取合成蛋白以制造人造食品已被列为某些国家石油公司当前的首要科研项目。

(二)主谓关系

上文各例中主导词大多数是由及物动词转化过来的名词,仍然起着及物动词的作用,与介词后的名词构成逻辑上的动宾关系。如果主导词是从不及物动词转化过来的名词,后面仍接 of 短语,从逻辑上看,动作或行为有可能是 of 后的名词所为,它们之间的关系就是主谓关系,后者为主,前者为谓。翻译要把这个关系体现出来。

例1:The appearance of the book on the market caused a sensation.

译文:这本书在市场上一出现就轰动一时。

例2:The sharp divergence of opinion in the General Assembly makes it difficult to adopt a meaningful resolution.

译文:大会上(指联大)意见分歧很大,以至难以通过一项有实际意义的决议。

有的动词,如 advance,既可以作及物动词,也可以作不及物动词,它转化为名词可有两种形式,但意思稍有区别:advance(*vt.*)转化成 advancement,意为"促进,推进,发展";advance(*vi.*)转化成 advance,意为"前进,进展"。

例3：The advance of science has been very great during the last fifty years.

译文：近五十年科学有了极大的进步。

（advance 和 science 是主谓关系）

主导词与后置修饰语的这种内在主谓关系也常常在"形容词+名词"结构中出现。

例4：Stainless steels possess good hardness and high strength.

译文：不锈钢硬度大，强度高。

本句中的 good 和 hardness，high 和 strength 都是按主系表结构翻译的。

例5：Other requirements of the lathe tool are long life, low power consumption, and low cost.

译文：车床的其他要求是使用寿命长，动力消耗少和造价低。

（三）主谓、动宾双重关系

例1：The love of parents for their children is perfect and minute

本句中"love of parents"的主导词是 love，parents 与主导词的逻辑关系为主谓关系；love 与 children 则是动宾关系，构成主谓、动宾双重关系。本句可译为：父母爱其子女是无微不至的。

例2：The plan of exploration of the Antarctic by a group of scientists has been approved.

译文：一组科学家考察南极的计划已获批准。

（四）所有格构成的名词短语的逻辑关系

请看下面的例子。

例1：Lincoln's speech = Lincoln made the speech

例2：Lincoln's assassination = Lincoln was assassinated

例1 从语法上看，Lincoln's 是 speech 的修饰语，就其逻辑关系看，却是"林肯做的演讲"，是主谓关系；例2 的主导词 assassination 与 Lincoln 则含有动宾关系。

例3：The doctor's extremely quick arrive and uncommonly careful examination of the patient brought about her very speedy recovery.

译文：医生火速赶到，给病人极其仔细的检查，使病人很快恢复了健康。

例4：Man's sudden concern for the environment has introduced a new dimension into international relations.

译文：人们忽然关心起环境问题，因而我们必须从新的角度来看待国际关系。

(五)名词短语的其他译法(增词或减词)

翻译名词短语,除了弄清楚其主导词与从属词(即前后有修饰关系的名词和代词)之间的关系之外,还要同上下文相呼应,如全句中有表示疑问、犹豫、不确定等含义的词,翻译主导词时可以加"是否""如何""与否"等词,使全句的意思更为鲜活,语气更加委婉。

例1:The major problem in fabrication is the control of contamination and foreign material.

译文:制造过程中的主要问题是如何控制污染和杂质。

例2:The Secretary-General might be asked to make an assessment of the technical feasibility of the two options.

译文:未尝不可请秘书长估计一下这两种选择在技术上是否可行。

例3:Yet another casualty is the credibility of the big power.

译文:但是还有一件糟糕的事,就是大国是否可信的问题。

有些词语字面意思非常清楚、明确、具体,但从文章的字里行间来看,作者本意是泛指或概括一般性概念。此时,应用概括笼统的词语来表达,才能符合汉语的表达习惯。

例4:But their new country continues to see them only as a pair of hands or a strong back to be put to work.

译文:但是,这个新国家仍把他们看作可使唤的强壮劳动力而已。

本句不宜译为"一双手或强壮的背",而应用概括性的语汇加以翻译。

例5:In the modern world salt has many uses beyond the dining table.

译文:在当今世界上,盐除供食用外,还有许多其他用途。

第二节 句、段调整

一、句调整

原文和译文两种语言在句子结构相差很大时,都需要进行句调整。英汉两种语言句子结构存在差异的情况集中表现在以下三种句式。

(一)句子种类的调整

句子种类的调整有原文的简单句译为并列句,以及原文的并列句或主从复合句译为简单句。

例1：The prisoners were permitted to receive Red Cross food parcels and write censored letters.

译文：允许俘虏领取红十字会的食品包裹，也允许他们写信，不过信要受到检察。

原文中 receive 和 write 是并列的主语补足语，译文重复了"允许"；原文的 censored 被扩展为一个表示条件的句子。

例2：He sought unsuccessfully to buy that company in 1977.

译文：他于1977年试图购买那家公司，但未成功。

原文的 unsuccessfully 被扩展为一个表示结果的句子。由此可见，原文中表示条件或结果的词语，在译文中可考虑扩展成为并列句。

例3：Throughout our lives, we may continue our education, learning from human contacts as well as from books.

译文：我们一生都能受到教育，我们不仅从书本中学习，而且也从与人交往中学习。

原文的 learning from human contacts as well as from books 不仅译成了并列句，而且自己还构成并列结构。

以上为拆译。下面介绍合译。

例4：He points out the weakness of all the other arguments before his own. This he does in a very kind, modest and generous way.

译文：他用很友善、谦虚和宽容的方式指出了前人所有论点的不足。

原文为两个简单句，合译为一个简单句，第二句译成了方式状语。

例5：The time was 10:30. Traffic on the street was light.

译文：10点半的时候，街上往来的车辆已稀少了。

在句调整中使用拆译或合译的手段，其目的是为了保证译文的顺畅、紧凑。换言之，若按原文译出，则不符合汉语的习惯。为了方便读者阅读，也应进行结构性调整。

(二) 无生命事物作主语时的句调整(转译)

汉语语法规定大多数动词作谓语时只能以有生命的人或人类的社会组织为主语，即施动者，而英语语法中则无此种规定。因此，许多英语句子的主语不能直接对译到汉语句子中去，必须使用转译的手段进行句调整。

例1：Absence and distance make the overseas Chinese heart increasingly fond of

New China.

译文：华侨背井离乡，远居国外，因此在感情上越来越热爱新中国。

本句译文选择"华侨"（人）作主语，原因状语前置，原动词后用作复合宾语的部分改译为结果。

例2：Shortness of time has required our omission of some sites.

译文：由于时间不够，我们没能参观某些景点。

本句的原因状语前置。

例3：The delight of the children at the sight of some dish on the table showed that it was a rarity.

译文：当孩子们看到某一样菜眉开眼笑时，我们就可以知道他们是难得吃到那种菜的。

例4：The evening of Nov. 13 saw the UN tactics bearing fruit.

译文：11月3日晚，联合国的战术开始奏效了。

以上两句都是时间状语前置。

例5：Another bonus will take him to the University of Berlin.

译文：如果他有另一笔奖金的话，他就可以读柏林大学了。

本句是条件状语从句，译成汉语时，原因放在译文句首。

例6：His bouncing energy and high-keyed optimism contributes much to all of us.

译文：他精力充沛，高度乐观，使我们为之一震。

本句译成了汉语的使动结构。

英语中有些短句的谓语动词含有"导致""造成""促使"等结果性意义，作主语的名词短语常常表示原因或条件等逻辑关系，译成汉语时也需要做句调整。

例7：The growing crisis in energy calls for a crash program of just this magnitude.

译文：由于能源危机日益严重，因此需要采取相应的应急计划。

例8：Not to educate the children is to condemn them to repetitious ignorance.

译文：如果我们不对儿童进行教育的话，那就是要使他们一再沦入愚昧状态。

（三）被动结构的句调整

被动结构在英语中使用非常广泛，在汉语中使用得很少，这一是因为汉语中许多动词既可表主动也可表被动；二是一般来说，汉语被动句只有在迫不得已时才使用。所以，英语的被动句多译为汉语的主动句。

例1：The matter was never mentioned again.

译文：后来，再也没有提起这事。

译文为汉语的无主语句,没有提及施动者。

例2:I had no knowledge of this and had not been consulted on the exam paper.

译文:我不知道这件事,也没人同我商量过考卷的事。

译文补充了施动者"没人"。

以上各句均译成了汉语的主动句,但以下两句又非译成汉语被动句不可:

例3:So, after ten years, the old leader had been ousted by a woman.

译文:如此,那位老首领在位十年之后竟被一个女人撵下了台。

例4:The president said, "Egypt is always capable with the God's help to isolate rather than to be isolated."

译文:总统说道:"在真主的帮助下,埃及总能孤立别人而不会被人所孤立"。

以下两句英文为主动句,汉语却译成了被动句。

例5:The clever failed because of their cleverness.

译文:聪明反被聪明误。

例6:I had brought the boy to tears.

译文:那个男孩被我弄得要哭了。

二、段调整

语段是由几个意义关系比较密切的句子构成的一个整体。这些句子按一定逻辑意义加以排列,始终服务于语段的中心内容。句子的这种特征使其具有了意义上的"断续-接续"的性质,即句子既形成相对完整的语义单位又在语段中起着承接作用。这种承接作用的表现形式为逻辑纽带和照应关系。

逻辑纽带指利用过渡词语表示讲话者的思维方向。

例1:He has just published a good novel. His previous novels were all poor.

句中的previous指明本句和前句时间上的先后关系,起到将两句连接成具有一定逻辑意义的整体的作用。

照应关系即所指关系,指必须从某个词所指对象中确定其意义。

例2:Films praise the good qualities of their articles through advertising. They do so in order to outsell other films.

如果孤立地确定本句中they的意义,其范围之广令人难以捉摸。但在they的指代关系中,我们可肯定是指片商们。全句译为:片商们总是通过广告颂扬影片的引人之处。他们这样做的目的是为了兜售其他的拷贝。

例3:The applicant is at the door. Shall I ask him in?

译文：申请人在门口，需要请他进来吗？

本句意思十分清楚，我们不会先译疑问部分再译陈述部分。这是因为句中 him 起前后句的承接作用，申请人和他所处的位置是已知信息，新信息是要不要与他见面。新信息的中心是 ask in，两句中的 applicant 和 I 均是表述出发点。本句翻译时要突出新信息中心，可不译 I。

段调整主要集中在已知信息、新信息、新信息中心和表述出发点等的调整。这些调整涉及以下几个方面。

例 4：The very next day the Count sent for Antonio to come and live with him. The best artists in the land were employed to teach him the art in which he had shown so much skill; but now, instead of carving butter, he chiseled marble.

译文：第二天，伯爵把安东尼奥找来，让他住在自己家里。伯爵请来了当地最优秀的艺术家，为安东尼奥进行艺术上的指导，在艺术上他已显露出高超的技艺了。但是这时，他不再雕刻黄油，而是雕刻大理石。

句中的 the Count 为表述的出发点，信息中心是 send for sb. come and live；第二句结构为被动式，但为了保持与前句的逻辑顺序，译成了主动句，以使译文的表述出发点与前句的已知信息一致，避免了思维的跳跃。从本段翻译中可以看到段调整的第一个要求："表述出发点"要尽可能保持与"已知信息"一致。

例 5：At last the wind died down. Great gray clouds moved towards the west. The sky was seen, jeweled with bright stars. A red line appeared at the edge of the sea; the waves became white; a light played over them and touched their heads with gold. It was day.

译文：终于风声渐息。大片灰色的云块向西边席卷而去。天空显露出来，明亮的星星宝石般地闪着光。海边出现一条红线，波浪变成了白色；曙光在波浪中闪烁，把浪尖染成金黄色，白天来临了。

例 5 是一段对客观景物的描写，从云彩、天空、海边、波浪、曙光到浪尖，语篇的连接纽带是靠时间和空间关系来完成的。时间关系是各种景观出现的先后顺序；空间关系表现在高指天空，低指眼前的大海，远指向西，远远的海面。此外，还运用了照应关系，使用指代词 them，指明前文的 waves。

翻译这样的语段时，关键是遵照原文已提供的连接纽带，做到描写角度统一。如果第二句中的被动式转译为主动句，加进了"人们可以……"则令读者感到突然；把最后一句译为"这是白天"，也缺乏根据，it 虽为代词，但此处用作非人称 it，表时间，而非指代"东西"。以上介绍的是语段调整的第二个要求：保持描写的角

第十章 跨文化视角下翻译中结构和语义的调整

度统一。

例6：It was about 3A. M. I lay down on a sofa in the living room wanting to sleep, but unable to. The first book I could find was George Kennan's Memories. In his chapter on "Prague,1938-1939", I read "I was wakened by a phone call at four thirty in the morning. The shaky voice of terrified acquaintance told me that the German troops would begin the occupation of Bohemia and Moravia at six o'clock. The wind was howling and the snow was falling in the dark streets as I made my way to legation."

译文：大约是夜里三点，我在起居室的沙发上躺下来打算睡一会儿，可是睡不着。于是我顺手拿起一本书，是乔泊·凯南写的回忆录。在他写的"1938—1939年，布拉格"那一章里我看到："早上4点半，电话铃声把我惊醒了……电话里传来一位惊魂未定的朋友战栗的声音，他告诉我说，6点钟德军就要开始攻占波西尼亚和摩拉维亚……在我去使馆的途中，漆黑的街道上，狂风怒吼，大雪纷飞。"

这一段有两个背景，一为讲故事的"我"，一为电话中的"我"，即凯南。译时可利用引语形式将它们分开。另外，多处采用增词的译法，如 A. M. 译为"夜里"，unable to 译为"睡不着"，the first book I could find 译为"顺手拿起一本书"。译文中还加译了"在他写的……""电话里传来"等。使用这些译法无非是将英语的篇章纽带，即照应关系和逻辑关系表达得更清楚更准确。由此可见段调整的第三个要求：注意"前言"和"后语"之间承接词语的运用。

例7："You asked me when I fell in love with you. I'm telling you."

"But it's so absurd. Like everything else you say and do. What did you know about me? Anyhow, my eyes must have been totally bloodshot. I'd been up till four, having one hellish row with Lesle. You struck me as nothing at all, dear, so I didn't give a damn. Now look…"

译文："你问我是什么时候爱上你的，现在告诉你实话吧。"

"可这也太荒唐了，就像你说的话和做的事一样荒唐。你那时候了解我什么？而且，当时我的眼睛一定布满了血丝，你知道，那天我直到早上四点才睡，因为跟莱斯利大吵了一架。你那时根本没有给我留下什么印象，所以我对咱们俩的事一点也没往心里去。现在看来……"

本文为回忆性的对话，所回忆的时间按发生的时间顺序排列，篇章纽带为时间关系，但这种关系不是通过时间状语完成的，而是利用谓语动词的时态形式完成的。由于汉语无动词形式变化，时间关系大多通过一些词语来表现，因而要在译文中增加说明时间的词语，如"那时""当时""那天"等。这样，原文各句之间的时间关系就清楚了。这是段调整的第四个要求:注意译文在时间关系方面的表述。

例8:Of the 98 million Americans employed in non-farm jobs, some 20 million are in manufacturing, about 60 million are engaged in service industries, and 15 million work for the deferral, state and local governments. Recently, unemployment in the United States has been calculated at about six percent. Sixty percent of the unemployed are without work for less than 10 weeks. The average unemployment duration is 4 months. Today, almost two thirds of all women of working age are employed. Over 50 percent of working women are married and 60 percent of working women have school-age children.

译文:美国有9800万人从事非农业生产,其中约有2000万人从事制造业,6000万人从事服务业,1500万人为联邦政府和各级地方政府工作。美国的失业人数据最近的统计,大约是6%左右。在失业人口中,有60%的失业期不到10个星期,其余40%的失业期通常平均为4个月。目前,全国工龄妇女几乎半数以上就业。就业妇女中有半数以上结了婚,其中60%以上有学龄子女。

原文为美国官方的国情介绍。初看,原文句与句之间的关系难以理出头绪,如若按原文直译,会令人不知所云。译文中增加了一些表示范围的词语,句与句之间的关系就一目了然了。这个例子说明:在句际关系直译很难表达清楚时,必须加以说明,这些说明要符合原文的内在逻辑,不能自相矛盾。

本章介绍了语段中词、句、段三个层次的调整。在思考及形成译文时,要三者统一考虑,互为基础,相互借鉴,彼此补充。从总体来说应当是,词服从句,句服从段;反过来,从段着眼,把握句、词的调整。

第十一章
跨文化视角下商务英语翻译案例

第一节　以商务英语新闻为例的翻译探析
第二节　以英语商务广告为例的翻译探析

第一节　以商务英语新闻为例的翻译探析

一、商务英语新闻文体的特点和翻译

商务新闻是新闻的一部分,但有它自身的特点。商务新闻以其及时提供事实和信息为主要目的,将有关商务方面的一切新事物、新现象、新思想、新潮流和新信息通过各种新闻媒体传播给广大受众。这类文体以其准确、客观的新闻用语为人们提供最新的商务新闻和商务信息,让商务人士通过它及时了解商业动态。总体来说,商务英语新闻使用的通常是正式的叙述性或议论性话语,语气比较肯定,用词比较正规,语法和句式比较规范,它不仅突出内容的实时性、结构的简洁性和信息的时效性,在词汇和句法上也有自己的特色。本节拟从商务英语新闻文体在词汇和句法方面的特点进行分析和探讨,并提出翻译时应注意的问题。

(一)商务英语新闻的词汇特点和翻译

商务英语不像文学作品那样,有华丽的辞藻和丰富的修饰语,它讲究的是逻辑的精确性和严密性、表述的专业性和规范性以及思维的清晰和条理性。而商务英语新闻词汇在商务背景下呈现出其独特的特点。

1. 专业术语的使用

术语(term)是指某一学科、某一领域或某一行业所使用的专业词汇,属于正式用语。商务英语被广泛地使用在国际贸易、经济、金融、营销、保险等多个领域,而每个领域都有自己的专业术语,这些术语在汉语译文中一般能找到相应的术语。

例如:经济方面的如 real estate(房地产)、demand curve(需求曲线)、corporate charter(公司章程)、venture capital(风险资本)、economic lot size(经济批量)。

金融方面的如 blank endorsement(空白背书)、foreign exchange market(外汇市场)、blue chip(蓝筹股、绩优股)、financial speculation(金融投机业)。

营销方面的如 market share(市场份额)、customized marketing(顾客化营销)、after-sales service(售后服务)、marketable product(适销产品)。

以上这些词语都是不同商业领域的术语,它们在汉语中都找到了对应的表达法,也就是汉语的商务术语,在翻译时必须使用与商务英语相对应的汉语专业术语。

2. 缩略词的使用

在竞争激烈的商务活动中,讲究的是高效率、快节奏,商务英语新闻同样也追

求简洁、准确、高效,因此就产生了自己独特的简约的语言风格,形成了大量的缩略词,广泛地使用在商务活动、经济、政治组织和条约等各个方面。

例1:WTO(World Trade Organization)

译文:世界贸易组织

例2:COSCO(China Ocean Shipping Company)

译文:中国远洋运输公司

例3:GDP(Gross Domestic Product)

译文:国民生产总值

例4:GATT(General Agreement on Tariffs & Trade)

译文:关税及贸易总协定

例5:LIBOR(London Interbank Offered Rate)

译文:伦敦银行同业拆放利率

例6:OMC(Overseas Money Orders)

译文:国外汇票

这些缩略词不仅意思明确,更能节省商务英语新闻的篇幅,提高效率。它们一般在第一次出现的时候会以全称的形式出现,在后面的篇幅中就以缩写形式出现,在翻译这类词的时候,只要第一次采用直译附英文缩写,之后就用英文缩写来指代。

3. 临时造词/生造词和旧词新义的涌现

为了跟上商务发展的快速步伐,同时也是为了表达的需要和追求新奇,商务英语新闻常常使用"临时造词/生造词",即临时创造或拼凑起来的词或词组,例如Euromart(European common market 欧洲共同市场)。同时旧词新义的现象也大大增加。

例如:infortainment 它是由 information 和 entertainment 两个单词组合并拼作而成,意为"新闻娱乐化"。"新闻娱乐化"是对新闻功能的异化。在当今"新闻娱乐化"的潮流中,新闻的首要功能已经从"重要性"变成了娱乐,成为休闲生活的一部分。

又如:glocalization 是由 globalization 与 localization 两词合并而成的。

可以译为"全球化下的本土化",也有人将其译成"全球本土化"。

例:Shanghai shares dives yesterday to an almost three month low.

译文:上海证券股市昨日下降至三个月来最低水平。

dive 原义为"潜水",但在这个句子中译为"下降"。类似这类的给单词赋予新的意思的词语还有:jump(跳、跃)、leap(跳、跳跃)、soar(猛增、骤升)、plunge(跌落)等,这些词被用在商务英语新闻文体中反映经济状况的涨跌起伏。

4. 具有修辞色彩词语的使用

一般来说,商务英语新闻文章的语言是平实严谨的。但是在很多情况下,这类文章也常常会运用修辞手段来增加文章的趣味性,以吸引读者。

例1:a healthy/weak economy

译文:经济运行正常/经济疲软或虚弱

例2:economic recovery

译文:经济复苏

这里借用了日常生活中与人体健康状况相关的词汇"健康的""困难的""虚弱的""恢复"喻指经济运行的状况。

例3:seed money

译文:种子基金

例4:branch company

译文:分公司

例5:grass root economy

译文:草根经济,喻指弱势群体的经济

例6:his business mushroomed

译文:雨后春笋,喻指生意红火、迅速发展或快速增长

这里借用了与植物相关的词汇来喻指经济的萌芽、繁荣或衰亡等发展阶段。修辞手法在商务英语新闻中的运用,不仅丰富了语言的表达能力,同时也大大增强了语言的表达效果,更能迎合读者的阅读兴趣。但是要注意在翻译的过程中,必须将修辞手法在目的语中再现出来,才能达到语言的对等。

英语中斜体字被翻译成汉语时,要保留原有的意思,才能体现出修辞的效果。

(二)商务英语新闻的句法特点和翻译

商务英语新闻文章的主要功能是传递信息,为了在最短的时间内向读者传递最新的信息,新闻必须以最短的篇幅包含最大量的信息。同时,商务英语新闻具有很强的实时性,反映的是瞬息万变的世界,受时间限制,它无法像其他文体一样斟字酌句。这些造成了商务英语新闻在句法上多使用现在时态、主动语态、简单句及直接引语或间接引语。

1. 现在时态的使用

商务新闻文章多为新闻报道,这些文章一般强调所提供信息的实效性和客观

性,为了给读者以真实感,反映出事件正在进行中的效果,商务英语新闻广泛地使用一般现在时和现在进行时,从而增加文章的可信度和说服力。另外,甚至在 said、told、reported、added 等动词过去时后面的 that 宾语从句中,过去时也常常为现在时态所替代。

例 1:National oil companies often appeal to investors because they have a number of important advantages over international oil companies. (*Financial Times*)

译文:国家石油公司吸引投资者,往往是因为相对于国际石油公司,它们拥有一些重要优势。

这个例子中使用了一般现在时,强调了所表述的内容的时效性,因为它讲述的是存在的事实,汉语译文也使用一般的叙述性口吻。

例 2:Leading banks yesterday said that the US consumer recession is abating, reporting that losses on credit cards, mortgages and other loans are starting to moderate. (*Financial Times*)

译文:美国多家大银行昨日报告,其信用卡、抵押贷款和其他类型贷款的亏损程度正在减轻,这为美国消费者正在走出衰退提供了证据。

这个例子中主句动词用了过去时态"said",而 that 宾语从句用的是现在进行时,这是商务英语新闻句法的特点。转述别人的话语时,用间接引语来表示,为了保证其话语的真实性和实效性,间接引语通常可以用一般现在时,让人有种身临其境的感觉。译文中用"正在……",保留了"现在"的感觉,而用"昨日"来表示时间段。因此翻译英语商务新闻时,要注意中英文在新闻中不同时态的表达方法:英语中多用现在时态,汉语中多用过去时态,且汉语往往借助时间词,如"昨天""明天""将来"等以衬托时间关系。

2. 主动语态的使用

商务英语新闻文章中,通常使用主动语态,被动语态的使用只占少数。使用主动语态能给读者一种亲临现场的感觉,能使文章的描述更具有感染力,表达更为直接。

例 1:Passenger car sales for November in the world's two fastest growing emerging markets, India and China, provided a further sign that momentum in the auto industry is shifting to Asia.

China car sales nearly doubled during the month against a year earlier, while in India sales rose 61 percent on the back of a rebounding economy and a recovery in the auto finance market.

The robust growth in the two markets follows a landmark transaction in Asia this week when General Motors announced it was ceding majority control of its thriving Chinese passenger car venture to SAIC, its state-owned Chinese partner.

译文:全球两个增长最快的新兴市场——印度和中国11月份的乘用车销售情况进一步表明,汽车业的发展势头正在转向亚洲。

中国11月份的汽车销售量同比增长近一倍。在经济回升和汽车金融市场复苏的支撑下,印度11月份的汽车销售量增长61%。

在这两个市场的强劲增长数据公布前,亚洲刚刚达成了一笔具有里程碑意义的交易。通用汽车(GM)本周宣布,将把其在中国蓬勃发展的乘用车合资公司的多数控股权让予上海汽车(SAIC)。国有的上海汽车是通用汽车在这家公司中的中方合资伙伴。

这个例子里的三个句子使用的都是主动语态,让读者有一种直接参与的感觉。因为汉语本身使用被动语态就不频繁,翻译成汉语时就不用考虑转换语态了。

3. 简单句的使用

由于报纸篇幅有限,商务英语新闻文章的句式比较简单,多使用简明扼要的简单句,即使使用复合句,也不是复杂的复合句。使用简单句时的一个重要特点是句型的高度扩展,结构严谨,将丰富的信息压缩在有限的篇幅中。常见的方法有使用同位语、介词短语、分词短语等语言成分扩展简单句,有时还较多地使用插入语代替从句,从而简化句子结构。

例1:China's official purchasing manager's index, produced for the National Bureau of Statistics, came in above the expansionary 50 level in October for an eighth successive month.

译文:为中国国家统计局编制的中国官方采购经理人指数(PMI),10月份连续第八个月高于50,这表明了经济扩张的指标。

分词短语"produced for the National Bureau of Statistics"代替定语从句在句子中修饰前面的主语,简化句子结构,翻译时按照汉语的习惯将修饰语放置在被修饰语前面即可。

例2:Market analysts are expecting continued growth in early 2010, especially if, as expected, Beijing continues with its programme of lowering the taxes on cars.

译文:市场分析师预计,中国汽车市场在2010年初将继续增长,特别是如果中国政府(按照人们所预料的)继续实施汽车减税计划。

这个例子是由"主句+条件状语从句"组成的,使用插入语"as expected",避免了再次使用从句使整个句子复杂化,让读者能够更加清晰、快速地了解信息。针对商务英语新闻在句式和修饰方面的特点,可以采用切断、拆译、倒译、插入和重组等方法进行英汉和汉英对译。

大众性、实时性和简洁性构成了商务英语新闻文体在语言风格上的特色。商务英语新闻的语言简洁易懂,用非常经济的语言表达丰富的内容,因此我们在翻译过程中应遵循这一原则,用尽可能精练的语言来使内容表达完整与准确。此外,商务英语新闻要求语言清晰,不能模棱两可,更不应晦涩难懂,而且商务英语新闻文体讲究表达清晰准确、叙述生动,因而我们翻译时必须在用词上多加推敲,表现出新闻文体的特点。

二、商务英语新闻翻译的文体原则

(一)商务英语新闻文体

商务英语(Business English)是指以服务于商务活动内容为目标,集实用性、专业性和明确目的性于一身,为广大从事国际商务活动的人们所认同和接受,并具备较强社会功能的一种英语变体。它属于应用语言学项下专门用途英语(English for Specific Purposes)的一个重要分支,具有普通英语的语言学特征,又是商务知识、管理技能和英语语言的结合,因而其本身又具有独特性。商务英语新闻文体以其准确、客观的新闻用语为人们提供最新的商务新闻和商务信息,让商务人士通过它及时了解商业动态。这一类文体的词汇和句法在特定的商务语境下有其独特的地方,因此我们在翻译时要注意这个特点,以免造成误译。本节将以 The Economist 和 The New York Times 杂志里的商务新闻为例,探讨翻译商务英语新闻文体时要遵循的几个原则,以达到译文的准确得体。

(二)商务英语新闻翻译的文体原则

1. 术语和专有名称的使用

商务英语被广泛地使用在国际贸易、经济、金融、营销、保险等多个领域,而每个领域都有自己的专业术语和专有名称,翻译这些词语时要注意忠实原文。

例 1:It all sounds suspiciously like the subprime mortgage boom, when banks parked illiquid assets in off balance sheet vehicles.

译文:当银行将非流动性资产列在资产负债表之外时,感觉像是次级抵押贷款又开始繁荣了。

该句中 subprime mortgage 是美国房贷市场所用的一个术语,指"次级抵押贷款",简单地说就是指风险很大的抵押贷款。美国的房产抵押贷款级别按从高到低排列,分别有 prime mortgage、alt-a mortgage、subprime mortgage 三种。因为 prime mortgage 被翻译成"优质抵押贷款",那么 subprime mortgage 也曾经顺理成章地被翻译成"次优质贷款",同时也给介于二者之间的 alt-a mortgage 的翻译带来了麻烦,到底是要意译还是直译或者不译呢?为了给读者提供清晰准确的信息,这三个术语按级别排列分别被翻译成 prime mortgage(优质抵押贷款)、alt-a mortgage(次优抵押贷款)、subprime mortgage(次级抵押贷款),并逐渐被大家所接受。

2. 旧词新义和新造词的处理

旧词新义和生造词在商务英语新闻中非常的普遍,日常生活中的某些词在特定的商务语境中表达了完全不同的意思。

例1:UNTIL this week, NASDAQ was best known in London as an American stock exchange loaded with technology firms that saw its index soar and then dive with the dotcom boom and bust.

译文:本周,纳斯达克在伦敦已经家喻户晓了,因为在美国证券交易所,众多技术公司的指数随着互联网的繁荣和萧条而时涨时跌。

句中的 soar 原义为"高飞、高耸",在这个句子中解释为"猛增、骤升";dive 原义为"跳水",但在这个句子中译为"下降"。类似的还有:jump(跳、跃)、plunge(跌落)、literature(产品目录、价位表)等。

为了适应商务活动和交流的需要,商务英语新闻也有临时创造或拼凑起来的词或词组,简称"新造词"。

例2:Unlike earlier techno-media revolutions, which began in the West and moved East, the podcasting revolution is going to explode everywhere at once, thanks to the Web and free technology tools. That's why the next phase of globalization is not going to be more Americanization, but more "glocalization"—more and more local content made global.

译文:不同于早期的技术媒体革命是从西方移到东方,由于网站和免费的技术工具,播客革命将一次性在各地爆发。这就是为什么在下一阶段的全球化将不会是更美国化的,而是更"全球本土化"的,产生了越来越多的全球造的本土产品。

glocalization 是由 globalization 与 localization 两词合并而成的,可以译为"全球化下的本土化",简称"全球本土化"。

3. 语境得体原则

语境,有两层意思,一是指某个词语、句子乃至段落所在的"上下文",即原文中的全部文字；二是指与它们及整篇文章或著作相关的背景知识，包括文化、学科、行业等方面的知识。商务英语新闻以其独特的文体向读者传递最新、最快的信息，译者必须参照语境来翻译词语和句子，也就是说在翻译时要用对等词语和句子来表达出原文的意思，使译文能够准确地传递信息，符合译文读者的阅读习惯。

例1：The bursting of the real estate bubble and the ensuing recession have hurt jobs, home prices and now Social Security. This year, the system will pay out more in benefits than it receives in payroll taxes.

译文：房地产泡沫的破灭和随后的经济衰退已经严重影响到了就业、住房价格，现在又波及了社会保障体系。今年，社会保障体系将付出比缴交的工资税（个人所得税）更多的救济金。

句中的 hurt 按照字典的解释是"损害、使受伤"，那原句里的 hurt jobs 就要直译为"损害了就业"，这种翻译不符合中文的表达习惯，而把原句中的 hurt 翻译成"严重影响"和"就业"搭配起来更贴切。还有"benefit"的字典释义为"利益、好处、救济金"，译者要根据具体的上下文语境来选择释义，原文里讲述的是社会保障体系受到了影响，所以原句的 benefit 应该翻译成和社会保障体系相关的"救济金"才能够传达准确的信息。payroll tax 在字典中的释义为"工资税、工薪税"，是个人所得税的一种，一般根据员工的工资来支付，为应收工资扣除五险一金等之后，按工资薪金所得七级超额累进税率支付，由发放工资的单位负责代扣代缴。为了保持原文的意思并且让读者清楚地了解信息，翻译时译者在"工资税"后面加了注释便于读者理解。

例2：As city dwellers are more likely to go by foot, bus or train than the car slaves of suburbia and the sticks…

译文：当城市居民都更喜欢步行、搭公交车或者火车而不是在郊区和农村当车奴时……

这个句子里的 car slaves 直译为"汽车奴隶"，生活中有各种各样的抵押，如果用直译就不能明确地表达原文所要讲述的事情，而且为了使汉语译文更加被读者所接受，可以将 car slaves 翻译为汉语中近年流行并被大家所接受的词"车奴"（指向银行借钱买车再按揭还款的人）。和 slave 搭配的指从银行贷款并且按揭还款的词语还有 mortgage slave（房奴）、card slave（卡奴）等，类似的词语还有 position "安置、把……放在合适的位置"，在特定的商务英语句中则要译成"为产品打开销路、将产品打进市场"；还有 a real cash cow 里 cash（现金）和 cow（奶牛），因为 cow 是产奶的奶牛，和 cash 搭配在一起意为"源源不断地产出现金"，翻译成"赚钱的行业"。

商务英语新闻的词语在特定的语境中表达不同的含义，翻译时要在译文中准确找到相对应的词语，才能使读者明白原文所要传递的信息。

4. 句法客观性的原则

为了显示撰稿人立场的"客观性"，并使新闻报道增添真实性和生动性，新闻报道的撰稿人经常直接或间接引用当事人所说的话。商务英语新闻具有很强的实时性，反映的是瞬息万变的世界，新闻报道必须具有真实性，这就要求新闻撰稿人必须如实、客观地报道各项信息和各个事件，因此在新闻报道里使用直接引语和间接引语才能体现新闻报道的"客观性"。

例：In an effort to show that everyone was suffering from inflation, Mr Greenspan said,"If you really wanted to examine percentage wise who was hurt the most on their income, it was Wall Street brokers." In an editorial, *The New York Times* said Mr. Greenspan's comments "dramatized the administration's basic misperceptions" and said they were "unfeeling".

译文：试图表明每个人都在通货膨胀中受到了影响，格林斯潘说："如果你真的想彻底查处谁的收入受影响最大，这是华尔街的经纪人。"在一篇社论中，《纽约时报》称格林斯潘的评论"改写了管理的基本错误"，并说他们"无感觉"。

大量使用直接引语和间接引语是商务英语新闻的一个重要句法特征，翻译时要注意保持原文直接引语和间接引语的句式。

商务英语新闻的句法客观性，还体现在商务英语新闻文章中通常使用主动语态。使用主动语态能给读者一种亲临现场的感觉，能使文章的描述更具有感染力，表达更为直接，被动语态的使用只占少数。

商务英语新闻具有提供信息的功能，内容涉及商务的各个领域，为了要及时、准确、客观地将信息传递给读者，翻译时要注意商务英语新闻文体的术语和专有名称的使用、旧词新义和新造词的处理、句法客观性以及语境得体等原则，掌握语言的特点，了解商务领域方面的知识，使译文和原文达到对等。

第二节 以英语商务广告为例的翻译探析

一、英语商务广告中修辞手法的探析

（一）商务广告的定义及功能

随着市场经济的高速发展，当今时代是一个商品经济的时代，广告已经成为经

济生活中不可或缺的组成部分。作为现代商品经济的催化剂,广告不仅是联系生产、销售的纽带和桥梁,而且是经营者直接或间接介绍推销商品和服务的重要方式之一,广告可以激发消费者对所介绍商品或服务的兴趣,从而促使潜在客户完成购买。为了实现广告的宣传效果,成功的商务广告通常具有信息功能、美感功能和劝说功能。通过信息功能,精练易懂地传达出商品或服务的基本信息;通过美感功能,让广告语言的表达生动活泼,音美韵美,更加具有艺术感染力和吸引力,从而有助于发挥广告的劝说功能,最终引起消费群体的关注,激发目标客户和潜在客户的购买欲望。

虽然商务广告的表现形式多种多样,但为了给大众留下深刻的印象,吸引多层次的消费群体,追根溯源,语言文字的撰写仍然是广告的基石,并且在撰写时巧妙灵活地应用修辞手法往往会收到事半功倍的效果。

(二) 商务英语中修辞手法的定义及分类

修辞手法就是通过修饰、调整语句,将特定的表达形式加以应用来提高语言的表达效果,让语言不仅具有高雅的语言艺术价值,同时具有商品促销的实用价值。商务英语广告中常用的修辞手法有比喻、拟人、双关、仿拟、重复、夸张、对比这七种。以下就这七种修辞手法结合商务实例逐一进行语言特色的分析。

1. 比喻

著名的文学理论家乔纳森·卡勒认为:"比喻是认知的一种基本方式,通过把事物看成另一事物而认识了它。"[1]在商务英语广告中应用较多的是明喻(simile)和暗喻(metaphor),二者的应用可以加强广告词的感召力,使商品形象更加形象生动,无形中拉近了与消费群体间的距离,让消费者更愿意选择购买。

例1:Fly smooth as silk.

明喻中通常会出现"like"或"as"等词。在例1的明喻广告词中,将航空公司提供的飞行服务比喻成像绸缎般柔顺平滑。借用众所周知的丝绸质感做喻体,给人留下平稳和舒适的感觉,有助于诱导消费者选择该航空公司的优质服务。

例2:EBEL the architects of time.

在这则广告中,运用了暗喻的修辞手法,未使用到"like""as"之类的介词,其寓意需要读者去仔细品味和理解,此广告语中将手表比作时间的缔造者,而广告商仅用了区区5个单词就把EBEL这个瑞士手表的优秀品质淋漓尽致地表现出来,

---

[1] 乔纳森卡勒.当代学术入门:文学理论[M].沈阳:辽宁教育出版社,1998,74页.

营造出良好的商品形象。

2. 拟人

拟人是指把物(物体、动物、思想或抽象概念)等拟作人,使其具有人的外表、个性、情感的修辞手段。并且拟人可以通过形容词、名词或者动词等将商品中不具有生命力的物品或抽象概念生动具体地表现出来,使商品活泼俏皮且具有人情味和亲切感,容易与消费者之间形成共鸣,从而受到青睐。

例:Flowers by Inter-flora speak from the heart.(鲜花店的广告语)

在上述的广告语中,运用了拟人的修辞手法,使花兼具了人类的思维、情感及形象,在迎合消费者物质需求的同时,满足了消费者的情感和心理需求。

3. 双关

在特定的语言环境中,借助词语的多重意义、词性或同音异形等,有意使语句具有双重意义,该修辞手法被称为双关。双关的正确选择和恰当应用不仅能够使广告的寓意含而不漏,而且可以增强广告的趣味性,引起联想,加深消费者对商品的印象。

例:Make your every hello a real good-buy.(电话广告)

该广告语中运用了谐音双关,即用发音相同或相近但意义不同的词构成双关,广告商巧妙地借助"good-buy"和"good buy"的谐音相关,寓意从电话开始接通的时候直至最终的good-buy都能够如实传达通话双方对彼此的关怀与问候,的确让消费者感受到是"good-buy"值得购买的。运用这种修辞技巧不仅有助于实现消费者物美价廉的消费目标而且使语言俏皮风趣,读起来朗朗上口。

4. 仿拟

仿拟就是广告商根据表达的需要故意模仿名言、警句或著名的诗歌、文章、段落等,并有意改动其中的部分词语,赋予语言新的思想内容。由于这种表达比较新颖,具有独创性,因此必须以受众群体的社会习俗或文化知识作为基础,在实现"广而告之"的目的的同时,让广告语充满艺术气息,令人回味无穷。

例:Tasting is believing.(美食广告)

这则美食广告在缤纷复杂的同类广告中并没有图文并茂地招览顾客,且在未做出过多让利的前提下,借助家喻户晓的英语谚语"Seeing is believing."让人眼前一亮,使消费者觉得只是观赏到如此的美食已经无法满足他们味蕾的需求,必须亲身品尝才能领略其风味,暗示了该品牌美食的上乘口感,令食客们跃跃欲试并回味无穷。

5. 重复

重复就是通过重复同一个词汇、词组或句式结构来加深受众印象,这种重复通常具有明确目的,并包含强烈的情感或优美的音律。

例1:Extra taste,no extra Calories.(食品广告)

在这则食品广告语中,首次出现的 extra 意在传达食品好吃,在饭饱之余仍想食用,第二个 extra 的重复,又巧妙地将消费者因过多饮食可能会引起健康问题的顾虑打消了。

例2:Whatever you are eating, drinking, Mateus Rose, always light, always flesh, always chilled,always right.

这则广告中,always 共出现4次,一气呵成。同时结构上的重复又让这则广告扣人心弦,给消费者留下轻松、明快、自信、有力的商品印象。

6. 夸张

夸张以写实为基础,凭借着丰富的想象力通过扩大或缩小事物的特征来突出主题、渲染气氛,同时可以增加语言的感染力,打动消费者的内心,赢得他们的好感。

例:The most unforgettable women in the world wear Revlon.

在这句广告中利用形容词的最高级来进行对商品的夸张描述,营造出的美感让消费者们向往,很好地抓住了女士们爱美及炫耀的心理。

7. 对比

对比是一种将结构相同或基本相同,意义却完全相反的语句排列在一起进行比较分析的修辞手段,可以凸显事物的优点或特点,以加强语气的渲染力。在广告语中使用该修辞手法,可以使广告语在形式上整齐匀称,音乐节律感较强,并且更便于在内容中彰显产品特色。

例:We lead. Others copy.(复印机广告)

这是运用对比手法的广告语中最脍炙人口的一句广告词,仅仅4个单词就让此款复印机环保、实用、高效的多功能的特点与其他品牌的复印机形成鲜明对比,并且暗示这种优势是其他品牌无论怎样效仿都无法逾越的,无形中让消费者在心理上形成一种"此款复印机为最佳选择"的认识,从而不再愿意关注其他品牌的商品。

结合实例,不难看出商务英语广告就是在广而告之的过程中宣传和推销商品。广告商在塑造商品形象时以推销商品为目的,同时灵活地应用比喻、拟人、双关、仿拟、重复、夸张、对比等手段来增强语言的感染力。修辞手法的恰当使用还可以增强广告的信息传播功能和美感功能,在一定程度上吸引消费者的注意力,在潜移默化中影响他们的消费观念,从而充分发挥广告的劝说功能,最终达到推销的目的。我们作为消费者也可以通过熟悉和了解广告语中常见的修辞手段,在感受这些修辞手法带来的语言魅力的同时,理性消费,避免浪费。

二、商业广告英语的语言特征及翻译策略

商业广告的功能就是将商品信息通过一定形式的媒体途径来说服和提醒人们记住和购买商品。通常,广告设计者会选择新颖别致的词汇、句式和生动的修辞,构思出文本特征"简单、简明、简洁"的表达方式,使其具有很强的说服性和信息性,让人们更加准确、直观地了解商品的特定信息,以此激发人们购买商品的欲望。随着经济全球化和贸易自由化的不断发展,商业广告的全球化战略趋势日益明显,商业广告英语也逐步渗入我们的日常生活。广告翻译必须考虑商品购买对象的风俗习惯、文化背景、语言表达特点等本土化特征,更重要的是熟知广告英语的相关语言特征及翻译策略。

(一)商业广告英语的语言特征

若要做好商业广告英语的翻译工作,必须要深入了解广告英语的语言特征。商业广告英语语言具有独特的文体特点,主要体现在词汇、句法和修辞三方面。修辞特点前文已经讲过,这里不再赘述。

1. 词汇特点

商业广告英语与其他语言不同之处首先体现在词汇方面,它用词比较简洁、简单、生动、形象,具有较强的号召力和渲染色彩。可以说,商业广告的效果很大程度上取决于恰当的英语词汇组合。一般来说,广告英语主要靠大量使用富有生动性和感染力的形容词、时代新词、拼接词汇及口语化词汇等,以此来增强广告的语体色彩,强化产品特点,让人们记住和增强购买产品的意识,扩大广告的效果。

(1)使用形容词表达

为使广告语体更加生动形象、富有感情色彩,达到与人们互动、共鸣的宣传效果,广告语言中会使用大量的形容词来表达,如果想让语体感情更加强烈,还可能用形容词的比较级或最高级。如:good、better、best、wonderful、finest、special、great、delicious、rich 等。这类形容词有着强烈的赞美和感情色彩,在广告英语中起着描绘、修饰的作用,为广告语言增添了极大的魅力。

(2)使用时代新词表达

为增强广告的语言感染力和吸引人们的关注,广告中也常常使用一些非标准

的词汇。这些词汇大多是通过派生、组合、拼接、缩写、复合等形式转化而来的,带有很强烈的语体色彩。新词不失原意,更添新义,赋予广告更多新鲜趣义。

(3)使用口语化词汇表达

广告英语面对的是普通大众消费群体,从而在用词上多偏向于使用一些较为简单的单词,避免使用晦涩难懂的词语。短词是口语中常用的词汇,所以广告英语有着鲜明的口语化的特点,使其朗朗上口,易记易传,加强广告的效果。

2. 句法特点

通常,商业广告语的句法比较简单,主要是为了让广告在最短的时间内发挥出最大的效果,让人们能够在最短的时间内记住和购买产品,使广告能够实现"推销功能",所以广告词很少使用平铺直叙的长句和大幅的篇章,多用简单句、祈使句、省略句等。

(1)使用简单句表达

由于广告面向大众消费,广告设计者为了让大家看得懂、记得住,大量使用简单句,使语言高度简练,避免拖泥带水,达到节省版面或时间并有效传达信息的效果,积极地鼓动大众的热情。

(2)使用祈使句表达

商家为了说服并促使消费者接受其产品和服务,广告英语多使用祈使句。祈使句具有鼓动性和强烈的号召力,因此受到众多广告设计者的青睐。

(3)使用省略句表达

省略句结构简单,语言简洁流畅、生动形象,传递给人的信息量比较大,留给人们遐想的空间比较大,广告效果明显,激发人的购买欲望。

(二)翻译策略

英语广告的词汇、句法、修辞特征,在一定程度上给忠实于原文的翻译带来很多困难。因此在翻译时掌握翻译策略是十分必要的。著名的翻译家尤金·奈达说过:翻译应以译文服务对象为衡量标准,必须贴切自然地反映出原文思想和本质。为了实现广告翻译的功能与目的,英语广告语篇翻译应充分考虑语言文化习惯、审美心理等,摆脱语言形式约束,以广告语篇翻译的信息内容上的忠实性、语言形式上的吸引性、文化上的可接受性为准则,恰当地运用直译法、意译法、创译法或增译法等翻译方法,有效地再现原文的信息效应,使译文有同等的宣传效果以及信息传递功能。

1. 直译法

在商业广告英语的翻译过程中,在考虑语篇和语境的前提下,应尽可能保留原文中句子的结构、语法和修辞等,努力再现原文的形式、内容和风格,词汇做到一一对应。

例1:Feel the new space. 感受新境界。(三星电子产品)

例2:Anything is possible. 一切皆有可能。(李宁)

例3:Winning the hearts of the world. 赢去天下心。(Air France 法国航空公司)

2. 意译法

在商业广告英语的翻译过程中,当直接翻译出来的语句不符合习惯表达或直译出来的语言表达意思大相径庭或无法表达出想要表达的意思时,意译法是解决问题的有效方法。在意译的过程中,一定要深究原文字里行间的词义内涵,结合上下文语义选词用字,准确表达原文实际意义。通常容许译者有一定的创造性,但原文的基本信息应该保留。如:文字处理机广告"This word processor plays a tune of deep feeling whenever you are typing."。这个广告如果直译的话,就成了"只要你键入了调,这个文字处理器就起到了深厚的感情"。显然翻译出来的语句不能让人理解,不能起到广告效果。因此可采用意译的方法,译为"输入千言万语,奏出一片深情"。这句广告词蕴含隐喻,用词对仗工整,加上"feeling"与"typing"押韵,读来生动流畅。

例1:A diamond lasts forever. 钻石恒久远,一颗永流传。(戴比尔斯钻石)

例2:Good to the last drop. 滴滴香浓,意犹未尽。(麦斯威尔咖啡)

例3:Intelligence everywhere 智慧演绎,无处不在(摩托罗拉手机)

例4:Ask for more 渴望无限(百事可乐)

3. 创译法

创译就是具有创造性地进行翻译,要用时代的眼光、创造性的思维,创新传统翻译原则或方法。广告设计者凭借自己丰富的知识阅历和想象力,善于挖掘深层含义,选用生动、形象和感性色彩强烈的词汇,让产品由"静"变"动",让商业广告英语更具煽动性,强化广告的效果。

例1:Every time a good time. 分分秒秒,欢聚欢笑。(麦当劳)

例2:Elegance is an attitude. 优雅态度,真我性格。(浪琴表)

例3:Bridging the distance 沟通无限(电信公司)

例4:A great way to fly 飞跃万里,超越一切(新加坡航空)

4. 增译法

这一类翻译指译者在翻译过程中,出于一定的目的,适当增加了译文的内容。包括两种情况:其一是对原文某些关键词的词义进行挖掘、引申和扩充,将原文的深层意思加以发挥或使其隐含意思凸现,所以大多数情况下,译文的意义明显超出原文,是典型的超额翻译;其二是出于中文习惯上的考虑,比如汉语里的四字成语,言简意赅、寓意深刻、内涵丰富,所以在广告用语中常常会看到对仗工整的成语。

例1:Crest whitens whites. 佳洁士牙膏使牙齿白上加白。(佳洁士)

例2:Be good to yourself. Fly emirates. 纵爱自己,纵横万里。(阿联酋航空)

翻译是跨语言、跨文化的交际活动,商业广告英语翻译承载着文化交流和开拓市场的使命。在广告类应用文体翻译中,只要我们对一切涉及文化转换和交际互动的因素都予以充分的考虑,从广告的功能定位、语言审美和文化差异等角度去把握译文,掌握商业广告英语翻译的特点,运用各种翻译技巧和方法,就能既充分发挥广告的传播和促销功能,又达到一定的美学效果。

参考文献

[1] 白晶,姜丽斐,付颖.跨文化视野下中西经典文学翻译研究[M].长春:吉林大学出版社,2018.

[2] 程炜丽.跨文化视域下的英语翻译策略研究[M].长春:吉林大学出版社,2020.

[3] 陈莹,吴倩,李红云.英语翻译与文化视角[M].长春:吉林人民出版社,2020.

[4] 陈瑜敏.功能语义视角下的英汉语篇研究[M].广州:中山大学出版社,2020.

[5] 陈定刚.翻译与文化语言接受性的流转[M].成都:四川大学出版社,2019.

[6] 段玲琍.商务英语研究[M].厦门:厦门大学出版社有限责任公司,2021.

[7] 郭文琦.基于跨文化交际视角下英语翻译技巧与方法研究[M].北京:北京工业大学出版社,2019.

[8] 郭敏,余爽爽,洪晓珊.外语教学与文化融合[M].北京:九州出版社,2018.

[9] 高彤彤.当代商务英语交际与翻译[M].长春:吉林大学出版社,2018.

[10] 黄净.跨文化交际与翻译技能[M].天津:天津大学出版社,2019.

[11] 胡锦芬.跨文化交际视野下的商务英语翻译研究[M].北京:中国纺织出版社,2020.

[12] 姬尧.中外文化差异与英语翻译研究[M].武汉:湖北科学技术出版社,2020.

[13] 卡特福德.翻译的语言学理论[M].北京:旅游教育出版社,1991.

[14] 克里斯蒂·诺德.目的性行为——析功能翻译理论[M].上海:上海外语教育出版社,2001.

[15] 骆洪,徐志英.外国语言文化与翻译研究[M].昆明:云南大学出版社,2018.

[16] 梁天柱,李海勇,鞠艳霞.外语翻译与文化融合[M].北京:九州出版社,2018.

[17] 吕晓红.跨文化背景下的英语翻译探索[M].北京:北京工业大学出版社,2020.

[18] 李侠.英汉翻译与文化交融[M].北京:电子科技大学出版社,2020.

[19] 李瑞玉.基于文化差异背景下的英汉翻译研究[M].长春:吉林大学出版社,2020.

[20] 李艳红.商务英语翻译研究[M].长春:吉林出版集团有限责任公司,2020.

[21] 李艳飞.商务英语教学与翻译研究[M].哈尔滨:哈尔滨工业大学出版社,2020.

[22] 吕拾元.跨文化交际理论与实践的多视域解读[M].长春:吉林大学出版社,2020.

[23] 李莞婷,夏胜武.跨文化交际视域下的商务英语翻译探究[M].长春:吉林出版集团股份有限公司,2021.

[24] 李丽娜.英汉翻译策略与文化多元对比研究[M].长春:吉林人民出版社有限责任公司,2021.

[25] 李冰冰,王定全.跨文化传播背景下的翻译及其功能研究[M].长春:吉林人民出版社有限责任公司,2021.

[26] 厉晓寒."走出去"背景下中国典籍文化对外传播路径探究[J].文化产业,2022(20):91-93.

[27] 刘晓然,秦颖颖.跨文化交际视角下英语翻译研究[M].长春:东北林业大学出版社,2018.

[28] 马建忠.马氏文通[M].上海:商务印书馆,1933.

[29] 奈达.泰伯.翻译理论与实践[M].上海:上海外语教育出版社,2004.

[30] 欧敏鸿.跨文化视域下英语翻译的解读[M].天津:天津科学技术出版社,2020.

[31] 祁岩.商务英语与跨文化翻译研究[M].长春:吉林人民出版社,2020.

[32] 钱钟书.林纾的翻译[M].上海:商务印书馆,1981.

[33] 盛辉.语言翻译与跨文化交际人才培养策略研究[M].长春:东北师范大学出版社,2019.

[34] 唐昊,徐剑波,李昶.跨文化背景下英语翻译理论研究与实践探索[M].长春:吉林人民出版社,2020.

[35] 王静.跨文化视角下的英语翻译理论与实践探究[M].长春:吉林人民出版社,2018.

[36] 王文倩.跨文化视角下翻译策略分析与研究[M].西安:西安交通大学出版社,2018.

[37] 王珺.跨文化视域下的英汉翻译策略探究[M].长春:吉林大学出版社,2020.

[38] 魏兰,陈路林,郑沛.英美文化与文学翻译[M].南昌:江西科学技术出版社,2020.

[39] 王端.跨文化翻译的文化外交功能探索[M].北京:中国广播影视出版社,2019.

[40] 吴冰.跨文化的翻译研究[M].北京:中国科学技术大学出版社有限责任公司,2021.

[41] 王怡.多元文化视角下英汉翻译策略研究[M].北京:北京工业大学出版社,2019.

[42] 许敏.商务英语与跨文化翻译[M].哈尔滨:黑龙江教育出版社有限公司,2020.

[43] 徐晓飞,房国铮.翻译与文化[M].上海:上海交通大学出版社,2018.

[44] 杨芊.跨文化视野下的英汉比较与翻译研究[M].长春:吉林人民出版社,2020.

[45] 杨娇.基于文化视角的英语翻译新论[M].长春:吉林人民出版社,2021.

[46] 严复.天演论[M].北京:科学出版社,1971.

[47] 张丽红.跨文化视角下的英语翻译研究[M].北京:中国原子能出版社,2018.

[48] 郑帅.跨文化视域下英语影视翻译创新研究[M].长春:吉林出版集团股份有限公司,2020.

[49] 赵艾,马艳丽.英语翻译与文化交融[M].哈尔滨:东北林业大学出版社,2020.

[50] 张严心,李珍.英汉语言文化差异下的翻译研究[M].北京:中国商务出版社,2021.

[51] 赵秀丽.商务英语跨文化翻译技巧与实践研究[M].长春:吉林人民出版社,2019.